竞技体能训练
理论与方法

周爱国　主编

北京体育大学出版社

策划编辑：李光源

责任编辑：佟　晖

责任校对：郝　彤

版式设计：李　鹤

图书在版编目（CIP）数据

竞技体能训练理论与方法 / 周爱国主编. -- 北京：
北京体育大学出版社, 2025. 6. -- ISBN 978-7-5644
-4089-3

Ⅰ. G808.1

中国国家版本馆CIP数据核字第2025NL6491号

竞技体能训练理论与方法

JINGJI TINENG XUNLIAN LILUN YU FANGFA

周爱国　主编

出版发行：北京体育大学出版社

地　　址：北京市海淀区农大南路1号院2号楼2层办公B-212

邮　　编：100084

网　　址：http://cbs.bsu.edu.cn

发 行 部：010-62989320

邮 购 部：北京体育大学出版社读者服务部 010-62989432

印　　刷：北京瑞禾彩色印刷有限公司

开　　本：787 mm × 1092 mm　　1/16

成品尺寸：185 mm × 260 mm

印　　张：17.5

字　　数：448千字

版　　次：2025年6月第1版

印　　次：2025年6月第1次印刷

定　　价：80.00元

编委会

主　编：周爱国

副主编：谢永民　张　鹏　鲍　克

编　委：（按姓氏笔画排序）

包大鹏　刘钦龙　杜宗浩　李春雷

张荣达　林俊磊　周李明非　高炳宏

程兴业　魏宏文

目录 CONTENTS

第一章
体能训练概述

◎ **本章学习目标**

- 了解体能及其概念演进。
- 了解体能训练的发展趋势。
- 解释体能训练的三大模型。
- 掌握体能训练的影响因素。

一、体能概念演进与方法论

（一）体能及相关概念

1. 体能

体能是指人的基本运动能力以及表现出的身体素质。体能是相对于技能而言的，反映的是身体是否能更轻松自如、形成更完美运动表现的能力。基本运动能力是相对于专项运动能力而言的，它从身体的运动功能视角，反映人在日常生活或体育运动中的行走、跑动、跳跃、投掷、击打、推拉、变向等运动能力。身体素质是指人体各器官系统的机能在运动中表现出来的能力，包括力量、速度、耐力、灵敏、平衡、柔韧、稳定性等。身体素质是从人体运动学和动力学视角反映基本能力，是体能的重要表现，也就是说，身体基本运动能力通过身体素质表现出来。例如，跑动能力可由速度（疾速跑）、耐力（耐久跑）或灵敏（变向跑）等身体素质表现出来；推拉的能力可由最大力量（推拉的重量）、爆发力（推拉的速度）和力量耐力（持续推拉次数）等力量素质表现出来。运动功能视角下的基本运动能力和运动学视角下的身体素质从不同的侧面反映机体的体能水平。

2. 健康体能

健康体能也称体适能，是指与机体基本健康相关的身体能力。反映人体健康水平的指标包括最大力量、力量耐力、心肺耐力、柔韧性、灵活性、体成分等。躯干肌肉的最大力量和力量耐力有助于维持正确的身体姿势以及防止出现下背部疼痛的症状。下背部疼痛患者在日常生活中的活动会很受限，生活质量低于健康的同龄人。下背部和股后肌群的柔韧性差，被认为是导致下背部疼痛的主要原因。心肺耐力是重要的健康指标，被列为临床第五大生命体征。心肺耐力的提升，可以减弱身体运动时的血压反应。有氧运动的有效性，对所有高血压患者具有显著和积极的临床意义。同时，有氧运动是改善冠心病危险因素的一种重要的非药物干预手段。体成分中，体脂过多易引发健康问题，包括心血管疾病、2型糖尿病等慢性疾病。

3. 竞技体能

竞技体能是指运动员完成特定技术动作时所必需的力量、速度、反应、灵敏、协调、平衡等能力，是影响运动员运动表现的直接因素。竞技体能与健康体能的分类主要依据的是美国运动医学学会的分类形式，该分类要素之间存在重叠。例如，健康体能包含的肌肉力量、柔韧性、心肺耐力等对于运动员的竞技体能也有着重要的意义。

健康体能和竞技体能的分类是可取的，两者的相对价值应该由个人的目标决定。如果运动员以提升运动表现为目标，竞技体能应该成为重点。如果运动员以追求健康为目标，健康体能则成为重点。但是对于运动员而言，强调运动表现的同时也不能忽视健康。需要指出的是，相较于健康体能，竞技体能具有较高的遗传性。虽然提升遗传度较高的竞技体能比较困难，但是训练实践证明，这些能力仍具有可训练性，如速度、灵敏。另外，健康体能虽然在一定程度上也由遗传决定，但受运动训练的影响要深远得多。

4. 一般体能与专项体能

一般体能是指完成非专项技战术及抗疲劳的身体运动能力，是人体的基本运动能力。良好的一般体能是运动员的健康保障，是运动员基本动作模式改进的基石，也是后期高强度专项训练的坚实基础。体能在不同的竞技运动中存在着共性，因而一般体能对于大多数项目的运动员都有着积极的意义。

专项体能是指完成专项技战术及抗疲劳的身体运动能力，是专项运动能力的重要影响因素之一。良好的专项体能能够保障专项运动技术高质量地完成，能够承受高负荷的训练和比赛，也能加速机体的恢复。运动项目的专项性特点，决定了专项体能对于运动表现的重要作用。不同的运动项目对体能或体能要素的需求是不同的。

一般体能是专项体能的基础，专项体能水平受到一般体能水平的制约。体能教练员应处理好一般体能与专项体能的关系，过分强调任何一个方面都是不正确的。此外，一般体能和专项体能具有相对性，某项体能对于某一运动项目属于一般体能，可能对于另一运动项目属于专项体能。例如，3000 m跑对于足球项目属于一般体能，而对于中长跑项目则属于专项体能。

（二）体能概念的演进

1. 由身体素质到体能

概念反映的是一类事物的共同性质、特点，它是人们通过对个性中的共性的分析、抽象、概括、综合等思维过程而形成的。体能这一概念是从身体素质演变而来的，成为反映人体基本运动能力的新概念。体能概念的提出，能够更好地对应竞技能力这一概念，体现了两者之间的逻辑性。另外，体能从运动功能的视角强调了跑、跳、投等基本运动能力，更具有实用性和指向性。最重要的是，体能进一步强调了身体基本运动能力，而不仅仅是运动能力的表现（身体素质）；相较于身体素质，体能更全面、更系统。体能的外延可以扩大到动作模式、基本运动技能、专门运动技能等方面。

新概念下的体能更像冰山，分为表现层和潜在层。表现层包括身体素质和动作模式（冰山的水上部分），容易捕捉得到。而潜在层（冰山的水下部分）则包括生理机能、心理素质、健康水平、营养水平以及基本运动能力之间的内在联系等影响因素，很难被完全认知。例如，跑动能力可以通过动作模式和表现出来的速度、耐力或灵敏素质进行分解，但是其背后支撑的机制却很难被全面认识清楚。

2. 关于体能与身体素质的观点

国内外专家学者对体能概念进行了多重界定，至今仍未统一。国内学者对体能与身体素质两个概念的认知存在两种主要观点。

① 同一关系：身体素质与体能等同。在体能概念出现前，我国采用身体素质的概念反映运动员的身体运动能力。因而在体能概念出现后，李诚志主编的《教练员训练指南》认为，身体素质又称体能，是指运动员机体在运动时所表现出来的能力。体能和身体素质只是词语不同，内涵和外延一致，体能训练就是身体素质训练。

② 从属关系：体能包含身体素质。有些学者认为，体能较身体素质所包含的内容更丰富，身体素质只是体能的构成要素之一。1992年《现代汉语词典》认为，体能包括运动素质和基本身体能力。中国体育科学学会、香港体育学院组编的《体育科学词典》认为，体能主要包括身体形态、机体机能、健康水平、运动素质，是竞技能力构成要素的重要组成部分。田麦久主编的《运动训练学》认为，体能由身体形态、身体机能、身体素质三部分组成。周爱国主编的《体能训练理论与方法》认为，体能是由运动素质、基本运动技能和专门运动技能组成。

对于体能的界定虽然没有统一，但对于体能是一种身体基本运动能力的内涵是有共识的。随着对人体运动科学认知的深入，人们对于体能的认知必将是一个外延逐渐扩大，是一个漫长的否定之否定的探索过程。

3. 概念演进与新名词旧概念

概念具有演进特征。是否属于概念演进取决于新的概念名词是否在原有概念的基础上具有新的内涵。随着体能及体能训练的发展，出现了一些新名词，如功能性训练、动作准备、核心区训练、快速伸缩复合训练、聚组训练法、多向速度等。新的概念名词"快速伸缩复合训练"并没赋予原有概念"超等长练习"新的内涵。因此，快速伸缩复合训练不属于概念演进，不是新概念，而仅是一个新名词或称其为"新名词旧概念"。

功能性训练属于概念的演进，是在一般训练、辅助性训练和专项训练概念基础上的演进。功能性训练对竞技体育产生了深刻影响，其新内涵体现在四个方面。第一，功能性训练基于链式反应的肌肉功能新观点，而不是传统意义上的屈、伸、内收、外展、旋内、旋外，充分体现了整体论的哲学思想。第二，功能性训练强调动作/运动而不是肌肉，动作远比肌肉对运动表现更有意义。大脑运动中枢产生并组织这些运动模式，个体不能随意地将肌肉脱离它所属的运动模式。这说明，单独针对肌肉进行训练对提升运动功能是有限的。第三，功能性训练强调的是运动功能的提升而不仅仅是人体结构的变化。第四，功能性训练强调了稳定性与灵活性这两个人体运动的基本功能。

虽然对于功能性训练的界定仍存在争议，如迈克·鲍伊尔倾向于功能性训练与一般训练对应，认为项目的相似性远大于差异性。而卡洛斯·桑塔纳则认同对于一项特定的运动，最好的功能性训练就是项目本身的训练，这也就意味着专项训练是富有功能性的。但是功能性训练这一新概念及其对应的方法体系，对于体能训练的发展有着积极作用。

（三）体能认知的方法论

1. 还原论

还原论认为，复杂的系统、事物、现象可以通过将其化解、拆解为各部分的方法来加以理解和描述。还原论把体能划分为多种要素，使我们能够更深入地认知和把握要素；但是还原论容易忽视整体以及要素之间的有机联系，导致"只见树木不见森林""只见力量不见体能""只见力量不见速度"。体能训练实践切莫孤立地发展某项身体素质，进行缺乏整体发展理念的体能训练，部分的提高未必能获得整体提高的训练效果。例如，力量提高有助于速度提高只是一种可能，还有一种可能是力量提高但速度下降。原因是力量的提高往往伴随着体重的增加，如果力量的利用率低，增加的体重将成为速度提高的限制性因素。所以，跑跳项目运动员的最大力量训练一定要结合专项需求，同时结合速度和灵敏训练，否则就会出现最大力量虽然提高了，但决定专项表现的速度、灵敏反而下降的现象。

2. 整体论

整体论主张一个系统中各部分是一个有机整体，而不能割裂或分开来理解，与还原论相对。整体论把体能看作一个整体，将竞技体育项目体能需求和运动员的专项运动表现作为出发点和落脚点，但是容易出现"只见森林不见树木"，导致有思想、无方法，难以有效地提高体能。著名的篮球教练约翰·伍登曾说过，如果把训练划分为力量训练、速度训练、跳跃训练和专项技战术训练，就会使运动员的大脑产生困惑（割裂，联系不起来）。因为，在正式比赛中，运动员需要把所有的训练整合到一起。我们很难做到既对运动员进行分割式的训练，又希望运动员在比赛中将分割发展的能力整合起来。约翰·伍登强调将体能训练融入技能训练过程中，并运用竞争性的环境增加训练的强度，这才是教练的执教能力和艺术。引用约翰·伍登说的一句话："如果遇到技能实力相当的队伍，我们总能取胜，是因为对手花太多的时间在力量和冲刺跑的训练上，而我们则是将跑、冲刺、变向与技能有机地转换，成功地消除了体能训练和技能训练之间的界限。"

3. 融合之路

从科学哲学观点看，单纯的还原论和整体论各有局限性，而还原论与整体论的融合则构成系统生物学的哲学基础。体能教练员应当认识到还原论和整体论这两种方法论的重要性，把两者结合起来以解决体能训练实践的问题。体能教练员不仅要掌握体能各要素的相关原理和训练方法，还要以专项竞技能力需求为目标导向，充分认识专项对体能的整体需求以及体能要素之间的相互联系，提升对体能的认知，以更好地指导体能训练实践。

二、体能训练的相关概念

（一）体能训练

体能训练是指为提高运动员的体能而专门进行的有目的身体改造过程。体能训练一般包括力量、速度、耐力、灵敏性和柔韧性等训练以及人体基本运动能力训练。体能训练的任务包括提高基本运动能力、提高专项运动能力、提高健康水平、减少运动伤病的发生、促进运动员伤后的功能恢复等。

运动员竞技能力的提高主要是通过体能训练、技术训练、战术训练和心理训练实现的。体能就像房屋的地基，而体能训练就是在打地基。只有在地基打好、打实之后，再在上面添砖加瓦，进行技战术训练，那样盖起的高楼大厦才能稳固。博姆帕等人提出运动训练金字塔模型，并认为体能训练是金字塔的基础，是创造成绩的根本，体能的基础越扎实，技术、战术、心理的发展空间就越大。

（二）一般体能训练

一般体能训练是指以改善运动员的基本运动能力和最大的生理适应为目的、让运动员为高强度的专项体能和技能训练做好准备的基础训练。一般体能训练内容包括力量、爆发力、速度、耐力等身体素质训练，跑、跳、投的基本能力训练，稳定性、灵活性的动作模式训练，等等。在进行一般体能训练时，运动员所培养的运动能力越高，适应训练和比赛时生理和心理需求的潜能就越大。年轻运动员在一般体能训练时应专注于多元化发展，各种运动素质的综合提高能使其在面对专项体能训练时，身体和心理层面有更充足的准备。在年度大周期训练中，一般体能训练在准备阶段的初期开始实施，使身体（肌肉、肌腱、韧带等）获得极高的生理学适应，为后期专项体能的发展奠定坚实的基础。

在多年训练周期中，启蒙阶段以发展运动员的一般体能为主要任务。该阶段的一般体能训练基本上是不做运动项目区分的。例如，网球运动员儿童阶段的一般体能训练并没有完全针对专项运动能力，而是全面发展基础体能，包括灵敏、平衡、协调性和速度等运动必需的基本身体素质，跑、跳、投掷等基本运动能力，肌肉运动知觉以及挥动球拍的专门运动知觉（在网球、冰球、垒球、曲棍球等持械运动中体会发展），抓、踢、打击等基本动作模式（如在足球、排球等运动中用身体的一部分来完成）。运动实践证明，缺乏一般体能，最终会影响运动员的长远发展。

（三）专项体能训练

专项体能训练是指基于专项的运动技能和竞赛需求特点，使身体基本运动能力与专项运动紧密结合的训练。专项体能训练应被安排在一般体能训练和比赛阶段之间的过渡期。在年度大周期的赛前期，提升运动员的专项体能是训练的重点。在多年训练周期中，竞技提高和竞技保持阶段的主要任务是提升专项体能，形成优异的运动表现。体能教练员应围绕专项需求，并结合专项运动的生理学和方法学特点，设计有针对性的体能训练方案。机体适应具有专门性，运动员必须经过专门训练才能获得专项的适应。尤其对于优秀运动员，由于其潜力的挖掘程度已经很高，只有通过专项化、个性化、系统化的体能训练，才能进一步改造其肌体和挖掘其潜能。

专项体能训练基于一般体能训练所建立的生理基础，并为训练计划中的比赛阶段做好充分的体能储备。专项体能训练需要尽可能地接近比赛的负荷强度。职业运动员如果准备阶段的时间非常短，在准备阶段的初期就应该进行中、高强度的体能训练。在比赛期间，体能训练的最低目标是维持准备阶段的专项体能水平，但是在某些情况下，此阶段仍可以提高专项体能水平。

（四）一般体能训练与专项体能训练的关系

1. 训练目的不同

一般体能训练和专项体能训练有着不同的训练目的，不能相互替代。如果忽视一般体能训练，不利于运动员长远发展；如果忽视专项体能训练，机体的适应可能朝着其他的方向发展。例如，对于长跑运动员来说，如果忽略了基础力量、速度素质的训练，会直接影响运动员在加速阶段抢占有利位置、冲刺阶段保持现有位次以及实现超越的能力；如果忽略了专项体能训练，就有可能出现篮球运动员的速度训练变成100 m跑运动员的训练，足球运动员的耐力训练变成3000 m或5000 m的长跑运动员训练的问题。

2. 训练侧重点的差异

在周期性计划中，一般体能训练和专项体能训练在不同的训练阶段所占有的训练比例是不同的。在准备阶段的初期，训练的主要内容是一般体能训练，随着准备阶段的深入，训练重点由一般体能训练逐渐过渡到专项体能训练。因此，在准备阶段初期以一般体能训练为主，在准备阶段末期以专项体能训练为主。

3. 项目需求的相似性与差异性

竞技体育项目众多，同一项群内，一般体能训练大同小异，而专项体能训练具有典型的专项化特征。例如，对于大多数同场对抗项目来说，运动员大都是在站立和跑动中完成专项运动，跑动所动用的肌群大致相同，体现了体能训练的相似性。不同则是由项目规定性的差异性造成的，如篮球和足球都要求运动员具有加速能力，但是足球的冲刺距离要明显长于篮球，而篮球中的变向跑动则明显多于足球，因此，不同的项目规定性对体能训练提出了不同的要求。

三、体能训练的影响因素

（一）竞赛规则

竞赛规则是运动项目发展的指挥棒，对体能训练有着明确的规定性和指导性。竞赛规则中对场地、器械、比赛时间等方面的规定，为体能训练提供了重要的参考。体能教练员必须对竞赛规则有全面的认识、深刻的把握，这也是对运动项目竞技规律认识的切入点。教练员和运动员如果忽视对竞赛规则规定性的理解和认识，将会出现体能训练的内容与专项实际需求的偏差。例如，为提高女子水球比赛的观赏性和对抗性，2006年，国际游泳联合会（现更名为世界泳联联合会）对水球竞赛规则进行了重大修改，包括场地长度缩短（两个球门线之间的距离由以前的30 m缩短到20 m至25 m），比赛时间由每节7 min增至8 min，第2、3节之间的休息时间由原来的2 min增加到5 min，每队进攻时间也由35 s缩短至30 s。以上竞赛规则的变动，对水球运动员速度、专项耐力、身体对抗能力等都提出了更高的要求，体能训练的内容必须随之做出变化。

（二）能量代谢系统

不同运动项目由于代谢特点不同，对机体三大供能系统的供能要求存在差异。例如，短跑以磷酸原供能系统为主导，中长跑以糖酵解供能系统为主导，马拉松等长距离项目以有氧供能系统为主导。还有一些运动项目对三大供能系统都有较高的要求。不同运动项目对机体供能系统的特殊需求，在很大程度上影响着教练员对体能训练方法的设计与选择。

（三）技战术的体能需求

体能以及不同构成要素在不同运动项目中的作用是不同的。对运动项目的体能需求特征有所认知是进行体能训练的前提。运动技术的完成对运动员的身体运动有着严格的规定性，对体能有着特殊的需求，体能训练的展开，不能脱离技战术。然而，在体能训练实践中，常常出现体能训练与技战术割裂的情况，造成体能训练效率降低。特定的技战术对体能的多样性需求影响着体能训练的设计。例如，跳跃能力主要依靠下肢力量，然而柔韧性、稳定性、平衡能力也不应忽视。此外，多元动作结构项群项目中，技术的多样性对体能的需求更为多元。

（四）运动员个体特征

运动员的个体特征是体能教练员必须认真分析的要素之一。不同年龄、性别的运动员在体能训练中存在着较大的差异。同时，运动员不同的体能水平及所处的训练时期、阶段的不同，使得体能训练计划必须因人而异，区别对待。体能水平可以通过体能评价获知，为教练员制订训练计划提供了客观依据。身体形态评价涉及运动员的力量、柔韧、爆发力、速度、肌肉耐力、身体成分、心血管系统功能等方面的评估，测试结束以后，应将测试结果与正常值或参照值进行比较，以发现运动员的长处和不足。体能教练员根据评价结果来设计旨在弥补运动员不足、保持运动员优势或进一步发展运动员的各项能力满足专项运动需求的体能训练计划。

（五）场地、器械等训练条件

一些体能训练对场地、器械有着严格的要求，教练员要充分考虑这些训练条件，在有限的条件下，创造更大的训练效益。另外，不同的场地对运动员的体能需求也是不一样的。例如，在较硬的场地，网球运动员需要具备更强的反应能力以及快速加速与减速的能力；而在黏土场地，运动员更需要具备稳定性力量、静力性力量和离心收缩力量，从而能经受住移动中髋关节的大幅度运动，并能在积极和快速的移动中保持稳定。因此，对于不同类型的场地，体能训练的内容、手段应有所区别。

四、体能训练的三大模型

（一）运动员长期发展模型

运动员长期发展（long-term athlete development，LTAD）模型是近些年在运动训练学领域兴起的重要理论。LTAD模型以运动员的成熟状态为参照，提出了人体发展过程中的窗口期。在窗口期，儿童、青少年对训练产生的适应更加敏感。因此，在关键发展阶段安排相应的训练内容，确定合理的负荷强度，采用有效的训练手段，能有效提高训练的科学化水平。

LTAD模型对于运动员在经历多个关键发展阶段的长期发展（10年左右）中如何开展系统训练，具有重要的指导意义。

1. 基础阶段

基础阶段主要针对6～9岁儿童，目标是通过鼓励儿童参与感兴趣的体育运动，培养其基本运动技能。对于儿童来说，体育运动具有趣味性是其形成运动技能的必要条件。该阶段的训练内容包括深蹲、弓箭步、推、拉、旋转、步法和屈体等基本运动技能，练习形式和内容应多样化。值得注意的是，该阶段是速度和灵敏素质发展的关键时期，应着重发展。

2. 学习训练阶段

学习训练阶段（男孩9～12岁、女孩8～11岁）侧重掌握基本运动技能，同时要学习专项运动技能，为下一阶段的训练做好准备。此外，应当兼顾柔韧性训练和力量训练，可借助器械将协调性及平衡性训练融入其中。力量练习主要进行克服自身体重的练习。在这一阶段，运动员应开始有计划地参加比赛，学习并遵守比赛规则以及与比赛相关的必要程序。

3. 为练而练阶段

为练而练阶段（男性12~16岁、女性11~15岁）是指为日后专业化训练而准备的训练阶段，是成就运动员的关键节点。该阶段除了进一步强化第二阶段的训练成果外，伴随着发育高峰的出现，运动员进入有氧能力和力量发展的敏感期，训练的主要目标应转向提升有氧能力和力量。其间，柔韧性是训练的另一个重点，在热身活动和放松活动中安排一定的柔韧性练习，以减少骨骼、肌肉、肌腱和韧带快速生长带来的负面影响。训练内容的设置需要根据运动员的身体状态灵活地调整，以适应青少年在身体方面的变化。

该阶段既要注重运动员体能的全面发展，又要培养和深化运动员对比赛的认知。从这一阶段开始，模拟比赛场景的训练内容会成为训练的主体。但是，比赛或者比赛形式的训练不宜过多，因为这会减少巩固和提高体能水平（如有氧耐力和力量）的训练时间，不利于运动员未来的发展。理论上，建议该阶段训练与比赛的时间分配比为6∶4。

4. 为赛而练阶段

为赛而练阶段（男性16~18岁、女性15~17岁）是指为提升运动表现以体能和比赛形式为主而开展训练的阶段。运动员需要学习如何在比赛环境中运用各项技术，并且执行相关的技战术安排。通过有计划的训练，运动员能够有针对性地挖掘自身优势并且改进自身的不足。经过该阶段的训练，运动员应具备符合比赛要求的体能水平、心理素质以及技战术能力。该阶段训练主要以体能和比赛形式的训练为主，时间分配比约为5∶5。

（二）ACE整合式体适能训练模型

ACE整合式体适能训练（American council on exercise integrated fitness training，ACE IFT）模型是由心肺训练和肌肉训练两个训练模块组成的综合训练系统（图1-1）。每个训练模块包括三个阶段，每个阶段都有相应的训练重点。训练模块彼此独立，但可将心肺训练阶段与肌肉训练阶段整合，使训练模型适用于所有人。

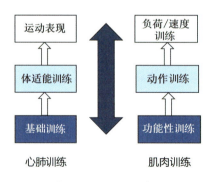

图1-1　ACE IFT模型

1. 心肺训练模块

（1）第一阶段：基础训练

基础训练的重点是为运动不足者建立有氧基础。人们通过持续运动，提升有氧耐力，改善健康、情绪和促进热量消耗，并为进阶到体适能训练奠定基础。

任何未坚持每周至少3天、每天至少20 min中等强度有氧运动的人，都应从基础训练开始运动。最初的有氧运动应在身体可承受的持续时间和强度下进行，直到每周可以进行3～5天、持续20 min或更长时间的有氧运动。基础训练期间用聊天式测试监测运动强度。聊天式测试控制在轻松聊天的负荷强度，与自我运动强度感觉量表（rating perceived exertion，RPE）3～4级对应，但低于第一通气阈（VT_1）。

（2）第二阶段：体适能训练

体适能训练的重点是将强度提高至VT_1，通过增加训练时间、提高训练频率，强度控制在等于或略高于第一通气阈（VT_1）的状态下推进心肺训练计划。当负荷强度达到或超过VT_1低于VT_2时，更有利于提高运动员的有氧耐力与燃烧脂肪的能力。VT_1强度大约介于RPE的4～5级之间。在此阶段可适当加入间歇训练来提高训练的强度（RPE为5～6级），激发人体对运动的生理适应。

（3）第三阶段：运动表现

运动表现阶段重点是让运动员成功参加耐力运动和比赛，通过提高速度、力量和耐力来促进运动表现的提升。此阶段继续加强中等强度和高强度运动，同时整合间歇训练以使运动的强度超过第二通气阈（VT_2），此条件下的运动属于高强度（RPE为7～10级）且持续时间短。进行无氧爆发力训练时，采用重复训练发展峰值爆发力与无氧能力。

2. 肌肉训练模块

ACE IFT模型中的肌肉训练模块提供了一种训练方法体系：首先帮助运动员改善不良的姿势稳定性和关节灵活性，然后结合计划和进阶，帮助运动员进行常规体适能、力量、健美和运动表现等方面的训练。

（1）第一阶段：功能性训练

功能性训练通过改善肌肉耐力、灵活性、核心区功能、静态平衡和动态平衡来提高关节功能，从而建立良好的姿势稳定性和关节灵活性。动作选择侧重于核心和平衡运动，以提高在静态和动态运动中负责稳定脊柱和骨盆的肌肉的力量和功能。功能性训练主要采用自重训练。即使运动员进阶到动作训练阶段或负荷/速度训练阶段，功能性训练也是很重要的一个组成部分。

（2）第二阶段：动作训练

动作训练阶段的目标是在姿势或关节稳定性良好的情况下形成良好的动作模式，重点是5种动作模式，即蹲、单腿跨步/弓箭步、推、拉和旋转。动作模式的教学和训练强调在整个正常动作范围内执行正确的动作顺序和保持对身体重心的控制。动作训练最初通常进行自重训练，之后逐渐引入外部负荷发展肌肉耐力，并时刻注意对动作的控制，在增加外部负荷之前，首先保证运动员可以很好地掌握以上5种动作模式。

（3）第三阶段：负荷/速度训练

负荷/速度训练的目标是增加外部负荷，提升肌肉适应。训练可以通过抗阻训练、高强度间歇训练、速度训练、超等长练习、奥林匹克举重及衍生练习和其他专门的阻力练习（如使用游泳训练桨或在骑自行车上坡时踩大齿轮）来施加负荷。

与动作训练一样，负荷/速度训练应结合功能性训练，以保障力量训练的高质量实施。负荷/速度训练整合5种动作模式，重点是通过不同的运动平面、角度、速度和组合动作（如弓步旋转和壶铃甩摆）来施加负荷。此阶段还可以通过改变动作选择、间歇、负荷等训练变量来达到不同的训练目标（如最大力量、肌肉肥大、力量耐力等）。

此阶段可以根据运动员的专项需求加入速度和灵敏训练，但前提是运动员具有良好的稳定性、灵活性、动作模式和力量基础。

3. 功能–健康–体适能–运动表现连续体

功能–健康–体适能–运动表现连续体是以人体运动能力和健康水平可以沿着一个光谱提升或倒退为前提。这个光谱的范围从发展或重建基本的功能性运动开始，延伸到竞技运动中更高级、更专门化的专项动作。基于健康状况和身体条件等因素，每个人在这一连续体中都处于一个独特的位置，并表现出体育活动的频率、强度和类型以及运动目标（促进健康或提升运动表现）的差异。生命周期和生活方式等因素都可以影响一个人目前在这个连续统一体上的位置。

婴儿的发育主要集中在获得力量、稳定和平衡，以完成基本的功能性动作，如抬头、翻身、坐、爬、站，并最终迈出第一步。对于儿童，他们的活动会帮助其构建更健康的体魄，发展跳跃、攀爬和跑动能力。在青少年时期，机体的发育包括大量的骨骼生长和肌肉发育，这一发育进程帮助人们从机能低下的婴儿发育成为健康、健壮甚至具有某些与运动表现有关的技能和体能的年轻人。遗憾的是，不良的生活方式经常破坏人体的自然发育，导致在连续体中倒退。

体能教练员可以利用功能–健康–体适能–运动表现连续体这一概念，分析运动员的功能、健康、体适能和运动表现的特点，并让运动员认识到连续体的变动特征和不同生命周期及生活方式等因素（积极或消极）对其的影响。这有助于体能教练员为运动员当前的健康、健身和竞技目标提供个性化的训练计划和指导。

（三）最佳表现训练模型

最佳表现训练（optimum performance training，OPT）模型分为稳定性、力量、爆发力3个训练层级和稳定性耐力、力量耐力、肌肉肥大、最大力量、爆发力5个训练阶段（图1-2）。5

个训练阶段相互联系、相互补充,循序渐进地提升体能,具有高度的普适性。

图1-2 最佳表现训练模型

运用该模型前要进行功能动作筛查和纠正性训练,以纠正肌肉失衡、关节功能障碍、神经-肌肉缺陷,以及在训练中可能形成的不良姿势。筛查和纠正性训练有利于恢复和改善动力链的完整性,确定训练目标,为之后更高强度的训练做好准备。

1. 稳定性层级

稳定性层级强调对身体稳定性和本体感觉的刺激,让身体准备好适应之后更高水平的训练。该层级的任务包括:①掌握、建立正确的动作模式或练习技巧,提高核心肌群的神经-肌肉效率,改善肌肉间协调;②纠正肌肉失衡;③提高核心肌群的稳定性和姿态控制能力;④改善心肺功能和神经-肌肉状态;⑤发展稳定性力量和肌肉耐力,让肌肉、肌腱、韧带和关节为即将进行的训练做好准备,预防损伤;⑥采用低强度、高重复次数的训练计划。

2. 力量层级

力量层级由力量耐力、肌肉肥大、最大力量3个阶段组成,强调在保持稳定性的同时增加肌肉围度和最大力量。力量训练期的重点包括:①提高核心肌群在较大负荷下及更大的活动范围内稳定骨盆和脊柱的能力;②提高肌肉、肌腱、韧带和关节承受负荷的能力;③增加肌肉围度;④提高运动单位募集数量、运动单位募集频率和运动单位同步性(肌肉内协调);⑤采用更大的重复次数、组数和强度,增加训练负荷。

3. 爆发力层级

爆发力层级强调通过增加运动时运动单位的激活数量、提高运动单位之间的同步性与兴奋速度来提高力量的生成率,将前阶段所累积的力量与稳定性适应更好地运用在接近运动项目特点的发力模式中。爆发力训练的负荷可分为低速度、高阻力(85%~100%)和高速度低阻力(30%~45%)两种形式。爆发力训练阶段强调力量与速度兼顾发展,通过超级组(组间无间歇)的复合式训练(抗阻力量练习加爆发力练习)提高爆发力。最大爆发力训练强调更快的速度,通过对符合特定要求的动作(在全活动范围内加速)进行高速度、低负荷训练来提高最大爆发力。

五、体能训练的新趋势

（一）体能训练新理念的融合

随着体育科学的深入发展和体能训练实践成果的积累，体能教练员对体能训练的原理及机能变化机制认知科学性的不断提升，新的体能训练理念也应运而生并不断地发展、融合。功能性训练、核心区训练、整体化训练、动作准备、恢复再生训练等新理念与传统的体能训练理念交互作用，促进了体能训练理念科学化、系统化、专项化水平的提高。

（二）体能训练新方法、新手段的涌现

任何单一的体能训练方法、体能练习手段都有其局限性，训练方法和练习手段的多样化发展是体能训练发展的重要趋势。方法、手段的多样性有利于提升机体运动的整体性，可以在一定程度上弥补单一练习的不足。新的体能训练理念及大量的新器材为训练方法的设计和应用提供了更多的可能，像绳梯、多角球等一些专门器材的出现，大大提高了体能训练的针对性、实用性和功能性。此外，体能与技能训练方法、理念的融合也是推动未来体能训练新方法、新器材出现的动力。

（三）体能训练控制系统的数字化

数字化训练理念强调提高训练效率，提升运动员训练动机，实现精准性训练控制。随着体育科技的发展，体能训练的实时反馈控制成为现实。运动员在进行体能训练过程中，利用高科技手段实时监控训练过程，并根据监控数据不断对体能训练过程实施调控，实现体能训练的数字化。

（四）运动员健康与"防未病"的新理念

近年来，以人为本、保障运动员健康的理念被教练员和运动员所重视。伤病预防是体能训练的重要任务之一。防伤性练习是在预防和恢复再生视角下，采用抑制、激活、恢复再生等手段，针对身体的稳定肌（肩袖，肩胛的前锯肌、菱形肌和下斜方肌，核心区肌群和臀中肌等）和过用性部位（如肩、腰、髋、膝、踝等）的薄弱环节进行的养护性和再生性练习。防伤性训练的目标是加强和激活较小的稳定肌，这对于保持关节稳定性至关重要，有利于主动肌更高效发力。比较经典的方法体系包括养护性训练和恢复再生训练。养护性训练是一种把运动训练中的"保养"和"防护"有机结合起来，通过加强关节的稳定性、灵活性以及对神经、肌肉的激活，保证运动中的合理身体姿势和发力顺序，从而达到预防伤病目的的训练理念和方法体系。恢复再生训练是指在训练中有计划地通过按摩、变换运动方式、拉伸放松等积极性的恢复练习，并配合营养和物质能量补充等一系列方法加快机体恢复的训练模式。

例如，软组织放松，就是通过对肌肉、韧带、筋膜的牵拉放松练习，恢复肌肉初长度，修复肌纤维，缓解延迟性肌肉酸痛。中医"未病先防，既病防变"的理念对于伤病预防有着重要的指导意义。

○ 参考文献

[1] 李诚志.教练员训练指南[M].北京：人民体育出版社，1992.

[2] 中国社会科学院语言研究所词典编辑室.现代汉语词典[M].北京：商务印书馆，1992.

[3] 中国体育科学学会，香港体育学院.体育科学词典[M].北京：高等教育出版社，2000.

[4] 田麦久.运动训练学[M].2版.北京：高等教育出版社，2000.

[5] 周爱国.体能训练理论与方法[M].北京：北京体育大学出版社，2015.

[6] BOMPA T O，HAFF G. G. Periodization: theory and methodology of training[M]. Illinois：Human kinetics，2009.

第二章 肌肉力量训练原理与方法

○ 本章学习目标

- 了解肌肉力量及其相关概念。
- 解释肌肉力量训练相关的原理。
- 掌握肌肉力量训练的方法与练习要点。
- 掌握如何设计肌肉力量训练计划。

肌肉力量训练
原理与方法

第一节　肌肉力量训练基本原理

一、肌肉力量释义

（一）肌肉力量

肌肉力量是指神经-肌肉收缩对抗外界阻力的能力。竞技运动的本质是肌肉力量不断地克服阻力而产生运动（跑动、跳跃、投掷等）。肌肉力量的大小是影响运动员运动表现的重要因素之一。

肌肉力量的大小与参与收缩的肌纤维数量及肌肉横截面积成正比。此外，肌肉力量还受到收缩速度的影响，收缩速度快，产生的力量小；收缩速度慢，产生的力量大。因此，等速肌力测试是衡量肌肉力量大小并对不同个体进行对比的重要方法。肌肉力量的方向及拉力角度是肌肉力量的重要力学变量。人体是一个复杂的杠杆系统。在围绕固定轴/关节的转动中，力矩是改变转动物体状态的物理量，而不是力，因此，不能把克服的力和肌肉力量等同起来。例如，某运动员哑铃弯举的最大重量是40 kg，但是他屈肘肌群的最大力量是远远大于40 kg的。

（二）肌肉力量与力

在物理学中，力被定义为物体之间的相互作用。根据力的性质，力分为内力和外力。内力是在一个设定的系统内物体间的作用力。外力则是一个特定系统与另一个特定系统物体间的作用力。

肌动学设定的系统是人体，所以肌肉力量属于内力。肌肉内部由于肌丝滑动产生能够让肌肉缩短或试图缩短的力。例如，当肱二头肌收缩缩短时，会牵引肘关节处的肌腱，从而使肘关节产生屈曲运动，最终所呈现的外在形式为前臂向上臂靠拢。

外力则是指身体之外的力，如重力、阻力、摩擦力等。重力是训练环境中始终存在的力。克服自身重力（体操、跳高等）、克服外界物体的质量（如铅球、举重等）以及对抗对手身体的阻力（如摔跤、柔道等）的运动都是肌肉力量（内力）与外力相互作用的重要体现。此外，反作用力也是运动中必然存在的力。肌肉收缩产生的内力必然有一个施加对象（地面、水面、对手、器械等）。很多情况下，运动员处在站立姿势，需要与地面接触来发力。体能教练员应重视地面反作用力这一自然本质，提升肌肉力量与外力相互作用的能力。例如，在跑动和跳跃时能否获得与肌肉最大力量所匹配的反作用力是力量训练的关键点。

（三）力量曲线

力量曲线是指力矩在关节活动范围内的变化模式，反映运动员在一个动作中肌肉所能产生的力和力矩随着角度的变化而变化的情况。关节角度改变，阻力臂改变，扭矩/力矩改变，肌肉力量也随之改变。其生理机制随着肌肉的收缩，长度和关节角度也在发生变化。肌肉长度的改变导致参与肌丝滑动的横桥数量改变。

单关节的力量曲线主要有3种形式（图2-1）。图2-1（a）的实例可对应膝关节屈肌，如在俯卧屈腿的动作中，随着屈膝角度的增大，扭矩随之减小，所需的力量减小，这就是为什么在俯卧屈腿动作的后半程比较容易完成的原因。图2-1（b）的实例可对应肩关节屈肌，如在前平举的动作中，随着肩屈角度的增大，扭矩随之增大，所需的力量增大，这就是为什么在前平举的动作顶端动作很难维持的原因。图2-1（c）的实例可对应肘关节屈肌，如在手臂弯举的动作中，随着肘屈角度的变化，扭矩先增加后减小，所需的力量先增加后减小，这就是为什么在手臂弯举动作中会感觉负荷发生了变化的原因。

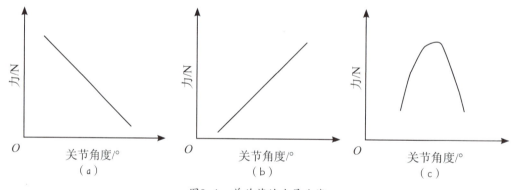

图2-1　单关节的力量曲线

在竞技运动和力量训练实践中，绝大多数动作都是由多关节参与完成的，力量曲线更加复杂。把复杂动作简单化是一条重要的分析路径。例如，在杠铃深蹲的动作中，下降的幅度越浅，蹲起的重量越大。这是由于当髋关节和膝关节伸直时，关节扭矩接近0，在这种角度下，肌肉并不需要产生很大的力量就能够承受负荷。而随着下落深度的逐渐增加，关节扭矩逐渐增大，深蹲的难度也随之增加。

不同的关节角度影响运动员所产生的最大力量，体能教练员在实践环节可根据实际需求调整运动员的身体姿势（关节角度），在不改变外部阻力的情况下减小或增加动作的难度，使其完成动作时变得更加容易或更加困难。此外，可变阻力练习（利用弹力带、锁链或等动设备等进行的练习）使运动员在关节角度变化时始终产生较大的力量对抗变阻带来的较大的扭矩，达到提高最大力量的训练效果。

（四）速度-力量曲线

经典的速度-力量曲线指出，力量与速度成反比，即向心收缩产生的力越大，其收缩速度越慢，或向心收缩时的速度越快，导致产生的力越小（图2-2）。其机制是当肌肉快速收缩（快速动作）时，肌动蛋白与肌球蛋白彼此之间快速滑动，使得参与横桥循环的结合数量受限，导致产生的力变小。反之，当肌肉收缩速度降低时，横桥有充足的时间与肌动蛋白相结合，导致产生的力变大。

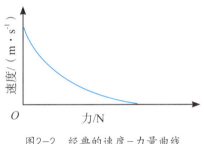

图2-2　经典的速度-力量曲线

不同竞技运动项目对应速度-力量曲线上的不同位置（图2-3）。当运动员对抗的外界负荷较小时（如投掷棒球），速度是提升运动表现的关键；当运动员对抗的外界阻力较大时（如举重），力量是提升运动表现的关键。而对于同一个运动专项的不同运动员而言，运动员可能会表现出不同的速度-力量曲线。运动员A有着更高的收缩速度（可能与神经-肌肉效率有关），因而最大力量偏低；运动员B有着更大的收缩力量（可能与较大的肌肉量和身材有关），因而动作速度偏低（图2-4）。因此，体能教练员应根据运动员的速度-力量曲线进一步分析运动员的力量、速度特征，制订有针对性的力量训练计划。

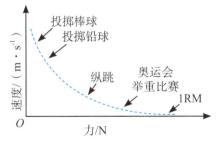

图2-3　不同项目在速度-力量曲线中的位置

注：1RM为1次重复最大重量。

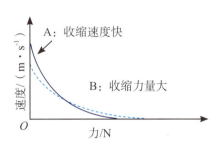

图2-4　不同个体的速度-力量曲线

速度-力量曲线为体能教练员设计专项体能训练计划提供了非常重要的思路，体能教练员可以针对不同的专项需求以及不同类型的运动员采用不同的训练手段去影响速度-力量曲线的各个区间。如图2-5（a）所示，发展不同的力量和速度能力所对应的不同负荷和动作速度特征。例如，发展最大力量对应的是高负荷、中等至低速度；而发展速度，则对应低负荷、高速度。

对于最大力量需求较高的运动项目，应侧重于运动员的最大力量，采用大重量抗阻练习（高负荷、低速度），将获得最大力量提升的训练效果。偏向于速度的运动项目，应侧重于运动员的动作速度，采用弹道式练习、超等长练习改善爆发力，将获得动作速度提升的训练效果。处于速度–力量曲线中间的运动项目，应通过混合训练（速度、最大力量兼顾），并获得协同发展的效果；采用不同负荷的多样化力量练习，将会整体提高力量与速度。（图2-5）

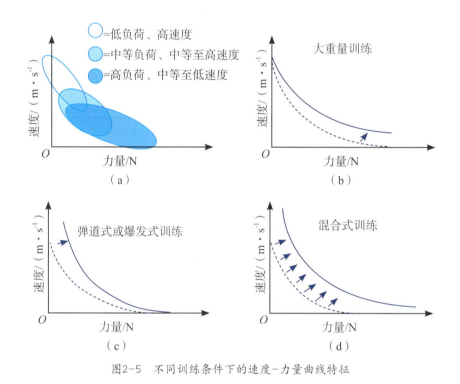

图2-5 不同训练条件下的速度–力量曲线特征

（五）力量与其他身体运动能力之间的关系

在竞技体育中，力量、耐力、速度、灵敏、协调性、柔韧性等之间有着紧密的联系（图2-6）。一方面，力量是运动的动力源：爆发力是快速发挥的力量，速度是利用力量推进自身体重前进的能力，灵敏是使用力量实现急停、减速、改变方向同时加速的能力，耐力是在疲劳的情况下持续发挥力量的能力，因此各种运动技能的发挥都需要力量作为坚实的基础。另一方面，人体的协调性、灵活性是运动员力量发挥的促进因素，因此速度、灵敏、耐力训练对运动员的力量（爆发力、肌肉耐力）也有积极影响。

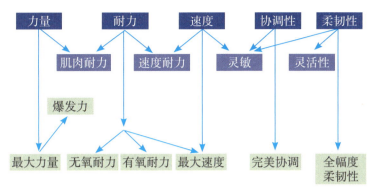

图2-6 不同身体运动能力之间相互依赖

二、力量的类型

力量的类型很多。根据肌肉自身的收缩形式，可将力量分为向心力量、离心力量、等长力量、等动力量。根据力量与体重的关系，可将力量分为绝对力量和相对力量。根据力量与运动专项之间的关系，可将力量分为基础力量和专项力量等。根据力量的表现形式，可将力量分为最大力量、爆发力和力量耐力。

值得注意的是，最大力量、爆发力和力量耐力的一个共同特点是主要通过肌肉自主收缩来克服外力，肌腱及筋膜的弹力参与较少。而超等长练习的运动形式是神经反射（牵张反射、高尔基腱器抑制）与肌肉自主收缩的耦合。从力的形成角度来看，超等长练习的肌肉收缩力与弹力同时存在，以克服外力（阻力）并利用外力（弹力）。换句话说，人体的内力不完全来自肌肉收缩，还来自肌腱、筋膜和支撑器官的弹力。这种充分利用弹力和神经反射的力量称为反应力量，具有独特的生理学和力学机制，与肌肉力量有明显的区别。

（一）最大力量

1. 最大力量释义

最大力量是指肌肉单次最大随意收缩所能够产生的最大力的能力。最大随意收缩是指不刻意要求收缩速度，即不受收缩时间的限制的最大努力收缩。力量-时间曲线是反映最大力量产生的时间特征的概念。虽然钙离子的释放、肌凝蛋白与肌动蛋白的结合非常迅速，但所有参与运动的运动单位的结合过程并非瞬间完成，因此，需要一定的时间才能达到最大力量。

2.最大力量的专项需求特征

值得注意的是，最大力量不应该与特定运动中尽最大努力所产生的力相混淆。实际运动中达到的最大力值往往不等同于最大力量，因为它受到完成特定动作时的惯性、阻力及动作时间的约束。例如，在投掷运动中，受到完成动作的时间以及惯性、阻力的限制，产生的力很难达到个人的最大力量。

几乎所有项目的运动员都需要一定水平的最大力量，即使是周期性耐力项目也不例外。

但是，最大力量在不同运动项目中的作用显著程度是不同的，这主要取决于肌肉所对抗阻力的大小。对抗阻力越大，最大力量的作用就越明显，如举重。相反，克服外界负荷较低时，最大力量的作用就明显降低，如图2-7所示。另外，所克服外加负荷的大小与最大力量呈正相关，且克服外加负荷的重量越大，外加负荷与最大力量的相关性越高（表2-1）。

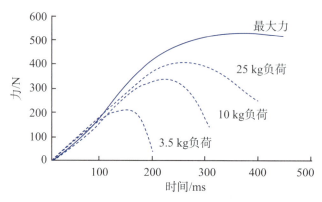

图2-7　不同外加负荷的力量-时间曲线

表2-1　最大力量和外加负荷的相关系数表

克服的外加负荷/kg	相关系数（r）
25	0.85
10	0.66
3.5	0.50

值得注意的是，除了力量举项目（如深蹲、卧推和硬拉等），运动员在专项运动中很难发挥出个人的最大力量。而以最大力量为基础的速度、爆发力是决定运动表现的关键因素。体能教练员不仅要认识到专项运动对最大力量的需求特征，掌握提高最大力量的方法，懂得如何将已获得的最大力量转化为专项运动表现，还要处理好最大力量和速度、灵敏等身体素质的矛盾。切记，不应孤立地发展最大力量。

（二）爆发力

1. 爆发力释义

爆发力，即快速力量，是指神经-肌肉系统尽可能快地克服阻力的能力。爆发力相对于最大力量而言，既彰显竞技运动中力量表现的爆发式特性，又体现力量克服阻力时的运动时间特征。如力量-时间曲线所示，力的产生具有时间特征，从开始（由于预负荷的存在，开始时的力值不一定是0）逐渐达到个人的最大力量。肌肉向心收缩产生峰值力所需的时间大于300 ms，爆发力揭示了没达到最大力量之前，尤其是0～300 ms时间段中产生力量的能力。这个能力的高低是竞技运动表现的关键，因此，爆发力是体能教练员非常关注的能力之一。

2. 爆发力概念的争议

爆发力概念的内涵应该是神经–肌肉系统尽可能快速地克服阻力的能力。爆发力表现的运动特征是快速的、爆发式的。因而用力学中的功率指代爆发力是一种误用。在力学定义上，功率是指单位时间内所做的功，反映完成一定动作时功输出的能力。功率作为力学中的一个重要变量能够分析、解释运动中力量和速度的特点，更好地指导爆发力训练设计（结合专项，发展速度还是发展最大力量），但在反映爆发力上存在着一定的缺陷。功率计算有两种方法：一是通过力量和速度两个变量得出瞬时功率，二是通过做功和时间的比值得出平均功率。瞬时功率由于涵盖了力量和速度两个变量，所以只有在速度一定的情况下，功率和爆发力一致。如果速度发生变化，虽然是同样的功率，但爆发力会不一样。

在爆发力的分析中，除功率外，冲量和力量生成率也是重要的变量。虽然以上变量能够解释爆发力，但概念不应等同。例如，力量生成率达到最高时爆发力不一定最大，即力量生成率反映的是力的变化，与爆发力的概念不能等同。

3. 爆发力的专项性

由于大多数竞技体育运动完成动作的时间都比较短，运动员无法达到个人的最大力量。因此，爆发力是与大多数专项运动需要的最大力量最为接近的重要的力量素质，对运动表现起着决定性作用。

爆发力在不同运动项目中体现的特定时间具有专项性。从图2–8（a）中可以看出，一些运动项目由于专项动作时间短，很难达到个人的最大力量，因此运动员的爆发力水平是专项运动表现的关键。例如，拳击、击剑等项目要求运动员在极短的时间内达到一定力值，而举重、柔道等项目运动员会在相对较长的时间达到最大力值，因此最大力量的大小成为爆发力的决定因素。

从图2–8（b）可以看出，通过力量和速度两个变量很好地诠释了爆发力在不同项目中的需求差异。一些克服外界阻力大的运动项目（如举重、柔道、摔跤等），最大力量是决定爆发力的重要因素，提高爆发力的策略之一就是提高最大力量。一些克服外界阻力较小、动作速度要求高的运动项目（如乒乓球、棒球等），运动员实际达到的最大力值远远低于个人最大力量，因此最大力量只是爆发力的基础，而不是决定因素。因而，强调动作速度的超等长练习及弹道式练习应是此类运动项目体能训练的主体练习方式。值得注意的是，由于竞技运动中上肢或下肢结束动作的不同，爆发力也表现出上下肢的差异。例如，跑跳属于下肢结束动作，投属于上肢结束动作，因此在爆发力训练中存在着明显的差异。

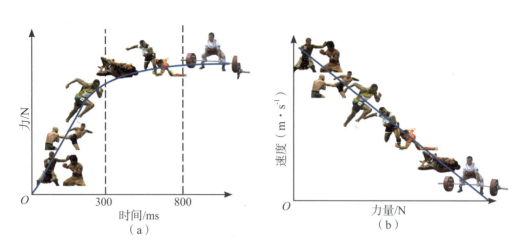

图2-8　不同专项的力量-时间曲线（a）和速度-力量曲线（b）

（1）爆发力的评价

在力量训练实践中，评价运动员爆发力的大小也是有时间限定的。例如，A、B两名运动员的力量-时间曲线（图2-9）显示，运动员A的最大力量比运动员B高，但是在300 ms以内，运动员A的爆发力不如运动员B高。在A、B两名运动员力量交叉点时刻，两者的爆发力相同。在交叉点后运动员A的爆发力又高于运动员B，直到达到各自的最大力量。这也揭示了爆发力是特定时间区间的力，其力量值介于0与最大力量之间。爆发力随时间的延长而增长（力量生成率是揭示爆发力变化特征的变量），直到接近个人的最大力量。因此，这也就有了最大力量决定爆发力上限的观点。

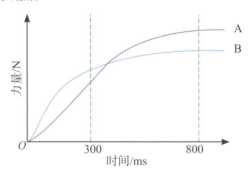

图2-9　运动员的力量-时间曲线特征图

（2）相对爆发力

相对爆发力可以更进一步地分析运动员爆发力的特点和运动员之间爆发力的比较。相对爆发力是指单位体重的爆发力，计算公式是爆发力/体重。分析运动员的爆发力必然涉及体重这一变量。在同等条件下（身高、体脂百分比），体重、肌肉围度与最大力量具有较高的相关性。运动员A与运动员B在力量-时间曲线的交叉点上，两者的爆发力是相同的，但是由于运动员A的体重高于运动员B，运动员B的相对爆发力要高于运动员A，结合交叉点前的爆发力特征以及专项动作速度特征，体能教练员能够得出运动员A和运动员B在后期爆发力训练的不同策略：运动员A以提高爆发力为重点，采用弹道式练习、中低强度的举重衍生练习和超等长练习；而运动员B则以最大力量的提升为重点，采用高强度的举重衍生练习、中高强度的抗阻练习。

绝对爆发力对于不分级别的运动项目有着重要的意义，其发展强调最大输出功率，应科学把握最佳负荷（产生最大输出功率的特定重量和速度组合）的爆发力训练的强度。而相对爆发力对于克服自身体重的运动项目意义更大，其发展则应更突出动作速度，此外也应重视体重的控制。

4.爆发力相关概念

（1）力量生成率

力量生成率（rate of force development，RFD）是指单位时间力量的增量，即力量-时间曲线的斜率。它与单位时间内神经对运动单位的募集、神经冲动的频率以及肌肉收缩的类型有关，是反映运动员爆发力的一个重要指标。由于竞技运动大多动作完成的速度快、时间短（表2-2），所产生的力量值远远低于最大力量，因此，力量生成率与竞技运动表现有更高的相关性。同时，力量生成率对测试与评估神经-肌肉功能的急性和慢性适应性变化更敏感。正确量化和解释力量生成率不仅对运动生理学领域的研究人员非常重要，而且对体能教练员和康复师也非常重要。

表2-2　不同专项运动的动作时间特征

不同专项运动	动作时间/ms
冲刺跑缓冲	80～100
跳远离地	110～120
跳高离地	170～180
投掷标枪	160～180
投掷铅球	150～180
跳马腾空	180～210
深蹲练习	>300

有研究根据完成动作时间的长短，把力量生成率划分为最大力量生成率和初始力量生成率。最大力量生成率是反映持续时间在250 ms左右的运动中力量的生成速率，如举重、推铅球、原地跳等。该类动作的特点是肌肉克服一定的阻力，阻力越大，产生的力量值越接近最大力量。初始力量生成率是反映持续时间在50 ms左右的运动中力量的生成率，即力量曲线开始的阶段。克服阻力小的快速突发性运动取决于初始力量生成率，如击剑、100 m跑的起跑、拳击的直拳等，要求运动员在极短的时间内有非常高的力量生成率。该类动作的特点是肌肉没有预拉长，完全是肌肉向心收缩发力。体能教练员应该了解，如果克服的阻力很小，初始力量生成率起主要作用（如击剑）；如果克服的阻力较大（如推铅球），则最大力量起主要

作用；如果克服的阻力非常大（如举重），则最大力量起决定作用。

需要注意的是，在实际的竞技运动（如跳跃、短跑、投掷等）中，运动员完成各种专项技术动作所需的时间很短（通常小于250 ms），很难达到个人的最大力量，因此采取弹道式练习、举重衍生练习和超等长练习能够优化运动员的力量生成率，是提高爆发力的理想选择。

（2）爆发力赤字

爆发力赤字（explosive strength deficit，ESD）是人体在完成特定的动作时产生的力与最大力量（峰值力量）之间的差值，是反映运动员最大力量利用水平的重要概念。其公式为：爆发力赤字=（最大力量值－实际的最大力量值）/最大力量值。如果爆发力赤字高，说明最大力量的利用水平低，应增加爆发力练习；如果爆发力赤字低，说明最大力量的利用水平高，应继续增加最大力量训练。

爆发力赤字是力量训练设计的一个重要前提，有助于体能教练员确定运动员力量训练的重点是最大力量还是爆发力。对于爆发力赤字低的运动员，最大力量可能是爆发力发展的最大限制因素，所以应增加最大力量训练，这对于基础力量薄弱的运动员是理想的选择。而对于爆发力赤字高的运动员来说，继续单纯地提高最大力量对爆发力的提升作用有限，需要着重提升运动员对最大力量的利用水平，可进行弹道式、举重衍生练习或超等长练习来优化力量生成率并提高动作速度，从而获得提升爆发力的理想训练效果。

需要注意的是，最大力量决定了爆发力的上限，也就是说，最大力量是爆发力的基础，较低的最大力量制约着爆发力水平。尤其对于那些未经训练或相对瘦弱的运动员来说，发展最大力量是增强其爆发力的最佳策略之一。然而，针对高水平运动员，最大力量的利用水平决定了其是否继续进行最大力量训练。

（3）动态力量指数

动态力量指数（dynamic strength index，DSI）是指爆发性动作中产生的峰值力量与等长峰值力量的比值，是反映运动员最大力量利用程度的指标，在一些研究中也被称为动态力量赤字。动态力量指数与爆发力赤字相似，二者反映的都是运动员最大力量的利用水平，进而确定力量训练的侧重点。

（4）拉长-缩短周期

拉长-缩短周期（stretch shortening cycle，SSC）是指肌肉受到周期性强力冲击或拉力的作用，肌肉被预先拉长（离心阶段），然后迅速缩短（向心阶段）的运动形式。大多数爆发力练习和专项技术动作练习都涉及拉长-缩短周期的运动形式，此类练习被称为超等长练习（plyometrics）。SSC涉及很多复杂并相互作用的神经-肌肉因素与力学因素，如牵张反射的增强效应、高尔基腱器的抑制作用、弹性势能的储存与释放以及肢体的刚度等。

大量研究表明，与单纯的向心收缩相比，SSC在肌肉激活方面具有更大的优势，如反向纵跳（counter movement jump，CMJ）的高度显著大于静蹲跳（squat jump，SJ）的高度。这表明超等长练习可以增强神经-肌肉的刺激强度，提高运动员的爆发力。

（三）力量耐力

力量耐力是指肌肉在一段时间内对抗非最大阻力进行反复收缩的能力，或以非最大力量持续收缩一段时间的能力。常见的力量耐力测试为在规定的时间内完成最多次数的俯卧撑或引体向上。最经典的力量耐力测试是美国国家橄榄球联盟（National Football League，NFL）的225 lb（约102 kg）卧推测试。该测试要求参加NFL选秀的运动员使用225 lb的杠铃进行最多次数的卧推，以此来评估该运动员的上肢力量耐力以及在赛场上的运动表现潜力。

体能教练员在为运动员设计训练计划时，需要高度重视力量耐力在力量训练中的比例。因为专项性的力量耐力训练不仅能够增加肌细胞中的线粒体数量和体积以及提高与无氧代谢有关的酶的活性，从而提高肌肉在有氧和无氧环境下的工作能力，推迟疲劳的产生，还能借由肌肉中乳酸堆积，刺激生长激素的分泌，提高肌腱和韧带等结缔组织的胶原蛋白合成效率，最终增强相关结缔组织的刚度，减少运动损伤的发生。

1. 爆发性力量耐力

爆发性力量耐力是指反复进行爆发力用力的耐力形式。例如，在一场48 min的篮球比赛中，篮球运动员不仅需要有足够的爆发力进行突破上篮或者争抢篮板球，还需要有足够的爆发性耐力支撑他们完成数十次乃至上百次的加速、减速变向和跳跃。因此，对于团队项目运动员或需要在一定时间内做持续、重复爆发性动作运动项目（如200 m跑、50 m自由泳等）的运动员来说，需要同时提高爆发力和爆发性耐力。常见的训练模式是使用30%～50%1RM负荷进行5～6次的快速动作，组间间歇20 s（具体数值视专项需求而定）。

2. 短时间力量耐力

短时间力量耐力是指短时间重复连续进行的力量耐力形式。短时间力量耐力对于持续时间在40 s～2 min的运动项目（如400 m跑、100 m自由泳等）作用很大。这些项目的后半程，力量耐力和爆发力同样重要，因为制胜因素不仅仅是维持速度，更要能够在终点前的冲刺阶段进行加速，这就要求运动员有非常强的抗乳酸能力。短时间力量耐力常见的训练模式为使用40%～60%的1RM负荷进行多组数的快速动作，从而在肌肉中堆积大量的乳酸，让运动员在高乳酸的状态下产生相应的生理适应，继而提高在专项中的运动表现。

3. 中等时间力量耐力

中等时间力量耐力主要针对那些持续时间超过2 min的运动项目（如拳击、摔跤和皮划艇等）所需的力量耐力形式。这些运动项目的运动员需要同时提高肌肉的有氧代谢和无氧代谢能力。中等时间力量耐力常见的训练模式为使用30%～50%1RM负荷进行多组数的全身性循环训练。

4. 长时间力量耐力

长时间力量耐力主要针对长时间持续运动并以有氧代谢为主要供能系统的运动项目（如马拉松和铁人三项等）所需的耐力形式。对于这些运动项目的力量耐力训练，关键在于不间断地进行中等速度的多组数训练，增加肌肉有氧代谢能力的同时提高心肺耐力。长时间力量耐力常见的训练模式为使用30%～40%1RM负荷进行长时间、短间歇的训练，在肌肉尚未获得足够恢复的情况下进行连续运动，以此增强运动员在长时间运动下的抗疲劳能力。

（四）绝对力量

绝对力量是指在不考虑体重的条件下，运动员所表现出来的最大力量。在此意义上，绝对力量和最大力量的含义相同，可以通过对抗外界负荷的力值表示。绝对力量和体重高度相关。举重世界纪录保持者的运动成绩与体重的相关系数$r=0.93$，这是举重竞技项目运动员分级别比赛的主要原因。而不经常参与运动的人的相关性则很低，甚至可能为0。另外，在对绝对力量需求高的运动中（如投掷运动员、橄榄球前锋和篮球中锋等），运动员往往有着高大的身材。通过比较线性（肢体长度、直径）、面积（生理横截面积、身体表面积）和体积可以解析运动员体格差异的原因（表2-3）。例如，运动员A和运动员B的身高比例为1∶1.5，面积则为1∶2.25，体积则为1∶3.375。

表2-3 线性、面积、体积的差异比较

类型	运动员A	运动员B
线性（身高）	1	1.5
面积（力量）	1	2.25（1.5^2）
体积（体重）	1	3.375（1.5^3）

（五）相对力量

相对力量是指运动员单位体重所具有的最大力量。相对力量=最大力量/体重。相对力量在一定程度上反映了运动员的加速能力和肌肉质量的好坏。结合牛顿第二定律公式$F=ma$，当质量m（如自身体重、铅球等）不变时，F与a成正比例关系。在一些频繁克服自身体重的运动中，相对力量比较重要。体操、武术套路运动员身材较矮小，在转动角速度方面具有优势。此外，体型高大的运动员要达到与矮小运动员同等的相对力量水平，其肌肉横截面积或肌肉质量则要大大增加。

在不受体重限制的项目中，绝对力量较相对力量更具竞技表现意义。而在克服自身体重的体操项目、周期性跑的项目以及分级别的运动项目中，相对力量高，则运动更轻松自如。研究表明：如果两名短跑运动员在相同的时间内施加相同的推进力（下肢蹬地），则体重较轻的运动员加速能力更强；如果两名短跑运动员有着相同的体重，对地面作用力大的运动员加速能力更强。

值得注意的是，由于惯性的作用，运动员改变运动状态受到体重的影响。体重越大的运动员，就越需要更大的力量来克服惯性。对于相对力量要求较高的项目而言，体能教练员需权衡绝对力量、相对力量两者之间的关系。在克服自身体重的位移性运动项目和分级别比赛的运动项目中，相对力量越强，运动场上加速或减速的移动就越轻松。相反，相对力量低的运动员尤其是脂肪含量较高的运动员，其移动能力将受到制约。

脂肪被称为"无功能体重"。脂肪增加对于快速运动的影响是负向的，会使运动员移动减慢，疲劳提前，并易导致损伤。牛顿第一定律的启示就是在竞技体育中体重大的运动员比体重小的运动员需要额外增加对地面的作用力才能克服惯性，产生相同的加速度。牛顿第二定律在竞技体育中的启示是运动员脂肪过多会导致加速度的下降，所以优秀的中长跑运动员和大部分球类运动员都有着较低的脂肪百分比。优秀运动员对于体脂的控制是比较严格的。美国亚利桑那大学的科研人员指出，就运动表现而言，男性运动员理想的体脂百分比为6%～15%，女性运动员为12%～18%。

三、力量的影响因素

假设两名运动员按照同样的要求举起相同重量的杠铃，尽管从外表看来两人都成功地举起了杠铃，但在实际的测量中发现两名运动员施加的力是不同的。这是因为肌肉在产生力的过程中涉及时间、速度、神经以及肌肉围度等多个因素。理解力量的影响因素对于体能教练员为运动员设计专项体能训练计划至关重要。

（一）肌肉收缩类型

常见的肌肉收缩类型分别为向心收缩、离心收缩和等长收缩。向心收缩和离心收缩又称等张收缩。

不同收缩类型产生的极限力量大小不同：离心收缩＞等长收缩＞向心收缩。不同收缩类型之间的力量差异涉及牵张反射、弹性成分以及肌丝滑动时横桥循环的数量差异等因素。此外，同样有研究表明离心收缩时产生的力量大约是向心收缩的140%。因此，体能教练员应采用超负荷离心力量训练法（离心对抗110%～140%1RM负荷）和强化离心训练法（离心阶段的阻力大于向心阶段的阻力需要利用特殊设备）为运动员离心力量的发展提供额外的生理刺激。

此外，超等长收缩作为复合式肌肉收缩形式，比单纯向心收缩产生的力更大。尽管确切的机制还不清楚，但它可能包括以下几个方面：一是弹性势能的储存与释放；二是牵张反射；三是肌肉与肌腱的相互作用，肌肉接近最佳发力长度，能在更有利的速度下收缩；四是最佳的肌肉激活；五是向心收缩阶段开始有明显的预负荷。

（二）肌纤维类型

根据肌纤维收缩特征的差异，肌纤维分为慢肌纤维/Ⅰ型和快肌纤维/Ⅱ型两大类，快肌纤维/Ⅱ型又分为快肌纤维Ⅱa型与快肌纤维Ⅱx型。几类肌纤维类型具有不同的生理学特性（表

2-4）。Ⅰ型和Ⅱ型肌纤维比例具有明显的专项性生理学特性。短跑运动员拥有Ⅱ型肌纤维比例较高，具有较高的爆发力和速度潜力。越野跑、马拉松运动员拥有Ⅰ型肌纤维比例较高，具有较高的有氧能力和抗疲劳能力。

表2-4 肌纤维类型的主要生理学特性

特性	慢肌纤维Ⅰ型	快肌纤维Ⅱa型	快肌纤维Ⅱx型
力量耐力	高	中/低	低
最大力量	低	中	高
爆发力	低	中/高	高
收缩速度	慢	快	快
增粗潜力	低	中/高	高
抗疲劳性	高	中/低	低
运动神经元大小	小	大	大
募集阈值	低	中/高	高
神经传导速度	慢	快	快
有氧催化酶	高	中/低	低
无氧催化酶	低	高	高
肌质网复杂性	低	中/高	高
毛细血管密度	高	中	低
肌红蛋白	高	低	低
肌纤维直径	小	中	大
线粒体大小、密度	高	中	低
色泽	红	白/红	白

Ⅱ型肌纤维与Ⅰ型肌纤维相比，在肌肉肥大、最大力量和收缩速度等方面存在着明显的特点。①Ⅱ型肌纤维每单位横截面积的肌球蛋白与肌动蛋白数量均高于Ⅰ型肌纤维，由于肌纤维产生力的大小与肌丝滑动时横桥循环的数量有关，因此Ⅱ型肌纤维能够产生更大的力量，Ⅱx型和Ⅱa型肌纤维的峰值功率分别是Ⅰ型肌纤维的10倍和6倍。②肌纤维的收缩速度主要由水解三磷酸腺苷（ATP）的速率所决定。Ⅱ型肌纤维中的ATP酶活性比Ⅰ型肌纤维更高，水解ATP的速率比Ⅰ型肌纤维快2~3倍，Ⅱx型和Ⅱa型肌纤维收缩速度分别是Ⅰ型肌纤维的4.4倍和3倍。③Ⅱ型肌纤维比Ⅰ型肌纤维大50%，有着更大的肌肉肥大潜力，因此绝对力量也更大。④无论其肌肉群来源如何，属于同一类型的孤立的单个肌纤维显示出相同的收缩特性。

Ⅱ型肌纤维比例高的运动员肌肉量增长潜力比Ⅰ型肌纤维比例高的运动员更大。这也是为什么速度和爆发力主导的运动员与耐力主导的运动员在身材上存在较大差别的原因。

（三）肌纤维排列

肌纤维的基本排列结构主要有梭状肌和羽状肌两种，除此之外，还有扁肌（肌纤维平行，常常有腱膜，如腹外斜肌）、方肌（呈方形，如旋前方肌）、环形肌或括约肌（环绕身体的开口或孔洞分布，肌肉收缩时缩小开口，如眼轮匝肌可以闭合睑裂）。

人体大多数肌肉是梭状肌，肌纤维沿着肌肉纵轴平行排列。而羽状肌内的肌纤维沿一定角度斜插在肌腱内，排列结构类似羽毛。羽状肌的肌纤维排列分为单羽状肌（如胫骨后肌、半膜肌）、双羽状肌（如股直肌）、多羽状肌（如臀大肌、三角肌、胸大肌）。羽状肌的肌纤维斜向分布，通常比梭状肌短且倾斜角度、方向一致，产生的力和爆发力大于梭状肌，但收缩速度和活动幅度则不如梭状肌。羽状肌产生较大力量的主要原因是：羽状结构中的肌纤维数量更多，有着更大的生理横截面；羽状结构还可以让更多的肌节平行排列（同时减少肌纤维串联排列结构），从而增大力量；羽状肌在缩短的过程中，其中心肌腱移动的距离更大，能够保证肌纤维在最佳长度下收缩。

肌纤维的羽状角（骨骼肌中肌纤维与肌肉起止点连线的夹角）会影响肌肉向肌腱和骨骼传递力量。羽状角的角度具有重要的功能性意义。羽状肌的羽状角的增加可以增加肌肉的收缩力量和输出功率。研究表明，通过长期抗阻训练可以使羽状肌静息状态下的羽状角增加。然而在剧烈的运动中（如短跑、举重等），羽状角可能会减小，羽状角越小，生物力学效率越高。

（四）肌纤维长度与预负荷

不同肌纤维长度（不同的肌球蛋白与肌动蛋白的重叠度）产生的力量不同。肌丝滑动理论认为，参与循环的横桥数量与肌球蛋白激活有关，并决定肌动蛋白与肌球蛋白的重叠度。横桥就像划船时在水中的桨，参与的数量越多产生的力就越大。

研究表明，高水平运动员肌肉肥大而且肌肉纤维长度更长，这也从侧面表明，肌纤维长度的增加可能是肌肉肥大的一种途径。进行爆发力训练能够在较短的周期内增加肌纤维长度。对不同竞技项目的运动员进行比较发现，足球运动员的股外侧肌和腓肠肌的肌纤维长度比游泳运动员的短，短跑运动员下肢肌纤维长度要比长跑运动员的长。所以有人认为，较长的肌纤维长度有利于形成较快的移动速度。肌纤维长度增加是训练适应的表现，可以减少甚至消除羽状角在肌纤维面积增加时的叠加效应，可以预防或减小力量损失（力量损失经常发生在羽状角过大的情况下）而提高生物力学效率。这可以解释大多数优秀举重运动员同时拥有更大的肌肉体积和更长的肌纤维长度的现象。

预负荷（preload）是指在产生动作之前，肌肉等张收缩的对抗施加在肢体上的负荷，并产生肌肉高张力的现象。以卧推练习为例，在肌肉产生足够的力量克服杠铃惯性之前，胸、臂肌肉进行等长收缩，虽然没有产生向心动作，但此时的肌肉已经产生一定的力。有关阻力调节设备（如等速练习系统，不会形成预负荷，由于做动作时关节活动之初无法具有较高张力，最大力量的发展受到阻碍）研究指出，预负荷是力量训练的重要环节，如果肌肉在关节活动之初达到较高的力值，那么这样有助于缩短达到最大力量的时间。同时，预负荷可以发展关节活动初期的肌肉力量，特别是爆发力。

（五）肌肉横截面积

肌肉横截面积为该肌肉所有肌纤维横截面积的总和。肌肉横截面积增大也称肌肉肥大。肌节（肌纤维内最小的收缩单位）数量的增加，提高了肌球蛋白与肌动蛋白之间横桥的数量，进而增加最大力量。肌肉肥大可细分为肌原纤维肥大和肌浆肥大，并表现出不同的肥大特征（图2-10）。不同的训练方式会产生不同的肌肉肥大适应，尽管从外表来看不同的适应均表现出肌肉的横截面积增加，但对运动表现提升来说，绝大多数运动员需要的是肌原纤维肥大，而非肌浆肥大。更大横截面积的肌肉在最大力量和爆发力方面有着更大的潜力。

值得注意的是，肌肉肥大在带来力量增长的同时也会带来体重的增加，因此，对相对力量要求较高的运动项目以及分级别的重竞技运动项目的运动员应慎重对待肌肉肥大，尤其是要区分肌肉肥大的来源是肌浆肥大还是肌原纤维肥大。

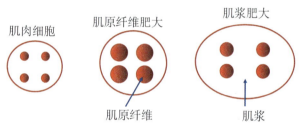

图2-10　肌肉肥大示意图

1. 肌原纤维肥大

肌原纤维肥大是肌纤维内部获得了更多的收缩蛋白，具体表现为肌节并联肥大与串联肥大（图2-11）而导致的肌肉横截面积增大。传统的大重量抗阻力练习（如深蹲、卧推等）会导致受训肌肉内的肌节数量呈并联排列增加，从而增加整个肌肉的横截面积而产生最大力量增大的潜力。相比之下，超等长练习会导致受训肌肉内的肌节数量呈串联排列增加，因为串联的肌节彼此相互牵扯，会减少所产生的力量而提高肌肉的收缩速度。那些认为运动员更需要优化神经-肌肉效率而非增加肌肉横截面积的观点是片面的，应根据运动员个人特点和专项特征具体情况具体分析。从运动科学的角度来看，肌原纤维肥大的适应是不容忽视的。训练初期的解剖适应期就是获得肌肉、肌腱、韧带的适应，为后期的高强度训练奠定基础。

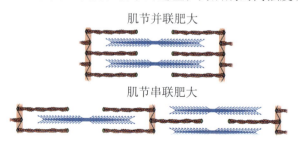

图2-11　肌节并联肥大与串联肥大示意图

2.肌浆肥大

肌浆肥大是指由于肌纤维内的各种非收缩成分（如胶原蛋白、细胞器等）和细胞内液体的增加所导致的肌肉横截面积增大。造成肌浆肥大的原因可能是肌纤维内糖原储存的增加。研究表明，与采用大负荷、低重复次数进行训练的力量举运动员相比，采用低负荷、高重复次数的健美运动员表现出更高的糖原储备。有研究推测，肌浆肥大往往不会伴随着最大力量的增加。

体能教练员在力量训练实践中，除去某些特殊情况（如运动员需要跨级别比赛或其他原因），应该使用能够增加运动员肌节数量的肌原纤维肥大的力量训练方法（高强度抗阻训练和超等长练习），提升运动员产生最大力量和爆发力的潜力。

（六）运动单位的募集

1.运动单位及募集

运动单位是指一个α运动神经元及其所支配的全部肌纤维构成的一个功能单位。运动单位有大小之分，且差别很大。运动单位的运动神经元和其所支配的肌纤维比例差异很大，如眼部肌肉的肌肉、神经比是1∶1，而股后肌群的肌肉、神经比是300∶1。小的运动单位有利于支配肌肉进行精细运动，大的运动单位则有利于产生较大力量，为运动提供支撑。

同一个运动单位的肌纤维，可以与其他运动单位的肌纤维交叉分布，使其所覆盖的空间范围比该单位肌纤维横截面积的总和大10～30倍，这使得肌肉张力的分布较均匀。因此，在低阻力的运动中，并不是全部缩短的肌肉的运动单位都被激活，而是只有部分小的运动单位参与了用力。

运动单位募集也是指随着肌肉自主收缩的产生和加强，运动单位相继被激活的现象。运动单位募集遵循"全或无"法则。随着刺激强度增加，已经激活的运动单位不再增强，而高募集阈值的运动单位会进一步被激活，最终产生更大的肌肉力量。运动单位的募集存在个体差异，训练水平低的运动员一般募集到60%左右，而训练水平高的运动员则可以募集90%以上。

2.运动单位募集特点

运动单位募集受到所施加负荷的影响，施加的负荷越大，神经发放的冲动越强，动员的运动单位就越多。当肌肉达到最大力量收缩时，运动单位募集也达到最大。由于肌纤维动作电位的产生和传导是相对不疲劳的，因此，在整个肌肉收缩过程中，运动单位募集始终保持着最高水平。但随着时间的延长，没有增加新的运动单位参与，肌肉疲劳程度增加，肌肉张力逐渐下降。因此，最大力量训练强调一次性募集运动单位的能力要强，否则训练效果不会理想。这也是最大力量训练的强度要高于85%的主要原因。

当肌肉以次最大力量收缩时，机体只募集了一定数量的运动单位，随着收缩时间的延长，疲劳程度逐步增加，为了维持足够的张力，新的运动单位被募集，运动单位募集升高。

因此，力量耐力训练的强度偏低（低于70%1RM）时，训练强调的是逐渐地募集运动单位的能力。

运动单位募集与肌肉的收缩形式有关。在相同的负荷下，向心收缩比离心收缩募集更多的运动单位。也就是说，在达到同等力量水平的情况下，离心收缩募集的运动单位比向心收缩少。因此，离心收缩较向心收缩能产生更大的力。

3. 运动单位的募集原则

运动单位募集的两个重要原则是"大小原则"和选择性募集。

"大小原则"（size principle）也称顺序性募集，是指肌肉根据外界阻力的变化，运动单位有效地按照由小到大的顺序被募集的原则。"大小原则"是人体能量节省化的表现。当肌肉收缩用力时，神经元轴突直径小、激活阈值低的Ⅰ型肌纤维首先被募集，并且被最常使用。随着肌肉用力程度的提高，神经元轴突直径大、激活阈值高的Ⅱ型肌纤维逐渐被募集。

选择性募集是运动单位的另一个重要募集原则，是指在使用爆发力完成运动时，中枢神经直接激活高阈值运动单位（大的运动单位）的现象。选择性募集是爆发力训练的神经适应，没有遵循由小到大的募集原则。尤其是在含有离心运动组件的超等长训练或弹道式训练中，Ⅱ型肌纤维较Ⅰ型肌纤维被优先动员。

值得注意的是，不同抗阻练习募集肌纤维的数量是不同的（图2-12）。同时，运动单位的募集顺序是有条件的，同一运动单位对某一练习有较低的募集阈，而对另一练习则有较高的募集阈。体能教练员应熟知不同的抗阻练习的特点，并有针对性地选择练习方法。

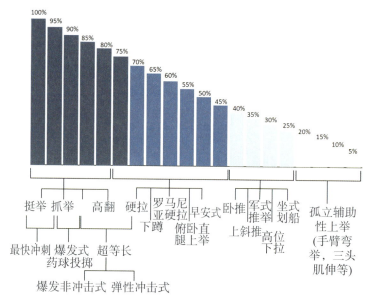

图2-12　参与训练活动的运动单位总数的相对比例

（七）运动单位的刺激频率与同步化

1.刺激频率

刺激频率是指募集运动单位时，α运动神经元的放电频率。运动单位被激活一次就会引起一次收缩，但不会产生过多的力量。然而，增加激活频率，将多次冲动叠加起来，运动单位就会产生较大的力量（图2-13）。

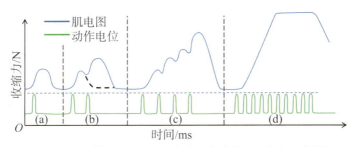

(a) 单收缩 (b) 模拟波形 (c)不完全强直收缩 (d) 完全强直收缩

图2-13 运动单位收缩频率

刺激频率的提高与肌肉力量的增长有关。当刺激频率从最小值增加到最大值时，肌肉力量产生的幅度可能会增加到300%～1500%。高刺激频率产生较高的力量生成率，这与双峰放电的增加有关（两个连续的放电时间≤5 ms）。较高的力量生成率对于爆发力运动非常关键，如短跑、投掷和举重等。

低负荷强度时，大部分运动单位是低频的激活。负荷强度增加，运动单位的激活频率提升。采用高强度的奥林匹克举重练习、弹道式练习和冲刺跑练习等可以提升运动单位激发频率，有效促进运动员最大力量和爆发力的提高。

需要注意的是，人体小肌肉群（如手部）力量的提升更侧重于刺激频率而非运动单位募集，因为即使在低频时，小肌肉群的所有运动单元也几乎都被激活。大肌肉群力量的提升更依靠运动单位募集数量，因为其激活频率大都较高，形成强直收缩。

2. 同步化

运动单位同步化是指同时启动两个以上的运动单位，是最大力量和爆发力训练方法设计的重要依据。运动单位的同步化能够产生更大的力量和较高的力量生成率。在低强度作用下，运动单位的激活同步性不强。当采用高强度训练时，更多的运动单位在同一时间内被激活。高强度抗阻练习，肌纤维能表现出较高的同步性，有助于提高最大力量和爆发力。

（八）肌肉协调

1. 肌肉内协调

肌肉内协调又称神经-肌肉协调，是指神经系统与肌肉之间的相互作用。肌肉内协调包括运动单位的募集、刺激频率以及同步化，是独立于肌肉肥大而影响最大力量和爆发力的另一因素。当运动员的肌肉协调能力提升时，神经-肌肉效率提升，运动节省出现，克服相同重量时所募集的运动单位数量减少，更多未被募集的运动单位得到储备，产生力量的潜力提高。获得的肌肉内协调可以通过与专项动作相关的练习迁移至专项技术动作上，这有助于提升运动员在专项运动中最大力量和爆发力的表现。

2. 肌肉间协调

肌肉间协调是指身体完成各种动作时不同肌肉和肌肉群之间的协调作用，主要表现在单关节运动中主动肌和对抗肌的协同，以及多关节运动中动力链（指以关节为运动的最小单位，多关节协同运动产生的整体、复杂的动作单元）上的主动肌、拮抗肌、协同肌及固定肌群之间的协同。动作学习与控制最重要的概念是中枢神经系统以成组或协同作用的方式募集肌纤维，让肌肉以功能单位的形式参与运动，可以简化运动的产生过程。通过恰当的动作模式和技术进行运动/训练，肌肉间的协同可变得更加流畅和自动化，如卧推和深蹲动作的肌肉协同（表2-5）。

表2-5 卧推、深蹲练习的肌肉协同

肌肉类型	卧推	深蹲
主动肌	胸大肌	股四头肌、臀大肌
协同肌	三角肌前束、肱三头肌	股后肌群、大收肌、腓肠肌
稳定肌	肩袖、肱二头肌	下肢：拇长屈肌、胫骨后/前肌、比目鱼肌、腓肠肌 腰椎-骨盆-髋关节复合体：长/短收肌、腹横肌、臀中肌 肩胛骨稳定肌：斜方肌、菱形肌 颈部稳定肌

竞技运动中不存在单一肌肉收缩用力的技能，而是多肌群协同参与形成内力克服外力的技能。例如，推铅球的运动技能，要求身体整条动力链上的肌肉群依次有序收缩实现投掷动作。动作发力阶段的肌肉力量特征为：下肢蹬伸（下肢伸肌发力，产生地面反作用力）、转髋、腰部稳定控制（作用力的传递由腰部至胸椎）、胸部旋转（作用力传导至肩胛胸壁）、挺胸、伸臂内旋（胸大肌带动上臂肌群协调发力）、拨指推出。在整个过程中，全身肌群协同用力形成合力作用在铅球上。

3. 肌肉动员顺序

肌肉是按照一定顺序参与运动的。肌肉动员的基本顺序是深层肌肉（稳定、启动）→表层止点远的肌肉→表层止点近的肌肉。例如，哑铃弯举练习，首先动员肱肌（启动）、肘肌（稳定），然后肱桡肌，再是肱二头肌。肱桡肌较肱二头肌先被激活是由于它的止点远离肘关节，收缩后，肌纤维缩短，发力水平下降，肱二头肌成为主要的动力肌。此外，肌肉被激活在多关节运动中，动力沿着关节传递，没有发力的肌肉应该保持适度放松，不能过早紧张发力，否则影响力的有序传递。例如，进行挺举动作时，在开始和举起杠铃的初期，斜方肌必须放松（不能过早被动员），在上挺的时候才要收缩用力。肌肉的动员顺序还受外界负荷的影响，如果负荷大，深层稳定肌以及表层的肌肉都会被动员起来以克服外界阻力。例如，发展冈上肌需要强度低的持续练习，如果强度高，则表层的三角肌被动员，进而影响冈上肌的发展。

肌肉动员顺序带来的启示是：全幅度练习可以更全面地刺激所涉及的肌群；发展深层小肌群，强度不宜过高；强调肌肉的放松。肌肉间的协调作用对力量训练有着重要的作用，体能教练员和运动员应高度重视。

4. 共收缩/共激活

共收缩/共激活（cocontraction/coactivation）是指主动肌和拮抗肌在同一个关节上同时被激活，也指协同肌肉的同时活动，是健康个体在功能性运动中一种常见的、正常的运动控制策略。异常的肌肉激活模式，特别是过度的共收缩/共激活，通常被认为是运动功能障碍的主要诱因。共收缩/共激活指数是量化主动肌和拮抗肌在特定时间段内的共收缩/共激活效应，是分析动态和静态活动的常用量度方法。

共收缩/共激活的出现因环境和任务需求而异，尤其在运动任务是新颖的或需要肢体稳定以保证表现的准确性时。例如，当遇到姿势和平衡的挑战时，增加的共收缩/共激活可以作为对新环境的早期反应。证据表明，共收缩/共激活可以补偿肌肉的非线性特性和扭矩，并抵消激活主动肌的力矩和离轴力矩，还能够增加关节的稳定性。例如，当手臂进行弯举动作时，肱二头肌和肱三头肌共同收缩增加肘关节的稳定性。共收缩/共激活提供了一个迅速抵消扰动的强大机制，经常作为动作学习和适应的标志。

肌肉间协调的改善体现为拮抗肌的共收缩/共激活作用的减少，这也预示着运动技能水平的提高。但在实际的体育运动中，过度激活拮抗肌会减少主动肌所产生的力（交互抑制），导致运动员的爆发力输出下降，进而影响运动表现。例如，跳深练习的落地时，股后肌群的激活程度高，会抑制股四头肌的发力。跳深练习适应的重要表现是共收缩水平的降低。

（九）肌肉平衡

1. 肌肉平衡

肌肉平衡是指围绕关节周围主动肌、拮抗肌的张力和长度的平衡程度。肌肉平衡是人体主动肌和拮抗肌的协同工作，使肢体保持中立位，是维持良好身体姿态和协调运动的基石。肌肉失衡是指肌肉之间或肌群之间功能关系的不利改变，也指特定肌肉间缺乏平衡的状态。这种不利改变常呈现出系统性的改变，如某些肌肉比较容易被过度激活而缩短变得更紧张，其对侧肌肉则更容易被抑制而被拉长变得更无力。紧张和无力的肌肉会改变正常的动作模式，这将导致关节生物力学的改变并最终引起组织的退化。人体的适应性变化和活动特异性研究证实，肌肉失衡与精英运动员的运动水平以及受伤概率有关。力量失衡是预测潜在损伤的有效指标。

2. 常见的肌肉失衡

人是直立行走的动物，由于克服重力的需求，不同肌肉的长度和力量需求是不同的，如股四头肌的力量大于股后肌群，而股后肌群的紧张度需要高于股四头肌。运动员在生活、工作以及所从事专项运动中出现的不良姿势、不合理的训练计划、不规范的动作模式都会导致肌肉失衡问题（表2-6）。肌肉失衡会导致身体的灵活性受限、关节稳定性下降、疼痛和不良的体态，还可能会增加受伤的风险。

表2-6　人体常见的肌肉失衡

需要伸展的肌肉	需要加强的肌肉
胸大肌、前三角肌	中斜方肌中束、菱形肌、后三角肌
斜方肌上束、肩胛提肌	斜方肌下束、胸小肌
肩关节内旋肌肉	肩关节外旋肌群
竖脊肌群、腰方肌、梨状肌、背阔肌	腹横肌、腹内斜肌、多裂肌
股直肌、腰大肌、阔筋膜张肌、髋内收肌	股内侧肌、臀中肌、臀大肌
股四头肌	股后肌群
小腿后肌群	胫骨前肌、胫骨后肌

3. 肌肉失衡的生理学机制

交互抑制是指支配某一肌肉的运动神经元受到传入冲动的兴奋刺激，而支配其拮抗肌的神经元则受到这种冲动的抑制。协同肌主导是指主动肌在没有被正确、有效地激活时，协同肌将会被提前激活，变为主导的肌肉。当肌肉过度兴奋、适应性肌肉变短或二者兼有都会导致交互抑制改变和协同肌主导。交互抑制会造成主动肌变得薄弱，进而导致协同肌的代偿。协同肌主导会引起动作模式的改变，还会降低神经肌肉的控制能力。例如，腰大肌紧张使臀大肌的神经冲动减少，从而导致臀大肌（髋伸展的原动肌）的肌纤维募集和发力下降，股后肌群、股内侧肌不得不被过度使用，充当收缩的主力军。协同肌在伸髋运动中被优先激活则导致臀大肌的进一步弱化。周而复始，肌肉失衡的现象越来越严重。同时，这种肌肉募集模式的改变将会改变静态排列，从而增加大腿后侧肌群受伤的风险，使人体运动能力受到严重影响。

长度-张力关系是指肌肉张力随肌肉长度的变化而变化的关系。力偶改变反映的是人体中枢神经系统对来自肌肉、肌腱、关节内本体感受器等各方面刺激的协调、综合能力发生改变。当肌肉长期处在被拉长状态，主动张力会降低，并导致肌肉变得薄弱，进而力偶也发生改变。例如，颈深屈肌、斜方肌下束被抑制/无力，被拉长的状态改变了长度-张力曲线；斜方肌上束、胸大肌、胸小肌过度活跃/紧张，张力的变化导致力偶改变，进而导致肌肉间的失衡现象更明显。人体动作系统需要最佳的力偶关系才会产生正确高效的动作。

肌肉失衡检测的常用方法是通过等速肌力测量肌肉的力量，揭示单关节包括肩关节、肘关节、髋关节、膝关节、踝关节力量不足和肌肉失衡（表2-7）。此外，体能教练员和运动员可以通过观察从不同角度拍摄的照片识别肌肉失衡，但不是通过看镜子。观察部位包括头的位置（前伸、中立位）、肩部（左右齐平、耸肩）、骨盆（前倾、侧倾、后倾）、腿（内旋、外旋）、足（旋前、旋后）。

表2-7 关节前后肌肉的平衡比率

关节	动作肌肉	比率
踝关节	跖屈/背屈	3 : 1
	内翻肌/外翻肌	1 : 1
膝关节	伸肌/屈肌	3 : 2
髋关节	伸肌/屈肌	1 : 1
肘关节	伸肌/屈肌	1 : 1
肩关节	伸肌/屈肌	3 : 2

（十）神经肌肉抑制

肌肉收缩产生力量需要神经系统的参与，而人体同样存在许多抑制神经系统向肌肉放电的机制。例如，高尔基腱器、雷秀细胞以及来自大脑中有意识或无意识的抑制信号等。由于这些机制能够减少肌肉在随意收缩期间的自主神经冲动，因此可能会对力量的产生造成负面影响。但研究表明，大重量抗阻训练可以降低Ib传入神经纤维对脊髓运动神经元池的传入反馈，导致神经肌肉抑制降低，力量增加。其他的研究报告指出，在力量训练后，脊髓上的神经肌肉抑制减少与力量生成率的增加相吻合。因此，力量训练不仅可以增强神经系统对肌肉的募集能力，还可以借由减少相关神经肌肉抑制受体的敏感性或提升抑制感受器的阈值来增强运动员的最大力量与爆发力潜力。此外，超等长练习的一个重要的神经适应是使高尔基腱器的兴奋阈值提高，使其对主动收缩的抑制下降。

四、力量训练的意义及适应

（一）力量训练的意义

力量训练的意义主要有：增强对抗能力，保障技术高质量完成；促进速度、耐力、灵敏等素质；改善肌肉协调和能量利用效率，出现节省化和提升抗疲劳能力；改善肌肉力量平衡和维持良好的身体姿态；预防损伤和加快康复进程；增加瘦体重和基础代谢率，降低体脂，提升骨密度；调节激素分泌水平；增强运动员的自信心。

（二）生化的急性适应

下肢大肌群的练习（如坐姿蹬腿、杠铃深蹲等多关节练习），耗氧量平均为最大有氧能力的50%~60%。而动员较小的肌肉运动时（如单关节练习或上肢练习），耗氧量则较小。以增加肌肉质量为目的的力量训练，尽管耗氧量低，但所有可利用的能源物质都被调动起来。

ATP、磷酸肌酸、糖原的含量在30 min总计约200 W功率输出的练习后都有所降低。血乳酸浓度和肌肉中的乳酸、甘油-3-磷酸含量明显增加，显示出很高的无氧糖酵解率。力量训练的生物化学的急性适应主要表现为肌肉和血液中生化指标的变化特征（表2-8）。

表2-8　力量训练的生物化学急性适应

	运动前	运动后	差异显著性
肌肉			
三磷酸腺苷	24.8	19.7	*
磷酸肌酸	81.5	45.8	*
肌酸	50.8	100.0	*
葡萄糖	1.5	8.2	*
乳酸	22.7	79.5	*
糖原	690	495	*
甘油三酯	23.9	16.7	$p>0.05$
血浆			
游离脂肪酸	0.22	0.22	$p>0.05$
甘油	0.02	0.1	*
葡萄糖	4.2	5.5	*
乳酸	3.8	11.7	*

注：*表示有显著性差异。

力量训练有利于肌肉收缩并使ATP代谢酶增加，而这些酶（ATP、肌酸激酶、腺苷酸激酶）对于需要速度、最大力量、爆发力的运动员具有重要的生理学意义。运动负荷强度超过最大有氧功率的耐力训练会提高无氧糖酵解酶的活性。而无氧糖酵解酶活性不受力量训练的影响，但是，经过力量训练的运动员Ⅱ型肌纤维酵解酶活性比不运动的个体稍高。力量训练有助于糖原的增加，ATP和磷酸肌酸储量的急性适应是存在的，但长期适应存在争议。

耐力训练会引起毛细血管数量增加，但并不导致肌肉增大。从本质上讲，肌纤维体积增加将降低毛细血管的密度。举重与力量举运动员毛细血管密度比未经训练的个体要小，其原因是高强度、低重复次数的力量训练不会形成毛细血管增生。而健美运动员每单位面积的毛细血管数量与非运动员差不多，其原因是中高强度、多重复次数的大负荷训练引起肌肉中的毛细血管增生，但肌纤维增生的效果可能会抵消或超过毛细血管密度增加的幅度，从而出现保持或降低毛细血管密度的情况。力量训练会导致运动员的线粒体密度降低，虽然这一发现尚未完全得到证实，但已经得到从事力量训练的运动员肌肉中氧化酶含量降低的结果的支持。高强度力量训练不能增强参与有氧代谢的酶的活性，而健美运动员采用的高重复次数的训练比举重运动员能更好地形成有氧适应。

（三）神经适应

肌肉适应和神经适应是最大力量增长的两大机制。神经适应是在不增加肌肉围度的情况下，最大力量得到增加的神经活动的适应现象。

神经适应是优化运动表现的基础，并且神经冲动的增加是肌肉力量与爆发力实现最优发挥的关键。神经适应主要表现在肌肉间协调（共收缩/共激活、肌肉的动员顺序等）、肌肉内协调（运动单位募集、运动单位的同步化、运动单位的激活频率）和神经肌肉抑制等方面。神经肌肉反射的增强和神经肌肉抑制的减弱也被认为是长期的训练适应的表现。例如，牵张反射利用肌肉和结缔组织的弹性促进力量的提升，而没有额外的能量需求。特别是抗阻训练后，反射能力可以增强19%～55%。来自高尔基腱器的抑制作用的降低，也是力量训练长期适应的表现。虽然这些复杂的反应如何共存仍不清楚，但神经适应通常发生在肌肉结构性适应之前。

（四）肌肉适应

肌肉的适应主要表现在肌纤维类型改变、肌纤维横截面积增大、神经-肌肉适应的时间特征、生化性质（酶活性、底物浓度）等结构和功能上的改变。

1. 肌纤维类型改变

肌肉的肌纤维类型比例的差异导致有些运动员更容易获得肌肉的肥大，而有些运动员却能够在没有疲劳的情况下跑更长的时间。耐力、力量或爆发力训练引起肌球蛋白ATP酶和肌球蛋白重链基因表达的改变，导致肌球蛋白收缩功能的改变。

目前没有证据表明，Ⅰ型肌纤维可以转换为Ⅱ型肌纤维。实践中，优秀的马拉松运动员难以成为优秀的短跑运动员。研究表明，肌纤维类型的转换仅限于Ⅱ型肌纤维的子类型之间。人体骨骼肌Ⅱ型肌纤维亚型之间转换的一般规律似乎是：抗阻负荷量的增加导致Ⅱx肌纤维的减少和Ⅱa肌纤维的增加，而停止或减少抗阻负荷量导致Ⅱx肌纤维的增加和Ⅱa肌纤维的减少，而Ⅰ型肌纤维相对不受影响。根据特定的训练，Ⅱx肌纤维可以具有Ⅱa肌纤维的一些耐力特性，同样，Ⅱa肌纤维也可以具有Ⅱx肌纤维的强度和功率特性。例如，1～3RM强度的力量训练增加Ⅱx肌纤维的比例，而降低Ⅱa肌纤维的比例；6～8RM强度被证明降低Ⅱx肌纤维的比例，而增加Ⅱa肌纤维的比例。

2. 肌纤维横截面积增大

力量训练可以不同程度地改变肌纤维类型所占的面积。换句话说，根据训练的类型，可以有选择性地使肌纤维肥大。最大力量训练虽然无法改变Ⅱ型和Ⅰ型肌纤维的比例，但会增加Ⅱ型肌纤维的横截面积，而Ⅰ型肌纤维的面积会降低。相反，低强度的肌肉耐力训练由于更多的Ⅰ型肌纤维的募集，出现Ⅰ型肌纤维的选择性肥大，导致Ⅰ型肌纤维的横截面积增大，而Ⅱ型肌纤维的面积减小。

3. 神经-肌肉适应的时间特征

肌肉肥大和神经适应对力量增长的贡献是非常复杂的，受年龄、性别、肌纤维类型比例和肌纤维数量等多个因素的影响。训练初期的神经适应对于力量的增长占主导，表现为运动单位的募集增多和肌肉协调性的改善。在3周后，由于肌肉横截面积的增大，肌肉肥大开始对力量增长的贡献逐渐加大，并在8周后贡献明显提升。当后期肌肉肥大达到一定的上限时，神经适应因素似乎又重新占据了主导地位（图2-14）。在整个适应过程中，神经适应与肌肉肥大对力量增长的贡献是相辅相成的，体能教练员需要全方位考虑运动员的整体状况，从而制订最优化的训练方案。

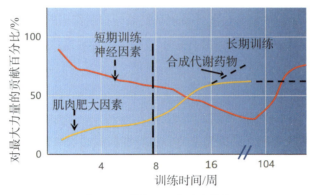

图2-14 神经-肌肉适应特征

（五）骨适应

抗阻运动会产生引起骨骼特定区域变形的机械力，使骨弯曲、剪切、压缩或扭转。最小必要压力是启动新骨形成的刺激最小阈值，被认为大约是骨折所需力的1/10。达到或超过刺激阈值的力在经受机械应变的区域引发新骨的形成。作为对机械负荷的反应，成骨细胞迁移到骨的表面，开始形成骨。成骨细胞产生并分泌蛋白质（主要是胶原蛋白分子）沉积在骨细胞之间的空隙中，并形成骨基质，最终矿化为磷酸钙结晶（羟基磷灰石）。新骨形成主要发生在骨的外表面，进而增加骨的直径和密度。

力量训练可以增加骨密度。刺激骨生长的机械负荷包括负荷的大小（强度和量）、负荷的速度和力的方向。为了促进骨骼形成，运动员应该实施特定的急性训练变量计划，以最大限度地优化适应。

提高骨密度的训练策略：使用大负荷练习和弹振式或高冲击练习使骨骼感受不同强度的力，可选择多关节、结构性练习，即练习要有多个肌群参与，避免孤立的单关节运动；还可选择结构性练习（脊柱直接或间接承重的练习），并施加比辅助练习（单关节练习）更大的负荷。使用渐进式超负荷原则来对肌肉骨骼系统施压，以减少应力性骨折（由于疲劳而导致的骨的微小骨折）发生的风险。总之，通过不同的运动，改变力的分布，从而为新骨形成提供独特的刺激。

（六）肌腱适应

高强度力量训练会造成结缔组织生长和其他增强力传递的超微结构的改变，包括胶原纤维数量增加、直径增大，共价交联的数量增加，聚集密度增加，这些适应增强了肌腱承受更大张力的能力。研究表明，通过抗阻训练，肌腱刚度（肌腱承受拉伸并保持形状和功能的程度，其大小为每单位应变或肌腱伸长时传递到骨骼的力）增加。抗阻训练的负荷强度是至关重要的，重负荷（1RM的80%）可以增加肌腱刚度，而轻负荷（1RM的20%）肌腱刚度没有增加。

（七）过度训练

过度训练（over training，OT）是指训练压力的积累会导致长期的运动表现下降，并可能伴有生理、心理征兆和不适应症的现象。运动员过度训练并导致短期运动表现下降的暂时反应称为过度努力或功能性过度努力。从这样的状况中恢复，通常只需要休息几天或者几周。因此，过度努力常被作为许多训练计划的一部分。其中的原理是先过度训练（以抑制表现和建立耐受性），然后逐渐缩减负荷量，允许运动表现的"超量恢复"发生。实际上，研究已经证实，短期过度努力后配合合理的减量周期，对于最大力量和爆发力的增长是有益的。但是，如果训练计划安排不当则会造成运动伤害。

当运动刺激不断加强，且缺少足够的恢复和再生，运动员会进入极端过度努力状态或非功能性过度努力。非功能性过度努力会导致运动表现停滞和下降，并持续数周或数月之久。运动员长期训练不适的首要征兆和症状是运动表现下降、疲劳感增加、精力缺乏和激素紊乱。高水平运动员过度训练主要表现为：持续疲劳、运动表现下降、神经与内分泌的变化、情绪和心理状态差、易患常见病（特别是呼吸道感染）、睡眠失调、食欲下降。这些症状数月甚至数年才能消失。如果出现上述现象，很难区分是非功能性过度努力造成的还是过度训练造成的。图2-15显示了过度训练的发生进程。

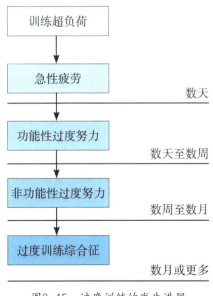

图2-15　过度训练的发生进程

（八）过度训练综合征

过度训练综合征（overtraining syndrome，OTS）是指由于训练负荷过大、恢复不足或其他外部压力而导致的长期的不良适应。过度训练综合征也称不明原因的表现欠佳综合征和过度疲劳。过度训练综合征可以持续超过6个月，最严重的情况甚至会毁掉一个运动员的运动生涯。

过度训练综合征主要有两种类型，即交感神经过度训练综合征和副交感神经过度训练综合征。交感神经过度训练综合征涉及休息时的交感神经活动增加，而副交感神经过度训练综合征涉及休息时和运动时副交感神经活动增加。交感神经过度训练综合征被认为在副交感神经过度训练综合征之前发生，并且主要发生在速度和爆发力项目的年轻运动员身上。所有的过度训练状态最终都会导致副交感神经过度训练综合征和全身多数生理系统的长期抑制。因为自身恢复的存在，所以很难断定过度训练的进程。

此外，一些运动员对过度努力策略的反应良好，而对于某些运动员而言，过度努力可能会导致过度训练综合征。过度训练综合征的一个主要特征是当保持或者增加训练负荷时无法维持高强度运动。在许多情况下，过度训练综合征是长期非功能性过度努力的后果，其本身可能是由不合理的训练负荷以及急性训练变量（如强度、负荷量、休息）安排不当造成的。在过度训练的运动员中，比较常见的错误是负荷增加过高、过快。也就是说，在几周或者几个月的周期内，负荷量或者强度中的一个增加过快或者两者都增加过快以及休息恢复不足可能导致过度训练综合征。

第二节　肌肉力量训练方法

一、重复训练法

重复训练法是重复进行同一练习、练习间保持充分恢复的力量训练方法。该方法主要通过极限的强度来获得神经适应（运动单位募集、神经冲动发放频率及肌肉间协调），尤其对非肌肉肥大导致的绝对力量的提高作用明显，对于相对力量需求较高的运动员有着积极的意义。保加利亚学者多勃雷夫把该方法称为"有效组数训练法"。该方法在举重项目中得到广泛运用，在平时的训练中运用该方法，很少试举最大重量，只要完成有效组数的必要的重复次数，就能成功地在比赛中举起最大重量。

该方法的特点是负荷强度大，一次训练重复次数少，组数多，间歇时间较长，强调大功率输出，需要进行严格的训练监控（特别是对重复次数和组数的控制），以能够高质量地完成既定强度练习为前提。在即使增加间歇时间也无法完成既定练习时，则需要停止训练。

该方法的设计包含以下几个要素：负荷强度（80%1RM以上）、负荷量（每组重复次数3～5次，组数安排3～6组）和间歇时间（2～5 min）。

二、金字塔力量训练法

金字塔力量训练法又称保加利亚法、极限强度法、阶梯式训练法，是保加利亚举重教练员伊万·阿巴杰耶夫所创造，使保加利亚举重队在20世纪70年代立足世界举坛，并多次战胜苏联队，保加利亚一举成为举重强国。该方法强调每堂力量训练课的训练强度都要达到个人极限，即达到或超过100%最大强度。后来，金字塔力量负荷法根据不同的训练目标，通过调整变换负荷等变量，形成了不同类型的金字塔力量训练方法。例如，根据负荷强度的变换特点，形成负荷强度由高到低的倒金字塔、由低到高再由高到低的双金字塔，还有强调某一特定强度的平台式金字塔力量训练法。此外，根据起始负荷强度的高低，又出现了强调高强度练习的窄金字塔力量训练法。

（一）正金字塔训练法

正金字塔训练法也称线性金字塔训练法，是指从一定负荷强度开始，逐渐递增强度，直到最大强度的训练方法。正金字塔训练法的优势在于可以让运动员在同一节训练课内以渐进式的方式最大限度地刺激神经-肌肉系统（肌肉内协调、肌肉间协调和神经肌肉抑制的解除），从而提高运动员产生最大力量的潜力，为爆发力训练或专项训练打好相应的基础。正金字塔训练法是提高训练总负荷量有效的力量训练方法，且总负荷量与肌肉最大力量、肌肉肥大之间有较高的相关性。

正金字塔训练法开始的强度设定一般不低于65%，否则会形成较大的跨度或更多层级，将会出现由过早疲劳导致的无法保障高强度部分练习质量的情况。此外，递增强度的区间从金字塔的第一组至最后一组应介于10%～15%。因为当递增区间超过15%时，会在低强度组消耗过多的能量物质和精力，对神经-肌肉系统产生不利影响。

需要注意的是，为了让运动员通过该方法获得最佳的神经-肌肉适应，体能教练员应避免在任何一组训练中出现向心收缩至力竭的情况（力竭组训练会加速神经系统的疲劳，从而影响后续的训练质量）。此外，正金字塔训练法的练习组数是一个重要变量，不是固定不变的，体能教练员应根据主要训练目标的不同而变换。低强度练习的组数多，更有利于肌肉横截面积增加，改善肌肉适应机制；高强度练习的组数多，则有利于发展肌肉协调，改善神经适应机制。

（二）倒金字塔训练法

倒金字塔训练法也称Oxford训练法，与正金字塔训练法相反，在开始时设定最大强度，然后逐步降低强度，增加重复次数。倒金字塔训练法有一个很大的组合集和重复范围，可以侧重或同步发展最大力量和肌肉肥大，开始部分有助于最大力量的提高，后面的练习则有助于肌肉肥大。

倒金字塔训练法强调与能量水平相匹配，在运动员精神状态最佳的情况下进行高强度训练，随着疲劳的累积，再完成较低强度的训练，有助于神经-肌肉的适应。此外，负荷强度下降式安排比起上升式安排会引发一种积极的愉悦感，有利于提高运动员对运动的情感评价。相关文献一致表明，正金字塔训练法和倒金字塔训练法对增加肌肉力量同样有效，而练习者可能更喜欢倒金字塔训练法，因为当疲劳累积时他们会感觉更容易。

需要注意的是，虽然倒金字塔训练法具有自身的一些优势，但是如果训练中单独采用倒金字塔训练法，专门、有效的热身非常关键，否则容易导致损伤概率的增加。

（三）双金字塔训练法

双金字塔训练法是金字塔训练方法的另一种变式（图2-16），由正反两个金字塔组成，即完成递增强度的训练后，再完成递减强度的训练。相比于正金字塔训练法，该训练法的一组练习中的总负荷量更大，但平均负荷强度会相应地降低。这就意味着该训练法并不会对神经-肌肉系统产生足够的刺激，因为疲劳会减少神经对大型运动单位或Ⅱ型肌纤维的募集能力，从而降低肌肉的收缩速度和产生的力量。但该训练法会因为总负荷量的增加，产生更多的肌肉肥大适应。研究表明，总负荷量越大，肌肉肥大的程度越高。因此，该结构适合发展肌肉肥大，而不适合发展最大力量和爆发力。

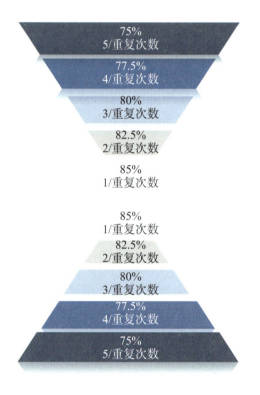

图2-16　双金字塔训练法

（四）倾斜式金字塔训练法

倾斜式金字塔训练法（图2-17）也是经典的最大力量训练方法，该训练法的特点是每次训练课都要达到个人的极限强度，并再做一组次极限强度的练习。该训练法既有助于提升最大力量的神经适应，也能保持肌肉适应。该训练法的前几组与正金字塔训练法相同，但最后一组采用回退强度并重复至力竭。该训练法已经被证实在刺激相对力量的同时有利于保持肌肉肥大的程度。该训练法对运动员的身体和心理准备的要求较高，对机体的刺激深刻，对中枢神经也有着较高的要求，仅适用于高水平运动员，对青少年运动员不宜采用该训练法。该训练方法负荷强度增加的时机和对肌体适应时间的把握较为重要。练习大都为结构性练习，所以要注意对腰部的保护。

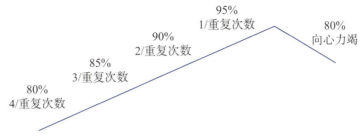

图2-17　倾斜式金字塔训练法

（五）平台式金字塔训练法

以上四种训练法在同一节训练课中会涉及多个强度区间（70%～100%），尽管会对运动员的神经-肌肉系统和肌肉肥大产生一定的刺激，但由于其训练强度并不集中于某一个区间（70%～80%为肌肉间协调，80%以上为肌肉内协调），运动员可能不会产生最大化的适应。可以采用平台式金字塔训练法来解决这个问题（图2-18）。

平台式金字塔训练法包含热身组与正式组两个部分。在热身组部分，负荷强度依次递增，而在正式组部分，则固定负荷强度和重复次数。这样可以在固定训练强度区间内达到最佳的神经-肌肉刺激，并且可以避免肌体对不同的负荷强度区间产生混淆适应。

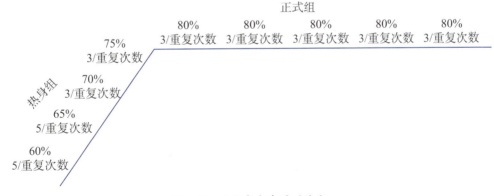

图2-18　平台式金字塔训练法

（六）窄金字塔训练法

窄金字塔训练方法是从一个较高的强度开始，逐渐递增强度，最后强度达到100%，由于起始强度和最终强度之间只有较小的差距，强度的安排被形象地比喻为窄金字塔。该方法强调力量训练的高强度，有利于提高肌纤维的协调能力。

窄金字塔训练法属于高强度训练方法。该训练法对中枢神经系统兴奋性要求很高，强调一次性募集运动单位的能力，突出训练的质量而不是数量，因此组数也不宜安排过多。

三、复合训练法和对比训练法

（一）激活后增强效应

激活后增强效应是指在大重量抗阻练习后，由于中枢神经系统的兴奋性增强，会暂时改善随后动作的力量生成率或功率输出的现象。该现象对于力量训练以及赛前热身有着重要的意义。

激活后增强效应的生理学机制分为三种：一是肌球蛋白调节轻链的磷酸化作用，二是大重量抗阻练习增强神经系统的兴奋性，三是肌纤维的羽状角发生改变。高强度的抗阻练习可以引起横桥结合肌动蛋白的可能性增加，从而提高随后动作的肌肉收缩所产生的力量。同时当神经系统的兴奋性增强后，肌肉内协调能力也随之增强，使神经系统能够更容易募集大型快速收缩运动单位，最终提高肌肉在随后动作的收缩中所产生的力量和速度。肌肉的羽状肌夹角的降低，能够提升生物力学效率，进而出现激活后增强效应。

激活后增强效应并不是在任何情况下都会发生，它受诱导练习形式、负荷强度、负荷量、负荷后时间等变量以及运动员个体特征的影响。研究认为，强度较高、负荷量相对较少的练习更易诱发激活后增强效应。多关节抗阻力量练习诱发激活后增强效应的强度在85%～90%1RM。激活后增强效应的量度多为1～5组抗阻练习，重复次数为2～10次不等。由于负荷量除了受到训练变量的影响外，还受到个体因素（年龄、性别、肌纤维类型、力量水平以及运动训练水平等）的影响，因此具体的激活后增强效应的剂量效应仍需要进一步研究。研究表明，诱发最佳激活后增强效应效果的时间为4～12 min。

激活后增强效应为改善运动员的爆发力和运动表现提供了额外的策略，即将慢速收缩的大重量抗阻练习与快速收缩的弹道式练习或超等长练习结合起来，从而使运动员获得最佳的生理适应。此外，激活后增强效应也为赛前热身练习的选择和设计提供了理论上的支撑。

（二）复合训练法

复合训练法是指选择两个在生物力学或动作模式上类似的大重量抗阻力练习和超等长练习，在完成所有组数的大重量抗阻练习后，再进行超等长练习的训练方法。例如，在一节训练课中，先使用85%1RM的重量进行3次×5组的杠铃深蹲，然后再做3次×5组的原地纵跳。

另外，复合训练法还可以加入快速完成的抗阻力量练习，以达到肌肉慢速收缩向快速收缩转换的训练目的。下面是苏联著名投掷教练员波里斯·扎托立克为一名大学生链球运动员赛前快速力量训练的安排：

深蹲：75%×3次+80%×3次+85%×3次+90%×3次。

负重连续快蹲：10 s×2组，强度为40%。

负重连续蹲跳：10 s×2组，强度为20%。

连续蹲跳：10 s×2组。

该训练法结合了最大力量训练、爆发力训练、超等长练习，将闭合式和开放式练习相结合，有效地提高了运动员的快速力量。

复合训练法的理论基础是激活后增强效应和人体专门适应性原理。高强度抗阻训练的激活后增强效应，有助于提升运动员的运动表现。同时，慢速收缩的抗阻运动力量需要转换为快速收缩的爆发力或反应力量，满足运动专项化的需求。复合训练法已被研究证明能够改善成年男性运动员的运动表现，而成年女性运动员和青少年运动员对复合训练的反应并不确定。从研究结果之间的矛盾可以做出一种推测，即缺乏基础力量的人群从复合训练法中的受益有限。因此，体能教练员在采用复合训练法时，不仅会涉及常见的训练变量（如具体的练习、负荷强度、负荷量等），还需要针对运动员的训练经验和基础力量水平加以设计，从而能够最大限度地从复合训练法中获益。

（三）对比训练法

对比训练法是指采用动作模式相似但肌肉收缩速度和运动链（开放链、闭合链）存在明显差异的练习，以提高快速力量的训练方法。对比训练法是复合训练法的一种变式，因为其背后的原理是一致的。练习的选择与复合训练法相同，均使用在生物力学和动作模式上相似的练习（如卧推+击掌俯卧撑等）。对比训练法强调交替进行大重量抗阻练习和爆发式练习（超等长练习或弹道式练习），形成动作速度上的对比，便于肌肉由慢速收缩向快速收缩形式转换。例如，先使用85%1RM重量的硬拉5次，稍作休息或不休息，再使用健身药球进行后抛练习5次，两个练习都完成后为一个正式组。研究表明，与复合训练法相比，对比训练法在提升最大力量和爆发力方面表现出更好的效果。

另一种非常受欢迎的对比训练法变式是法式对比训练法。该方法是法国田径教练Gilles Cometti发明，并由Dizte改进整合为一个连贯的整体。该方法由4种练习组成，且练习之间无间歇。这4种练习包括：第一种为传统的大重量抗阻练习，第二种为超等长练习，第三种为快速收缩的轻重量弹道式练习，第四种为辅助加速式的超等长练习。法式对比训练法能够同时训练到整个速度-力量曲线的各个部分，并集中在同一个正式单元中。研究表明，法式对比训练法能够有效提高纵跳能力。法式对比训练法的训练设计示例见表2-9。

表2-9　法式对比训练法的设计示例

练习	重复次数	负荷强度
杠铃深蹲	1～3	80%～90%
原地纵跳	3～5	自身体重
杠铃蹲跳	3～5	30%～40%
弹力带辅助跳跃	4～6	弹力带辅助

四、聚组训练法

聚组训练法是一种在组内多次重复的练习间增加休息时间或改变总休息时间比例的抗阻力量训练方法。聚组训练强调重复间间歇这个变量，以保障每次重复练习的质量，因为疲劳会通过降低运动速度、运动技术质量影响力量训练的有效性。

在训练中如何规避疲劳产生的负面影响，对于力量训练有着重要意义。使用重复间间歇这一变量成为降低多次重复练习后疲劳的可行方法。使用重复间间歇与连续重复的卧推练习相比，能够显著提高21%～25%的总功率输出。因此，重复间间歇概念的提出，能够弥补多次重复设计的缺陷。运动员在每次重复之间进行15～30 s的间歇，消耗的ATP-CP得到部分恢复，从而可以维持每次重复的爆发力输出。有研究表明，采用80%1RM的重量高翻6次时，传统结构的峰值功率输出降低了15.7%。而休息间隔为20 s和40 s的聚组结构则仅降低了5.5%和3.3%，并且两者之间功率的下降不存在显著性差异，建议重复间间歇的时间为20 s。除了重复间间歇，用速度衰减率及功率衰减率来监控重复次数也是规避疲劳的重要方式。

聚组训练法对应的一个重要概念是重复训练。重复训练是发展最大力量和爆发力常用的方法，强调高强度、低重复次数和多组数。原因是，肌肉在没有严重不适或急性疲劳性收缩的情况下，发展最大力量更有效。在最大力量和爆发力训练实践中，一些体能教练员由于缺乏训练监控条件或采用了最大重复次数的训练安排，出现运动员在疲劳（低功率输出）的状态下继续训练的现象，导致重复训练方法错用问题。

聚组训练法的积极意义表现在两个方面：一是合理安排每组练习的重复次数。在强调高功率输出、多次重复的练习时，应保证每次重复的功率输出效率，并要求体能教练员科学合理地监控训练，保证训练的质量。二是对重复间间歇变量的强调。通过重复间间歇进一步保证运动员每一次重复练习的高功率输出。

值得注意的是，聚组训练采用重复间间歇存在一定弊端，每一次重复练习的短暂间歇会破坏练习的连续性和训练效益。此外，在聚组训练法中，随意地分组也是不可取的，应根据功率衰减率或动作速度衰减率严谨地进行分组。近些年有关聚组训练方法的一些研究，存在自我假设命题的问题，导致相关研究缺乏理论和实践价值。

五、基于速度的力量训练法

基于速度的力量训练法是指将动作速度作为负荷强度控制的变量而进行的力量训练方法。姆拉登·约万诺维奇（Mladen Jovanović）等针对传统力量训练的局限性，首次提出基于速度的力量训练的新概念。随着科技和认知的发展，基于速度的力量训练成为一个相对宽泛、功能多样的训练理念、方法和手段。例如，基于速度的力量训练可用于预测1RM，监测神经-肌肉疲劳，实时视觉反馈，调控负荷强度、重复次数和组数等训练变量，并有效地、最大限度地促进力量训练表现的提升。在多次重复的训练安排中，能否保障每一次练习的高动作速度和高功率输出成为训练的关键，基于速度的力量训练作为新的力量训练监控方法，因为能帮助体能教练员调节优化力量训练计划而受到重视。此外，线性位置传感器在动作速度监控方面的可靠性和有效性，为基于速度的力量训练在训练实践中的应用提供了技术上的保障。

（一）基于速度的力量训练预测最大力量

杠铃位移的速度与1RM的百分比存在近乎完美的线性关系，因此基于速度的力量训练可以通过低强度下的杠铃位移速度来预测1RM。基于速度的力量训练预测最大力量可以弥补1RM直接测试的一些弊端：①1RM直接测试耗时较长，每个人需要10 min左右才能完成。②1RM直接测试强度高，容易导致操作不当而造成损伤。③如果运动员的力量训练水平低，测试的信度会受到影响。例如，1RM相同的两名运动员在完成相同强度的训练中会表现出不同的努力程度和疲劳程度（如80%的强度，有人只能完成8次，而有人能完成更多次）。尤其是一些无法进行1RM测试的运动员，可以通过基于速度的力量训练实现预测。另外，由于每个人一天的绝对力量变化可高达18%，基于1RM确定的负荷强度，并不能准确地反映运动员真实的强度，而基于速度的力量训练预测当天的最大力量对于强度的安排更具优势。

（二）精准定位速度-力量曲线中的不同力量表现

不同的力量表现对应不同的动作速度（图2-20）。例如，当负荷为1RM的40%～60%时，包含了力量速度和速度力量两种特性，其速度介于0.75～1.5 m/s之间。虽然这两种特性都需要高水平的功率输出，但其本质不同。力量速度被定义为尽可能快地移动中等重量的负荷，速度区间为0.75～1.0 m/s。而速度力量被定义为高速移动较轻的负荷，速度区间为1.0～1.5 m/s。仅凭肉眼和经验无法准确判断当前所设定的负荷能否定位在预期的速度区间内，但通过基于速度的力量训练的监控，则可以有效地解决该问题。

基于速度的力量训练法的另一个优点是通过速度监控运动负荷，可以定量化地、及时地给人视觉或听觉反馈，进而提升运动员的训练动机和训练效益。

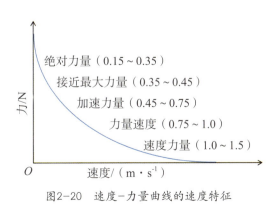

图2-20　速度-力量曲线的速度特征

综上所述，基于速度的力量训练在预测最大力量、监控动作速度以及实时反馈方面的优势，弥补了以重量百分比监控训练负荷的不足。但从功能的视角，基于速度的力量训练属于典型的力量训练方法，更像力量训练的监控方法或一种训练理念。此外，基于速度的力量训练设备价格较为昂贵，为该训练法的推广造成了一定的阻碍。

（三）速度衰减率

速度衰减率既是与基于速度的力量训练相关的一个重要概念，也是力量训练中动作速度的重要特征。在力竭式训练中，组内一定重复的练习伴随着速度衰减直至动作无法顺利完成。

速度衰减率是指组内重复练习动作速度衰减的百分比（$\frac{V_{max} - V}{V_{max}} \times 100\%$），其变化范围定义为速度衰减阈。例如，运动员采用75%1RM强度的深蹲练习直至力竭，最大速度为0.62 m/s，最后一次完成时速度为0.31 m/s，即速度衰减阈范围为0~50%。1RM所对应的速度被称为最小速度阈值。不同的抗阻练习具有不同的最小速度阈值，并且是相对稳定的，如杠铃卧推为0.17 m/s、俯身卧拉为0.5 m/s、引体向上为0.23 m/s、坐姿肩上推举为0.19 m/s、坐位下拉为0.47 m/s、坐姿划船为0.40 m/s、杠铃深蹲为0.3 m/s、杠铃硬拉为0.15 m/s、杠铃臀推为0.25 m/s、卧蹬为0.21 m/s。

速度衰减率是力量训练负荷的重要变量，既可以作为强度的指标，又可以确定训练的重复次数、训练的组数及间歇时间。根据速度-力量曲线，重量越大，速度就越会降低，不同的速度衰减率对应的重量是不同的。速度衰减率与重复次数、主观疲值高度相关。不同的速度衰减率对应的强度不同，形成的长期肌肉适应也不同。当目标是最大力量和爆发力时，对应使用较小的速度衰减率（如10%或20%），以使功率输出最大化和减少训练期间的神经-肌肉疲劳反应；当目标是肌肉肥大或力量耐力时，应该使用更大的速度衰减率（如30%）。5%速度衰减率与20%速度衰减率的功率输出和平均速度不存在统计学差异的结论也支持以上观点。

速度衰减率可以作为每组重复次数的监控策略。速度衰减阈存在着速度突然衰减的"拐点"。拐点后练习的功率输出明显下降，不利于最大力量和爆发力的发展。不同个体、不同练习速度衰减拐点的确定，可以监控最大力量训练和爆发力训练的重复次数。速度衰减率应根据具体训练目标、具体的练习以及运动员的训练经验预先设定，当达到既定的速度衰减率（如15%、30%或40%）时，应停止每组的重复。此外，根据速度衰减与重复次数建立的速度衰减率预测重复次数百分比模型，可以在50%~85%1RM负荷的卧推练习中很好地预测每组练习的剩余重复次数。

此外，速度衰减率可以作为客观的视觉或听觉反馈指标，帮助教练员调动运动员力量训练的动机，营造运动员之间浓厚的竞争氛围。

六、血流限制训练法

血流限制训练法又称静脉血流量限制法，是指在限制时间或较短时间内阻断静脉（或毛细血管）血流量，以相对较低的负荷强度促进肌肉生长、增强肌肉功能的训练方法。血流限制训练法由日本学者佐藤义明（Yoshiaki Sato）于1966年发明，并称之为加压训练法。血流限制训练法既可以与低强度抗阻练习结合，又可以根据专项特点和训练目标与慢跑、步行、游泳、自行车等有氧运动相结合，还可以采用主动或被动的运动形式单独使用（如病患康复者）。

血流限制训练法采用加压绑带对大腿或上臂施予适当的压力以限制肢体末端的血流，同时结合低强度(20%~30%1RM)的抗阻训练，使大量的代谢产物堆积在被刺激的肌肉中。代谢压力、机械张力和肌肉损伤是促进肌肉蛋白合成的主要机制，因此，主流研究认为，血流限制训练法的生理机制主要与代谢压力水平有关，并涉及一定的机械应力增加，此外还涉及激素分泌、肌细胞肿胀、肌纤维募集、肌蛋白的合成、肌蛋白分解通路的抑制、卫星细胞增殖等机制。血流限制训练法既可以与低强度抗阻练习相结合，又可以根据专项特点和训练目标与慢跑、步行、游泳、自行车等有氧运动相结合，还可以采用主动或被动的运动形式单独使用（如病患康复者）。血流限制训练法可以显著增加高阈值运动单位的募集，即募集更多的快肌纤维，能够刺激合成代谢信号的传导和肌肉蛋白的合成，促进肌肉的生长，增加肌肉力量。

血流限制训练法采用小重量抗阻训练，相对传统的大重量抗阻训练具有更高的安全性，并具有训练时间短、训练周期短以及训练后的疲劳感消失快等特点。需要注意的是，血流限制训练法操作不当可能会造成缺血再灌注损伤，或引发血液湍流/乱流而形成血栓，此外，还容易因乳酸堆积导致肌肉僵硬。对于健康的运动员而言，血流限制训练法几乎没有副作用，但对于患有高血压、血栓及糖尿病控制不佳的人群而言，不建议采用。

血流限制训练法结合抗阻训练的强度一般在20%~30%1RM之间。由于负荷强度与训练效果并不呈正相关，血流受限导致静脉回心血量减少，追求高强度训练将会显著增加损伤风险。血流限制训练法采用收缩压作为评估指标，下肢限制压力应在160~220 mmHg之间，上肢限制压力应在130~180 mmHg之间。上肢绑带宽度范围为30~50 mm，下肢绑带宽度范围为50~180 mm。负荷量通常采用完成3~4组主观力竭式训练，组间间歇为30~60 s。此外，采用血流限制训练法应考虑绑带的宽度和运动员的四肢周长。在训练实践中，限制血液流动的绑带的宽度经常被忽略。较宽的绑带限制血液流动的总压力低于较窄的绑带。此外，在采用窄绑带时，肢体周长是重要的限制因素。

需要注意的是，运动员力量训练的目的是提升运动表现，并非单纯地提高肌肉体积和最大力量。尽管血流限制训练法能够促进肌肉生长，但能否将其有效转移到其他运动形式(如速度项目)中，仍缺乏研究支撑。另外，血流限制训练法常作为医疗和伤后康复手段在患者治疗和康复期内进行运用，而针对高水平运动员的抗阻训练而言，仍缺乏理论指导。

七、同期训练法

同期训练法是指将力量训练与有氧耐力训练安排在同一时期的训练方法。1980年，美国运动生理学家首次对力量和耐力同期训练问题进行研究并得出结论，同期训练对耐力的提高没有负面影响，但会限制力量的发展。同期训练法的这一现象引起了学者们的注意，于是同步进行力量和有氧耐力两种不同形式的训练会产生截然不同的生理适应和训练干扰效应成为体能训练中的热点问题。与同期训练相关的一个重要概念是力量训练的兼容性，力量训练的兼容性是指同时开展力量训练和其他素质训练之间是否存在干扰的现象，如力量与有氧耐力、力量与柔韧性训练是否兼容的问题。

除了长跑和举重，几乎所有的运动都需要耐力和力量的结合。许多竞技体育项目尤其是篮球等团体项目，运动员需要同时拥有多种身体能力（最大力量、爆发力和心肺耐力等）才能达到最佳的运动表现。例如，在篮球比赛中，运动员需要不断地突破上篮（爆发力和加速度）、在限制区内进行抢位（最大力量）、争抢篮板球（反应力量和弹跳力），以及频繁地折返跑（心肺耐力）。虽然力量训练和有氧训练引起的生理适应机制不同，但是专项运动需要同时表现出较好的耐力和爆发力水平，因此，同期训练既是体能训练的需要，也是比赛的需要。

耐力和力量可以同时发展到一定水平。然而，耐力发展到较高水平时会抑制肌肉的生长或力量的维持。有研究指出，与单独进行抗阻训练相比，同期训练已被证明会导致最大力量、肌肉肥大和爆发力的下降。耐力之所以会影响力量的发展，主要原因是大量的有氧耐力训练会导致神经-肌肉疲劳，改变神经募集肌肉的模式，限制高功率的输出，抑制肌肉增粗，降低蛋白质合成效率等。但是，耐力型运动员可通过力量训练提升心肺能力和运动表现，伴随着最大力量和爆发力的增长，既可以促进力量耐力，又可以改善跑步经济性。

如何避免力量训练和耐力训练之间相互干扰，获得理想的训练收益成为体能教练员关注的问题。体能教练员在发展最大力量和爆发力阶段，采用同期训练需虑以下要素。

第一，根据训练周期整体设计力量训练和耐力训练的内容及目标。在赛季的准备期，把提高有氧能力作为主要目的，每周可以安排多次数（3～5次）的有氧耐力训练，提高机体的适应与恢复能力和让机体建立体能基础，此阶段力量训练所对应的是力量耐力，两者的相互干扰不大。到赛前期应逐渐降低有氧训练频率（2～3次），提高最大力量和爆发力训练频率。进入比赛期，为发展专项竞技能力，并维持准备期获得的有氧耐力，可以安排少量的耐力训练。研究表明，每周仅需维持2次有氧耐力训练即可长时间维持有氧能力。

第二，力量训练和耐力训练的顺序。当以最大力量或爆发力为主要训练目标时，体能教练员应先进行最大力量或爆发力训练再进行心肺耐力训练，并且至少间隔6 h。需要注意的是，当以提升有氧耐力为目标时，也应先进行力量训练，再进行耐力训练，这样安排有助于提高力量的利用效率。

第三，选用合理的耐力训练方法。低强度的有氧耐力训练会限制肌肉的合成，而较高强度的训练没有这种效果。例如，高强度间歇训练结合延长的间歇时间，可以消减对下肢最大力量产生的负面影响。

第四，减少有氧耐力训练的负荷量或频率。同期训练造成的力量训练与耐力训练不兼容的问题，会随着耐力训练持续时间的延长变得更加突出。因此，在最大力量和爆发力训练阶段，每次耐力训练的时间应控制在20～30 min，训练频率也不应超过3次／周。

八、循环力量训练法

循环力量训练法于1953年由摩根（Morgan）和安德森（Anderson）提出，其基本模式为安排数个站（点），每个站（点）由徒手练习、超等长练习和抗阻练习组成，运动员按照规定的练习次数或练习时间依次完成每个站（点），站（点）与站（点）之间通常不休息或做短暂间歇。研究表明，循环力量训练法不仅能够改善与心肺耐力相关的生理指标，如提升最大摄氧量（VO₂ max）和乳酸阈值等，还能够对力量和肌肉肥大产生积极影响。而对于那些同时需要力量和心肺耐力的运动员来说（如团体项目、水上项目、隔网对抗项目等），体能教练员则可以使用循环力量训练法来提升这两种运动能力。

此外，循环力量训练法要求在较短的训练时间内完成较大的负荷量，这适合于那些没有足够的力量训练时间但又需要保持一定力量水平的运动员。

循环训练法变量的设计要求有以下几项：①练习站（点）的数量不宜过少，一般安排4～10站。②练习的顺序一般遵循上下交替或推拉交替的原则。③应避免同一部位练习相邻（除非有专门的目的），避免出现局部肌群的过度疲劳。④练习的负荷选择根据训练目的而确定。⑤间歇分为组间间歇和练习间间歇。一般都会安排组间间歇，只是组间间歇的时长存在差异。一般力量耐力训练组间间歇较短，而发展最大力量时则相对较长。当以发展力量耐力为主时，练习之间可以不安排间歇；而当以发展最大力量为主时，则要考虑每个练习第二组训练前的恢复情况。

九、振动训练法

振动训练法是指使用振动平台进行各种动作的训练方法。振动是一种有效的训练刺激。振动平台通过振动产生力学刺激并可以通过调整强度、频率以及振幅改变振动刺激，从而能够提高肌肉力量与爆发力、改善柔韧性以及促进康复。通过对振动刺激的调节，振动训练能够增强肌梭到运动神经单元池的兴奋性传入，并抑制高尔基腱器官的抑制作用。振动训练在康复领域针对病患的肌肉力量、柔韧性、平衡能力等健康体能训练有广泛应用，但在竞技运动中的应用并不广泛。

十、电刺激训练法

电刺激训练法是指通过外置电极向肌肉放电，替代中枢神经向肌肉传送神经冲动从而引起肌肉收缩的训练方法。电刺激训练长久以来应用于康复领域，如促进肌肉收缩、强化肌肉以及在长期固定期间保持肌肉质量。随着对电刺激训练法的深入了解，越来越多的运动队也开始使用电刺激训练法提升运动员的肌肉力量和运动表现。

不同竞技水平的运动员均可通过电刺激训练法改善肌肉力量，尤其是下肢肌肉。而电刺激训练法引起肌肉力量的增加主要是神经适应，如增加肌肉激活程度。对于优秀运动员而言，运动表现已经趋于稳定，电刺激训练法作为一种新的刺激形式，可以作为传统力量练习的辅助，而非替代。其原因是对于已受损的肌肉（已损伤或术后患者），电刺激训练法可能比自主力量训练更有效，而对于未受损的肌肉（健康人群），电刺激训练法的有效性通常低于自主力量训练。

在采用电刺激训练法时，需要合理地安排动作方式，刺激的强度、频率、持续时间，以及恢复间隔等因素，这样才能最大化地提升训练效果。

第三节　常见肌肉力量练习

抗阻训练是指肌肉在对抗外部阻力作用下进行收缩，从而提高肌肉力量的训练形式。肌肉对于外界阻力具有较高的敏感性，所以抗阻训练成为力量训练的重要手段。抗阻训练包括杠铃、哑铃、壶铃等器械不固定、动作轨迹不完全固定的自由重量练习，动作轨迹固定的组合/固定器械练习，阻力带以及自身体重等产生外界阻力物体的练习。

一、自由重量练习和固定器械练习

自由重量练习通常是指使用杠铃、哑铃和壶铃等可移动设备进行的闭锁式力量练习，如杠铃硬拉、哑铃推举和壶铃摇摆等。自由重量练习具有不稳定性，在提高力量的同时，能够加强对近固定端的稳定肌群的作用，更大程度地刺激稳定肌群，具有较好的力量训练效果。

固定器械练习通常是指使用不可移动但可调节阻力的设备进行的开放式力量练习，如高位下拉、肱三头肌下压和坐姿蹬腿等。固定器械练习运动轨迹相对固定、目标肌群所处的关节相对固定，能够很好地刺激目标肌群。固定器械练习有着操作简单、方便调节阻力、稳定性高和更加安全等优点。此外，由于运动轨迹固定，练习时不需要进行监护/保护，因此在健身运动中应用较广泛。

固定器械练习对稳定肌群的作用极小，而且大量的单关节练习导致该练习缺乏功能性和专项性。对于专业运动员而言，使用自由重量练习而非固定器械练习更有助于提高运动表现。研究表明，竞技体育运动中的技术动作很少涉及孤立收缩肌肉的模式，并且使用固定器械进行孤立肌肉训练无法有效地迁移到实际比赛中。因此，涉及多关节、多肌群的自由重量练习是更好的选择。

　　总之，由于自由重量练习动作模式的迁移性更高，而且能够整体地训练主动肌和稳定肌，体能教练员应主要使用自由重量练习来提升运动员的运动表现能力。

二、奥林匹克举重练习

　　奥林匹克举重练习通常是指抓举和挺举两项举重比赛的规定动作。如图2-20所示，抓举和挺举的相对功率输出最高，因此它们被称为典型的爆发力练习。而卧推、硬拉和深蹲的功率输出较低，因此，它们属于典型的最大力量练习而不是爆发力练习。但由于完成比赛级标准的抓举和挺举对运动员的技术熟练度以及身材比例要求较为苛刻，所以非举重运动员常使用相关衍生动作发展爆发力，如高翻、提铃高翻、高拉和跳跃耸肩等。

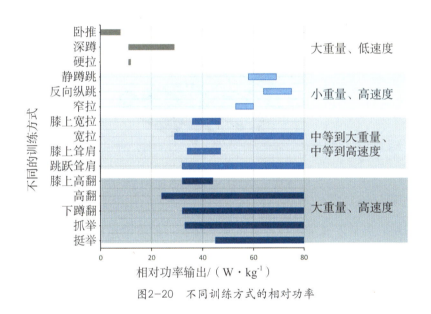

图2-20　不同训练方式的相对功率

（一）三重伸展练习

　　协调的伸髋、伸膝、伸踝是绝大多数包含跑、跳和改变方向等技术动作的运动项目都会涉及的，被称为三重伸展。而举重类动作中的"第二次拉"阶段同样涉及三重伸展环节。由于"第二次拉"与三重伸展的相似性，出色的举重成绩与高水平的冲刺和跳跃表现显著相关。

（二）爆发力练习

　　举重类练习是典型的爆发力练习，具有全身性、爆发式的用力特征，产生较快的动作速度，形成较高的功率输出，提升全身肌肉协调用力，对于快速、爆发式用力项目而言更具有专项性。奥林匹克举重练习可通过调整负荷和简化动作涵盖到速度-力量曲线的各个区域（图2-21）。这使得无论是需要快速用力并对抗外界负荷的运动项目（如摔跤、篮球和橄榄球等）的运动员，还是需要快速用力并克服自身体重的运动项目（如短跑、跨栏和跳高等）的运动员，都能够从中获益。例如，力量举运动员在进行深蹲、卧推和硬拉时，平均仅能够产生12 W/kg体重的功率，而奥林匹克举重运动员在进行抓举和挺举时，则平均能够产生52 W/kg体重的功率。这两种运动之间的功率存在差异很大程度上是因为举重运动员需要快速将杠铃"抛"向空中，以便能够在杠铃下落前顺利接杠。而力量举运动员则不需要考虑杠铃的上升速度，只需将其"举"起即可。这也是为什么很多举重运动员具有惊人弹跳力的原因，因为他们每天都在进行爆发力训练。

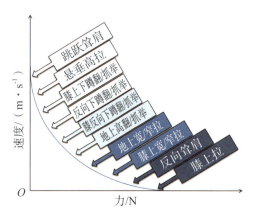

图2-21 不同练习在速度-力量曲线中的释义

值得注意的是，奥林匹克举重练习真正发展爆发力的阶段是快速蹬伸提拉阶段（发展快速向心收缩能力），而安全地接杠只是高翻和抓举的技术环节。如果运动员的接杠技术不好，其可以做高拉练习。

（三）奥林匹克举重练习与核心练习

卧推、俯身提拉、深蹲、硬拉等核心练习，在练习时强调动作速度（快起慢落），但由于负重较大，速度受限，虽也能产生较高的功率，但相较于举重类练习缺乏三重伸展以及全身性和爆发式的特征，所以在发展爆发力方面存在一定的局限性。此外，有专家提出，低强度、快速完成的核心练习是发展爆发力的方法之一，此练习虽然动作速度有一定提升，但是由于动作后期的减速，大大降低了爆发力的训练效果。弹道式练习可以弥补以上核心练习的不足，如卧推抛和负重蹲跳，成为重要的爆发力练习方法。

（四）奥林匹克举重练习与超等长练习

举重类练习对一次性爆发式用力运动而言非常关键，但对连续、快速跑跳的运动能力而言存在不足。因为，连续、快速跑跳除了受到出色的爆发力的影响之外，还受到肌腱的弹力、下肢刚度等因素的影响。所以，超等长练习能够有效地发展肌腱弹力和下肢刚度，是连续快速跑动能力训练的首选练习。但是超等长练习对于一次性、爆发式用力的作用也存在不足。超等长练习虽然具有很高的速度，但产生的力很小，无法最大化地实现爆发力输出，因此在发展爆发力方面受到限制。体能教练员可以通过增加负重来弥补超等长练习在发展爆发力方面的缺陷。

此外，较为流行的壶铃练习则由于其器械重心和技术动作等问题，导致高水平运动员无法取得良好的训练效果（如能够杠铃高翻100 kg的运动员无法使用相同重量的壶铃完成摇摆动作）。

三、徒手练习

徒手练习是指利用自身体重作为阻力的练习手段。徒手练习是最简单的力量练习，可以追溯到几千年前的古希腊、古罗马和古埃及的历史记载中，而今在军队中仍然在使用。常见的徒手练习包括俯卧撑、引体向上、深蹲、仰卧起坐和平板支撑等。

徒手练习的动作是使人体在三维或多平面支撑的条件下，对抗始终存在的重力和地面反作用力，因此，徒手练习不受场地器材限制，简便易行，更适用于集体练习。再者，徒手练习的动作模式符合人体生物力学结构，闭合链的动作能够同时训练多个肌肉群，改善相对力量水平，且动作更具多变性，具备一定的功能性。例如，俯卧撑比卧推需要更多的核心区肌肉的参与以保持躯干的稳定性，使动作更多样，也不受场地器材的限制。

但徒手练习的负荷强度低，很难做到持续地为运动员提供超负荷刺激，进而无法有效地提升最大力量，这一直是其最大的缺陷。通过缩短间歇或增加重复次数能够加速运动员产生疲劳，但这种方式只会提高力量耐力，很难增加所需的最大力量。

虽然高水平运动员从徒手练习中获得最大力量的收益有限，但仍然可以通过以下四种方式来改变负荷，提升练习的功能：①减少支撑面积的单侧练习，如单臂俯卧撑和手枪式深蹲的难度远大于标准的双手俯卧撑和双腿徒手深蹲。②选择特殊的动作角度使其针对局部肌群，如预防大腿后侧拉伤的北欧腘绳肌下落练习。③双人练习，它是指将同伴的体重作为外界阻力，或协助同伴完成一定动作的练习，如扛、背、抱队友的练习以及推小车及其变换练习。双人练习由于队友的身体重心多变，增强了肢体神经-肌肉系统自我调控的效果。此外，近端支撑器官的稳定性得到锻炼，并在一定程度上增加了练习的难度。因此，双人练习在摔跤、柔道等格斗对抗项目中有着较广泛的应用。④额外负重，为了克服徒手练习负荷强度变换比较单一的缺陷，体能教练员可以引入外部阻力模式，如利用负重背心或沙带，实现训练负荷的渐进性。

徒手练习可作为基本动作模式的学习途径（如蹲、拉、推、髋关节铰链、弓箭步和旋转等），或作为准备活动中激活特定肌群的手段（如长跑运动员可使用单腿硬拉激活臀部肌群），然后进阶到负荷更高的练习。此外，徒手训练还可以作为一种有效的调节手段，与传统的自由重量练习相结合，在力量和耐力训练方面取得良好的效果。

四、弹道式练习

弹道式练习（ballistic exercise）是通过抛投重物（如抛健身药球）或负重跳跃（如杠铃蹲跳）来提高肌肉向心收缩爆发力的练习形式，其特征是实现最大限度的加速，也称末端释放练习。弹道式练习能够最大化地、快速地募集运动单位，降低高阈值运动单位的激活阈值并产生选择性募集适应，是精英运动员提高爆发力的重要练习。该类练习包括抛实心球、卧推抛、杠铃蹲跳、高翻、抓举、挺举等。

传统大重量抗阻练习在发展爆发力上存在一定的局限性。较大重量的抗阻练习的末端仍然会存在减速阶段（这是由于运动员需要控制杠铃的位置，使其能够在动作结束时保持静止的状态），从而导致训练爆发力的效果降低。研究表明，在大重量杠铃卧推的向心阶段，随着杠铃接近动作的末端，减速阶段占24%；当使用较轻负荷（8%1RM）时，减速阶段则达到了52%。此外，减速阶段会导致主动肌的肌电活动显著下降。因此，体能教练员需要使用弹道式练习克服传统力量练习中存在的减速阶段，更能有效地发展爆发力。

弹道式练习的重要标志是能否在整个活动范围使阻力加速并达到最大限度，从而获得更大的功率输出，提升爆发力。弹道式练习在平均速度、峰值速度、平均力以及最终的平均功率和峰值功率等方面的输出要显著高于传统力量练习。常见传统力量练习的弹道式练习变式见表2-10，该变式也可以为复合训练法的练习选择提供借鉴。

表2-10　力量练习与弹道式练习变式

力量练习	弹道式练习
深蹲	深蹲跳
分腿蹲	弓箭步交换跳
单腿蹲	单腿跳
硬拉	高翻、抓举、跳跃耸肩
卧推	卧推抛
推举	挺举
俯卧撑	俯卧撑击掌

需要注意的是，超等长练习与奥林匹克举重练习同样要求运动员充分加速自身体重与杠铃的阻力，因此同属于弹道式练习。但在负重过低的情况下，奥林匹克举重练习在接杠时没有加速到最大限度且不存在只受重力作用的阶段（存在着上肢的拉力），因此不属于弹道

式练习。再者，超等长练习在强调最后蹬伸爆发力的同时，更侧重快速离心收缩转换的特征以及反应力量的提升，而弹道式练习强调快速向心收缩的爆发力，对离心收缩的特征没有要求。

五、强化离心练习

强化离心（accentuated eccentric）练习是在动作的离心阶段施加更大负荷的练习手段。大量研究表明，发展离心力量有利于运动表现、康复和损伤预防，因此强化离心练习越来越受到体能教练员和相关从业者的关注。由于肌肉收缩时的离心力量大于向心力量，体能教练员通常采用超过110%～140%1RM向心收缩的重量来发展离心力量。但这种方法的不足之处在于反复装卸杠铃片破坏了练习的节奏，以及没有涉及符合实际运动的向心加速阶段，因此，飞轮离心设备（flywheel）与负重挂钩设备（weight hook）由于实现了慢速离心与加速向心相结合的强化离心练习，得以应运而生。

强化离心练习增加了负荷强度，提高了运动单位募集水平，有助于最大力量的发展，同时，肌腱、筋膜等弹性成分以及韧带也会产生适应性改变。慢速离心形成了预负荷提升肌肉最大向心收缩能力。此外，肌腱、筋膜、韧带作为结缔组织具有可塑性，如通过增加厚度、力量和刚度，可以增强自身的张力和撕扯力的耐受性。

飞轮离心设备类似悠悠球，能够在肌肉的离心收缩阶段提供更大的负荷。例如，在向心阶段过程中，能量被储存在飞轮中；当向心阶段结束后，因为飞轮要尽快恢复到先前的状态，此时飞轮通过更大扭矩的形式释放所有已储存的能量，从而实现离心阶段的超负荷。其原理是能量守恒定律和惯性定律。由于飞轮具有惯性I，当向心阶段以角速度ω旋转飞轮时，飞轮所储存的能量由该公式计算：$E_k = \frac{1}{2}I\omega^2$。这就意味着向心阶段的速度越快，飞轮储存的能量越多，导致离心阶段的负荷越大。飞轮离心设备可以通过飞轮的重量做到变阻和变速，同时降低关节角度效应的影响。

负重挂钩设备是指在杠铃的两端通过挂钩添加额外负荷，使杠铃的重量超过运动员的向心1RM，以此实现离心超负荷。但当离心阶段结束时，挂钩会接触地面并从杠铃两端脱落，此时杠铃的重量小于向心1RM，从而可以使运动员在向心阶段加速。完成离心-向心转换的节奏是影响训练效果相当重要的变量。负重挂钩设备具有负荷变化操作简便且不会影响动作节奏的优点。

六、单侧练习与偏载练习

单侧练习和偏载练习同属于非对称性练习，具有相似的功能和生理机制。

（一）单侧练习

单侧练习（unilateral exercise）指身体单侧肢体主动完成动作的力量练习。在下肢力量训练中，单侧练习主要是指闭链练习，而不包括跳跃练习。单侧练习常常作为双侧练习的替代性练习。大多数运动项目，在跑、跳、改变方向时需要单腿发力，这也是单侧练习被纳入力量训练计划的主要原因。双侧练习（bilateral exercise）是指负重平均在身体两侧的练习或由双侧肢体完成的力量练习。传统的力量训练主要通过双侧练习提升最大力量和爆发力，因为双侧练习时主动肌肌群的募集增强，且能表现出双侧易化（bilateral facilitation），即在双侧运动中双腿的力量超过单侧运动的总和。此外，基于双侧练习的1RM水平与冲刺速度、跳跃高度、峰值爆发力以及灵敏测试成绩（如T字跑测试）等运动表现指标存在着较强程度的相关性，这也是双侧练习受到体能教练员青睐的缘由之一。

竞技运动大都包含单侧发力的动作特征（如短跑、拳击等），因此单侧练习受到体能教练员和运动员的关注。很多专业人士认为，单侧练习有利于在非对称姿态的平衡、稳定状态下发力，更具功能性与专项性，有助于提升运动表现、预防运动损伤及延长运动寿命。

单侧练习与双侧练习的差异表现在以下几个方面。

第一，力量训练效果方面。双侧练习和单侧练习对于力量和爆发力的提高都是有效的。有研究指出，相较于单侧练习，双侧练习并未在橄榄球运动员的下肢力量、40 m冲刺以及变向能力方面体现出更好的效果。单侧练习在单腿垂直跳跃能力上有更大的提高，这也说明单侧练习对于单侧肢体运动有着积极的作用。从人体专门适应性的角度，双侧练习有助于提升双侧肢体的运动表现，单侧练习有助于提升单侧肢体的运动表现是可以理解的。

第二，肌肉的募集方面。单侧练习相较双侧练习需额外提升单侧肢体以及躯干关节的稳定性。这是由于单侧练习的支撑面小于双侧练习的支撑面，其稳定性更差，为克服不必要的旋转，肢体以及躯干稳定肌群与拮抗肌群的肌肉激活程度提高。也有研究指出，单侧练习比双侧练习能更有效地激活浅层肌肉组织。与传统的杠铃深蹲相比，保加利亚单腿蹲增加了臀中肌、股内收肌、腘绳肌和股四头肌的激活程度。

第三，练习的限制性因素。单侧练习通常只受所发展肢体能力的限制（如在分腿蹲练习中腿部是限制性因素），可以消除其他的限制因素。虽然单侧练习对躯干的稳定性有着一定的要求，但由于躯干的承重降低，自我保护的躯体抑制降低，腰椎及核心区肌群受伤的风险也大大降低。而双侧练习（如高强度的深蹲）由于双腿支撑，稳定性高，随着承重的增加，腰部有可能成为主要的限制性因素，导致腿部不能得到有效的刺激。

第四，改善肌肉失衡方面。由于专项训练和生活中的运动特点，运动员出现左右侧肌肉失衡的现象很普遍。单侧练习可以针对弱侧肢体专门进行训练，有助于改善肌肉失衡现象。而在进行双侧练习时，运动员会更多地依靠优势侧的肢体克服负重，使弱侧得不到应有的刺激，进而导致更明显的肌肉失衡问题。

需要注意的是，单侧练习的稳定性不足形成主动肌和拮抗肌的共激活，以此提高关节的稳定性。但在高强度的训练中，关节不稳还会出现肌肉的共收缩/共激活，导致主动肌难以承受足够大的负荷强度，进而制约力量的发展，甚至增加运动损伤的风险。

（二）偏载练习

偏载练习（asymmetrical loading/offset loading exercise）即不对称负荷练习，是指肢体两侧负重不均衡使承重偏离身体中线的练习。

偏载练习常利用杠铃、哑铃、壶铃的重量差异形成练习负荷偏载，也可以在一侧使用阻力带或锁链形成练习负荷偏载。传统的抗阻练习所使用的负荷是左右对称的，练习不会对身体造成太多不稳定的影响。而偏载练习恰恰相反，不均衡的阻力产生固有的反向旋转，增加了躯干对扭矩的控制，进而形成躯干稳定性的适应和核心区深层肌肉的激活。

利用偏载练习所形成的扭矩，可以帮助运动员发展较高水平的核心区稳定性，尤其是柔道、摔跤等双侧用力不均衡的运动项目。偏载负荷对肢体知觉刺激明显，可以有效地阻止运动员进入动作固有的发力模式，并形成新的刺激。偏载练习导致高负荷侧的肌肉活动显著增加，也是一种有效而简单的减少肌肉失衡的练习形式。

采用偏载练习时，体能教练员一定要遵循渐进性原则，使偏载的负荷渐进地提高。一般而言，大重量的抗阻练习，两侧的偏差要低，因为高偏差容易引发关节稳定性下降，进而产生共收缩/共激活而影响主动肌的发力效率，甚至出现深层肌肉的损伤。而采用小重量的抗阻练习，两侧偏差可适度大一些，形成明显的知觉刺激。具体两侧的偏差以及所采用的负荷取决于运动员的能力和对偏载练习的适应程度。

需要注意的是，偏载练习是把双刃剑，一方面可以刺激深层稳定肌，促进关节稳定性的提升；另一方面如果躯干不够强壮或不够稳定，会使主动肌发力的有效性下降，甚至出现核心区坍塌，导致腰部损伤。

（三）交叉作用

交叉作用（cross education）是指单侧肢体的力量练习不仅能够提高本侧肢体的力量，还能增强对侧肢体同源肌肉力量的现象。该概念最初是由泰特（W. W. G. Tait）于1894年提出的。有关人类行为的研究文献强调了四肢之间神经相互作用的复杂性。交叉作用这种现象是值得关注的，它涉及单侧运动肢体对对侧肢体的交互作用，并表现出不同的即刻适应特征和长期的适应特征。交叉作用属于神经交叉作用的长期训练适应。无论是自主收缩还是电刺激的单侧力量练习都出现了明显的交叉作用。对于单侧肢体受伤的运动员，保持对侧肢体的力量训练对于维持伤侧的力量有着积极的意义。

（四）双侧力亏

双侧力亏（bilateral deficit，BLD）是指双侧肢体同时收缩产生的最大力量小于单侧肢体所能产生最大力量之和的现象。该概念于1961年被提出。导致双侧力亏的主要原因是运动单位的不完全激活，运动生理学研究指出，双侧练习无法激活全部的快肌纤维。双侧力亏的主要生理机制是神经学因素，双侧动作与单侧动作的神经肌肉活动在本质上并不相同，双侧练习会出现大脑半球间抑制，从而减少运动单位的激活。此外，从长期适应来看，单侧和双侧练习的形态学和神经适应性也是重要的影响因素。例如，长期从事双侧练习的运动员会表现出较低的双侧力亏，甚至出现双侧易化的现象。双侧力亏对力量训练单侧、双侧练习的选择具有一定的参考意义。双侧力亏高，反映单侧用力效果好，相反，则反映单侧用力效果不理想。研究表明，单侧练习不仅能够增加单侧力量，还能够增加双侧力量；双侧练习也可以增加单侧力量，但更有助于减少双侧力亏。

综上所述，在发展基础力量时（准备期），以双侧练习为主，单侧练习和偏载练习可作为有效的替代性练习。在发展专项力量时（赛前期），体能教练员应以专项的肢体发力的特点来确定练习的主体内容。另外，双侧力亏低的运动员可适当增加单侧练习，而双侧力亏高的运动员可适当加强双侧练习。在发展核心区肌群的神经肌肉协调能力时，体能教练员可采用单侧、偏载练习替代一部分双侧练习。

七、变阻练习

抗阻练习包括恒阻练习、适应阻力练习和变阻练习三种形式。恒阻练习是目前流行的阻力训练形式，在整个运动范围内，外部负荷保持不变。适应阻力练习也称等速阻力练习，肌肉可以在特定速度时最大程度地收缩。变阻练习是指在练习的整个活动范围内，肌肉对抗的阻力随着关节角度的变化保持相同的力量和速度。它解决了恒阻练习无法保证肌肉力量在整个活动范围内都能得到有效发展的局限性。常见的变阻设备包括弹力带、锁链和等动训练器。变阻练习可以追溯到19世纪70年代，当时设计的鹦鹉螺号练习器（Nautilus weight machines）就是在不同关节角度下使肌肉产生不同力量。变阻练习已被广泛用于竞技体育领域，以最大限度地发展肌肉力量，增强本体感觉和关节稳定性。

（一）弹力带变阻练习

弹力带变阻练习主要是指用弹力带结合抗阻练习，借助弹力带张力/阻力增大肌肉对抗阻力的练习。当然，体能教练员也可以借助弹力带提高抗阻练习的速度。

弹力带变阻练习可以提高最大力量和爆发力。其原因有两点：第一，弹力带能够将力量曲线改为上升模式。当弹力带缩短时，其产生的张力较小；当弹力带拉长时，其产生的张力较大。而这种特性通常对应于人体生物力学中关节完全屈曲或伸展时产生最小力量的点和最大力量的点。例如，当在杠铃两端挂上弹力带进行深蹲时，弹力带的特性能够在深蹲底部（生物力学弱势）给予较轻的负荷，在深蹲顶部（生物力学优势）给予较大的负荷，使得高阈值运动单位能够在最具生物力学优势的位置被募集，从而使杠铃的负荷在整个活动范围内始终匹配力量曲线。第二，减少上升的动量。在传统抗阻练习中，杠铃被推起后产生一定的动量，"黏滞点"（sticking point，指动作由离心收缩阶段转换到向心收缩阶段的起始位置，即出现的动作最难完成的点）过后，杠铃的动量逐渐增加，运动员产生的力会相应减少，即加速杠铃和保持杠铃移动所需的力是不同的。而弹力带则会减少杠铃上升时的动量，使得运动员可以在整个活动范围内始终加速，全力推动杠铃上升。（图2-22）

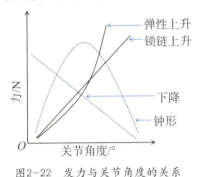

图2-22　发力与关节角度的关系

此外，弹力带变阻练习可以借助弹力提高动作速度，对于爆发力的发展也具有一定的优势。例如，在杠铃深蹲时，弹力带挂在杠铃的上端。在深蹲底部时，弹力带被拉长，此时产生的张力能够减少深蹲底部的负荷。而当运动员逐渐站起时，弹力带逐渐缩短，助力逐渐减少，此时神经-肌肉系统会在生物力学优势位置承担更高的负荷，从而产生更大的刺激。研究表明，弹力带变阻练习比大重量、动作缓慢的抗阻练习表现出更高的峰值力和峰值功率，更能有效地发展爆发力和动作速度。当运动员处于以爆发力和动作速度为主要目标的赛季阶段时，弹力带变阻练习可能更加可取。

（二）锁链变阻练习

锁链变阻练习与弹力带变阻练习相似，都能够改变力量曲线，阻力分别随变形和位移的增大而增大。此外，锁链表现为线性的质量-位移关系，而弹力带表现为曲线的张力-形变关系。在锁链深蹲底部，部分锁链会盘绕在地面上，随着杠铃的高度逐渐上升，盘绕在地面上的锁链随之展开，使杠铃的负荷越来越大，最终在动作的顶端提供最大的阻力，能够增强对肌肉的刺激，募集更大的运动单位且增强激发频率。

锁链变阻可提高近端关节的稳定性及运动动觉。锁链的晃动增加了不稳定性，加强了近端关节深层稳定肌的激活程度。此外，锁链重量随角度变化而变化，有助于刺激本体感觉并使运动员有效形成对动作速度的调整意识，提高运动知觉。

弹力带变阻练习和锁链变阻练习一个固有的限制就是对实际负荷的量化。体能教练员和运动员对训练超负荷的程度难以确定，这主要归因于练习在实际执行中"校准"的困难，因为"校准"通常需要应变计和测力板，这些设备存在生产中使用的橡胶或铁/钢的类型和质量方面缺乏标准化的问题。因此，在使用变阻练习前，体能教练员首先应该为弹力带绘制拉伸变形图，为锁链绘制质量位移图，因为这样才能使其以更精确和科学的方式规定特定的负荷强度。在训练中，弹力带的阻力/张力或锁链的重量必须随着运动员力量的增加而增加，以便最佳地利用运动员的力学优势。过高的负荷将不可能使运动员从变阻练习中获得最大的爆发力收益。

需要注意的是，体能教练员需要根据运动员的特点及专项的需求选择具体的练习。训练水平较高的运动员，由于其最大力量得到了一定程度的提升，变阻练习可以实现最大力量向爆发力的转换，从而获益更多。而训练水平较低的运动员，由于最大力量水平低，因而变阻练习难以获益，并会增加受伤风险。此外，需要累积力量并在动作末端进行释放的运动（如掷铅球时的出手、格斗中的出拳等），弹力带变阻练习可能更适合；而需要持续输出力量的运动（如摔跤中的僵持、篮球中的卡位等），锁链变阻练习可能更适合。

（三）等动训练器

等动训练器又称等速训练器，是指在器械杠杆臂的作用下，角速度保持恒定。等动训练器提供的阻力能够与动作角度的变化相匹配并保持恒定的速度，保证了运动员在整个活动中的最大用力，相较于传统抗阻练习在力量的发展方面更具优势。专门为游泳运动员设计的等动练习器与游泳运动具有相似的发力特征，对于运动员专项力量训练和专项耐力训练有着积极的意义。此外，等动训练器针对不同肌群的专门设计在康复领域有着非常广泛的应用。

从理论上看，等动训练器似乎是最完美的力量练习设备，因为其有效地解决了传统力量练习无法在关节生物力学劣势位置和优势位置之间完美匹配相应负荷的问题，但从实际和专项运动的角度考虑，其仍具有很多局限性。

全身性及多关节运动是大多数竞技项目的特征，这种运动需求对等动练习器的设计提出了巨大的挑战。目前全身性、多关节力量训练的等动练习器仍非常缺乏。而针对单关节运动的等动练习器虽然能够为体育科研中的力量测试提供可靠的数据，并广泛应用于康复训练领域，但对于运动员力量训练的作用有限。

等动训练器相比于传统力量练习，缺乏向实际运动和专项性转化的特征。研究表明，同一肌群在等速收缩的条件下产生的力与在自然动作下产生的力是不同的。此外，等动训练器上所产生的力量曲线及动作速度与大多项目（跑、跳、投类的运动项目）的实际特征存在较大差异。传统抗阻力量练习可以在快速用力的条件下实现超负荷，而等动训练器所能测得的最大等动角速度范围仅为400°/s～500°/s，这远远低于实际运动的最大角速度。

八、非稳定性练习

非稳定性练习通常指在不稳定的练习条件下进行各种动作训练的练习。常见的不稳定练习器材包括瑞士球、Bosu球、平衡垫和悬吊绳/带等。由于非稳定条件能够促进本体感受能力，因此，非稳定性练习在运动员的康复和解决运动员明显的核心区肌群稳定性和平衡性差的问题方面尤为有效。

使用平衡垫进行本体感受训练能够帮助已损伤或不稳定的踝关节增加稳定性，这说明非稳定性练习能够训练到深层稳定肌群，并有助于康复和预防运动损伤。非稳定条件能够增加稳定肌群的激活程度，常用于核心区稳定性训练和一些需要专门加强支撑器官稳定性的训练中。单侧练习也是非稳定性练习中的重要成员，相较于双侧练习对运动员的稳定性更具挑战性。

值得注意的是，在非稳定条件下，进行传统高强度力量练习有着非常大的损伤风险（如站在瑞士球上负重深蹲）。非稳定性练习使主动肌的激活水平降低而拮抗肌的激活水平提高，这并不利于最大力量和爆发力的发展。此外，通过不稳定程度较高的练习获得的专门稳定性适应，对于在稳定运动界面上运动的助益也是值得商榷的。

九、特殊器材练习

特殊器材练习是指结合特殊设备的特性，为解决运动员力量存在的特殊问题而专门设计的练习。特殊器材练习主要有三个训练目的：第一，强化较高负重下的近端关节稳定能力。例如，利用杠铃两端悬挂铁链/杠铃片或盛一定重量水的水桶进行抗阻训练，有助于刺激支撑关节稳定肌群的发展。有研究证明，由于其设备的特殊性能够产生更大的非稳定性，对运动员更具挑战性。第二，进一步提升练习的功能性/专项性。从功能性的视角看，卧推、深蹲、硬拉等多关节练习虽然较单关节力量练习的功能性高，但与实际运动的情景仍存在一定差异，因而，使用大力士比赛项目或生活中的特殊练习器材，可以在一定程度上弥补传统杠铃练习的不足。例如，翻轮胎、推雪橇和农夫行走等对于运动员的功能性力量/专项力量有着一定的助益。第三，特殊器材练习是高强度间歇训练法中的练习选择。有研究证实，特殊器材练习可以作为提升血乳酸浓度的高强度练习加以利用，因此，可以用来提升运动员的能量代谢系统能力。

总体来说，由于训练设备及训练功能的特殊性，特殊器材练习在对抗类项目（如摔跤、橄榄球等）的训练中较多应用，但其运动损伤概率可能是传统力量练习的1.9倍左右，体能教练员应加强训练监控，谨慎使用。

不同的力量练习具有各自独特的功能和特点（表2–11），把握各种力量练习的优缺点，对于力量练习的设计和选择具有重要的意义。切记，不存在万能的力量练习方法，力量练习多样性是力量提升的必要条件，练习过于单一，会导致肌肉力量的片面发展。

表2-11　不同力量练习的特点

练习类型	肌肉肥大	最大力量	爆发力	反应力量	特点
自由重量（非爆发力）	+++++	+++++	+++	++	典型的肌肉力量练习，是爆发力的基础，对反应力量的作用需具体分析，有利于近端关节稳定
固定器械	+++++	+++++	++	+	有效发展孤立肌群，缺乏功能性和专项性，安全、操作方便
徒手力量（非跳跃性）	+	+	++	+	强度低、动作多样，侧重力量耐力。可与外加负重练习结合
举重衍生	++	+++	+++++	++++ +++++	典型的爆发力练习，强调全身肌肉的协调发力，技术要求较高。对于冲击性反应力量的作用弱于非冲击性反应力量
超等长练习	+	++	++++	+++++	典型的反应力量练习，强调弹力的提升以及快速募集Ⅱ型肌纤维的能力
离心练习	+++++	+++++	++++	++++	强化肌肉离心收缩能力
单侧练习	+++	++	+++	++	强化单侧力量和非对称性的平衡稳定能力，具有功能性和专项性
变阻练习	+++++	++++	++++	++	全幅度发展力量，增加刺激时间
弹道式练习	++	+++	+++++	++++	强调突然爆发式用力，具备开链特征
非稳定性练习	+	+	+	+	典型的稳定性练习，而非典型的力量练习

第四节　肌肉力量训练计划设计

力量训练是一项复杂工程，是对骨密度、结缔组织刚度、神经-肌肉募集效率、肌肉维度等长期改造的过程，没有科学的力量训练计划，就无法使运动员的身体朝着有益的方向发展，获得最佳的身体适应。力量训练就是一种外界的刺激，就像药物对病症一样有着特殊的剂量-反应关系。坚守"没有付出就没有收获"的体能教练员和运动员认为吃苦就能够获得良好的效果，但结果却事与愿违，这些运动员正在承受着过度训练或运动损伤所带来的痛苦。

一、肌肉力量训练计划设计原则

（一）动作模式优先

动作模式优先原则是指把运动员的基本动作模式以及力量练习的动作模式放到首要位置，强调动作的规范性、合理性和安全性，提升练习动作质量是第一原则，不要为了重量而使动作变形。合理的动作模式能够减少肌肉之间的抑制，改善肌肉间的协调，避免关节、肌肉功能障碍和损伤的出现。

在力量训练实践中，一些优秀的运动员也存在功能动作模式（灵活性、稳定性、对称性）质量差、力量练习动作不规范的问题，因而力量训练应遵循动作模式优先原则。

1. 动作模式

动作模式是肢体基本运动的外在表现运动形式。人体动作模式主要包括推、拉、踢、挥、落地、蹬伸、摆动、旋转、触够和变向等。美国功能性训练的倡导者卡洛斯·桑塔纳对人体基本运动模式进行归纳，提出人体的四大支柱运动为站立与位移、高度的变化、推和拉、转体。此外，美国运动委员会也提出了蹲、弓箭步、推、拉、旋转5大基本动作模式，并强调在进行抗阻练习之前，首先需要建立正确的动作模式，强调在整个正常动作范围内执行正确的动作顺序和对身体重心的控制。

身体部位基本动作模式见表2-12。

表2-12　身体部位基本动作模式

上肢	躯干	下肢	全身
推	旋转	弓箭步	走、跑、跳、投、攀爬、翻腾等
拉	屈伸	蹲起	
挥摆	桥	踢	

基本动作模式既是人体基本运动的基础，也是完成更复杂、更专门化技术的基石。就像简谱表示音的7个基本音符号可以组成各种乐曲一样，基本动作模式可以组合成完美的技术动作或技术动作组合。

2. 动作模式的基石

灵活性与稳定性是动作模式的基石。灵活性与稳定性差将导致不合理的动作模式，形成关节肌肉功能障碍，甚至出现运动损伤。功能动作筛查（functional movement screen，FMS）是反映运动员动作模式质量的测试评估系统，通过7个动作，筛查运动员的灵活性、稳定性、对称性和平衡能力以及对疼痛进行初步评估，其筛查结果为力量练习的选择提供参考。例如，当运动员的膝关节不稳定时（膝外翻），不建议进行高翻或抓举练习训练爆发力，因为接杠缓冲动作会增加膝关节的损伤风险，建议采用高拉或翻轮胎等替代性练习。

3. 专项技术动作分析

体能教练员对主要专项技术的分析是训练的前提，也是动作模式优先的重要体现。力量训练以专项需求目标为导向，以保障专项技术在训练和比赛中合理、有效、高质量地完成。例如，推铅球是一项全身性运动，动作的开始是运动员以半蹲俯状态站立，许多关节处于屈和内收状态。铅球推出后的结束动作人体处于站立伸展姿态，许多关节处于伸和外展状态。运动主要涉及的肌肉有肘关节伸肌（肱三头肌）、肩关节外展肌（三角肌）、髋关节和大腿伸肌（臀大肌、股后肌群）、膝关节伸肌（股四头肌）、踝关节跖屈肌（比目鱼肌、腓肠肌）。从生理学角度看，铅球运动需要最大力量和爆发力，另外，肌肉肥大也是有利因素，因为较大的肌肉横截面可以产生更大的力。铅球运动对肌肉耐力的需求较少。运动医学界提供的报告认为，铅球运动员肩、肘等关节周围的肌肉和韧带较易劳损。

4. 动作质量的标准

动作质量高既能有效地刺激目标肌群，又能降低损伤风险。甄别练习动作质量可以采用关节压力最小、最佳骨关节力线、合理的肌肉发力顺序三个标准。对于合理的动作，各关节应承受该承担的压力，如果某关节承担了额外过多的压力，损伤风险将大大增加。例如，在进行蹲杠铃练习时，膝关节过度前伸，会造成膝关节承担更大的压力。力量练习动作是否保证最佳的骨关节力线（关节排列）非常重要，骨关节力线不佳也会增加损伤风险。合理的肌肉发力顺序反映神经中枢动员肌肉的顺序是否合理，如协同肌被优先激活（协同肌主导）或远端肌肉较近端肌肉过早激活等都是肌肉动员顺序不合理。例如，抛实心球练习时，手肘部肌肉过早发力，导致下肢传导至上肢的动量被损耗，不仅影响发力效率，还会增加肘关节的损伤风险。

（二）渐进式超负荷原则

渐进式超负荷原则是指循序渐进地、采用超过已经适应的负荷进行训练的原则。超负荷是指在训练的过程中，必须让训练负荷超过已经适应的负荷。只有当训练的负荷高于身体所习惯的水平时，才会产生新的训练适应，从而提高力量水平。但是，超负荷不等同于每次训练都让身体处于精疲力竭或推进至极限的状态，这样只会增加过度训练和损伤的风险，最终降低运动表现能力。

1. 适应性调节

适应性调节现象是指人体对长时间恒定刺激的适应性。如果长时间采用相同的练习和负荷对肌体进行恒定的刺激，运动表现的提高（收益）就会降低，这通常被认为是生物学的一般定律，即运动节省化。生物机体对恒定刺激的反应会随着时间的推移而减弱。经过长时间的训练后，训练负荷的增加并不能够带来更大的运动表现增益。例如，男子铅球投掷运动员如果想要投掷出20 m的距离，那么他的卧推1RM必须达到200 kg，而一旦达到这个标准，继续提高卧推重量并不能够更好地提高铅球投掷的距离，这就是收益递减效用。

2. 超负荷调节方式

力量训练负荷应结合力量训练目标、运动员的适应水平及专项特点，同时力量练习应结合专项中所涉及的动作模式和肌肉群，定期对训练计划进行调整，以避免或减少适应性调节带来的负面影响。

定量调节是指增加负荷强度或负荷量，在原有训练计划的基础上改变训练变量（强度、容量、节奏或间歇等）。例如，使用更大的重量或重复更多的次数，从而让身体产生更高水平的适应。

定性调节是指选择更具专项性的训练动作或使用身体不习惯的新动作。例如，一名运动员过去只使用高杠深蹲来增强下肢力量，那么当训练动作换作前蹲或单腿深蹲时，能够对下肢肌肉群和身体的控制能力带来额外的挑战和刺激，同时让训练实现超负荷。需要提示的是，虽然改变练习可以使负荷增加，但是新练习的负荷控制要慎重，否则很容易出现过度训练或损伤。

负荷调节的时机与渐增负荷的大小是贯彻渐进式超负荷原则的重要条件。重量增幅过大或者两次训练课之间没有让身体得到充分的恢复，那么身体就不会朝着有益的方向发展或难以适应外界负荷的情况。

（三）专项化原则

人体普遍存在着专门适应性。无论是生物力学的还是神经学的刺激，人体都存在一种特定的对施加刺激的适应性（表2-13）。伯克利大学教授富兰克林·M. 亨利（Franklin M.Henry）早在1958年就提出了"动作学习的专门性假说"，这也是力量训练专项化原则的理论基础。

表2-13　不同强度神经-肌肉适应

负荷	神经-肌肉适应
最大强度或次最大强度的重复	神经-肌肉协调：运动单位募集、激活频率、运动单位同步性、肌肉间协调
次最大强度的重复和低强度高重复	肌肉肥大
低强度高重复	肌肉耐力及运动单位的持续募集能力

1. 专项化原则

专项化原则是指以专项需求为目标导向，通过专项或与专项接近的动作结构、动作节奏、动作速度及相似供能系统的练习进行力量训练的原则。虽然不同运动间存在动作模式的相似性，但也存在专项化的差异性。例如，铅球投掷需要的是下肢、核心区和手臂协调工作，在完整的动力链下产生最大的爆发力，在出手的一瞬间达到最快的速度，供能系统为磷酸原系统（ATP-CP系统），因此低重复次数的杠铃高翻、实心球侧向投掷和单臂哑铃借力推举对于铅球投掷更具专项性。而5000 m长跑则考验运动员在周期性跑动中的长时间肌肉耐力和核心区稳定性，供能系统为有氧供能系统，因此长时间高次数的单腿硬拉、弓箭步行走和平板支撑对于5000 m长跑更具专项化。

2. 专项化的特征

第一，力量需求具有专门性。不同力量形式在不同的专项中的作用存在差异。例如，最大力量在举重运动中作用显著，而最大力量对于耐力运动的作用相对降低。跳台滑雪运动员下肢蹬伸的最大力量不比未经训练者高，但跳台滑雪运动员能更快地达到最高力值。而对于柔道运动员，拥有强大的僵持力才是制胜的关键。

第二，运动方式存在着特异性。力量提高的幅度取决于测试采用的运动方式与实际训练采用的方式相吻合的程度，并且作为衡量力量训练专项化的重要标志。例如，击剑运动员力量训练如果采用对称性练习（双腿蹲、双臂推）对于专项力量的发展是有限的。

第三，肌肉力量的方向性。起跳角度、肌肉的固定方式都是肌肉力量方向性的重要体现。例如，游泳、皮划艇等项目具有远固定特征，应加强远固定方式的力量训练以适应专项运动的肌肉收缩需求。跳远与跳高运动员对于纵跳和立定跳的倾向性也是存在的。

第四，负荷强度的规定性。要认清专项运动中负荷强度的高低和强度变换的特点。由于运动单位的动员存在着大小原则和选择性募集两种募集形式，所以如果强度安排和专项运动相左，运动员很难得到有效的力量训练适应。例如，高强度、爆发性的练习有助于形成Ⅱ型肌纤维适应，而Ⅰ型肌纤维很少得到提高。

（四）肌肉平衡原则

肌肉平衡原则是指在力量训练中，应使运动员关节前后肌肉、左右侧肢体以及上、下肢肌肉力量保持平衡。该原则为制订力量训练计划时练习的选择提供了重要理论分析视角，同时良好的肌肉平衡对动作模式的优化、高效地发力、合理姿态的维持以及预防关节、肌肉功能障碍有着重要的意义。

选择的练习内容也要考虑跨关节的肌肉力量平衡和主动肌与拮抗肌（如肱二头肌和肱三头肌互为拮抗肌）之间的平衡，避免因抗阻训练引起主动肌和拮抗肌间的不平衡所造成的损伤。

例如，有些短跑运动员股后肌群的力量达不到股四头肌的70%，则需要增加股后肌群的训练，以纠正这种失衡。注意，肌肉力量的平衡不是指肌肉力量的相等，而是要有适当的比例。

1. 上下平衡

在力量训练实践中，体能教练员很难界定运动员究竟需要多少力量才能达到合格的水平。因为许多不可控的客观因素（例如，在团体项目中，不同位置的运动员所需的最大力量水平不同，相同位置的运动员由于生物力学因素的差异，其最大力量水平会有所不同）会影响专项运动对运动员的力量需求。基于肌肉平衡的观点，研究表明，无论是个人项目还是团体项目的运动员，需要至少能够深蹲2倍体重作为其发展爆发力的基础。对肌肉上下平衡的建议有：①下肢力量。背蹲/体重：男子2∶1，女子1.5∶1。蹬伸髋/体重：2.5∶1。②上肢力量。卧推/体重：男子1.25∶1，女子0.8∶1。需要注意的是，如果对最大力量要求比较高的项目，运动员的力量水平要远高于这个肌肉平衡的标准。

2. 前后平衡

肌肉力量的前后平衡是指主动肌和拮抗肌的平衡。由于关节功能的差异，主动肌与拮抗肌应保持合理的比例。如果拮抗肌力量偏低，在快速运动中的突然加速、减速制动或有力的支撑时，容易出现拉伤的现象。例如，腘绳肌和股四头肌之间的肌肉失衡与常见的膝关节损伤有关。

3. 左右平衡

运动员的左右平衡对于运动表现及预防关节肌肉功能障碍有着积极的作用。人体肌肉的左右平衡应当关注腘绳肌、股四头肌、肱二头肌、肱三头肌以及单腿蹬伸及跳跃等多关节运动的左右侧肌群。一般左右肢体力量（非专项运动表现）差异不超过10%，如差异超过10%，应当对弱侧的肌肉进行力量训练。

（五）个性化原则

每一名运动员都是独一无二的，个性化的差异是普遍存在的。运动员的个性化特征包括性别、年龄、训练年限、力量水平、力量特征、技术特征等。体能教练员对运动员个性化特征了解越深刻、越全面，制订力量训练计划就会越有针对性和科学性。

练习的选择要体现个性化。并不是所有力量练习都适合于每一名运动员，需要根据运动员的特点进行选择和设计。例如，一名运动员的足背屈幅度很差，导致其在高杠深蹲时无法下蹲至标准幅度，此时就应该根据该运动员的特殊情况让其采用低杠位深蹲或箱式深蹲来保证下肢肌群的力量训练效果，同时减少由于足背屈不足所导致的膝关节和下背部损伤的风险。再如，膝关节不稳的运动员是不适合做高翻练习的，因为接杠缓冲动作加大了膝关节运动损伤风险，应当换作高拉练习或翻轮胎等没有膝关节缓冲动作的练习，同时应该制订膝关节不稳的干预方案，改善膝关节的稳定性。

切记，绝不能盲目模仿"专业训练计划"和成功选手套路。运动员对训练计划的反应高低在很大程度上是由遗传决定的，有些运动员适应得快（高反应者），有些则适应得很慢（低反应者），而遗传决定了起点和终点。因此，在设计力量训练计划时，体能教练员要考虑到不同类型人群的具体特征，通过对负荷强度、负荷量、频率和动作模式等多个变量的调整，最大限度地发挥每个人的潜能，这样才能优化最终的结果并确保不同的运动员都能对训练计划产生预期的适应性。

二、训练时期阶段目标的确定

力量训练目标建立的依据是运动项目评价、运动员评价以及所处的不同时期阶段目标的确定。

（一）运动项目评价

运动项目的评价就是确定项目的独特性，一般要做三个方面的分析：一是运动分析，通过分析了解身体和肢体的运动模式以及参与的肌肉群；二是生理学分析，通过分析认清该项目中力量、爆发力、肌肉体积以及肌肉耐力的重要程度；三是运动损伤分析，通过分析理解该项目常见的肌肉、关节损伤部位以及形成因素。

（二）运动员评价

对运动员的评价是一个相对复杂的工作，包括确定基本训练目标、评价运动员的训练状态以及损伤情况、进行一系列力量测试、评价测试结果等环节。训练状态是运动员当前的状况。训练状态评价包括对运动员的训练背景评估及运动医学专家对运动员新伤或旧伤是否会影响到训练所做的评估。训练背景评价应当包含当前训练的类型、从事系统训练的年限、先前训练的强度水平及力量训练技术的掌握情况。

（三）不同时期阶段目标的确定

抗阻训练的目标是在对运动项目的动力学和生理学分析结果、运动员的训练状态、运动员的测试结果以及运动员在赛季中的训练侧重点等因素的基础上确定的。一般来说，抗阻训练是需要按照渐进地由最初的力量训练适应到最后的爆发力提升的顺序开展的，即力量耐力、肌肉肥大、最大力量和爆发力。表2-14中列出不同训练时期力量训练的主要目标和训练比重。

表2-14　不同训练时期力量训练的主要目标和训练比重

赛季	专项训练	抗阻训练	抗阻训练目标
准备期	低	高	先期目标是提高肌肉耐力和肌肉肥大，获得解剖学适应，为后期的最大力量和爆发力训练奠定基础
赛前期	中	中	结合专项发展最大力量和爆发力或高强度力量耐力，主要根据项目特点而定
比赛期	高	低	保持爆发力或专项力量耐力
恢复期	随机	随机	保持健康状态，积极性恢复

力量耐力阶段也称为解剖适应期，该阶段也是一个预防运动损伤的时期，由于强度低，肌腱、韧带有一定时间的适应。如果力量训练直接进入肌肉肥大（肌肉生长）阶段，韧带、肌腱将可能成为训练和运动表现的限制因素，且增加损伤风险。体能教练员应该清楚的一点是，肌肉对负荷重量的适应仅需要几天，而肌腱、韧带的适应需要更长的时间，甚至是几个月。因此，对于青少年或力量训练的新手来说，解剖适应期是不可或缺的，这也是为什么力量训练要遵循渐进性负荷原则的重要生理机制之一。准备期的力量训练，如果跳过解剖适应期或负荷强度增加得太快，容易造成力量快速增长的假象，使肌腱和韧带处于更高的损伤风险之中。

值得注意的是，力量训练实践中并非严格遵循力量耐力、肌肉肥大、最大力量和爆发力的传统线性发展顺序，尤其是对于高水平运动员。例如，在准备期，虽然力量耐力作为该阶段的重点，但是不意味着不安排爆发力练习。为了保持肌肉的收缩速度，体能教练员应该适当安排爆发力的练习，但强度不应太大。同理，在肌肉肥大阶段也可以安排最大力量训练，只是最大力量训练的量和强度不应太高。

三、力量训练计划中的变量

（一）练习选择

力量练习有上百种动作可供选择，体能教练员应根据练习形式、动作迁移性、练习的风险与收益和训练目标为运动员选择最适合的力量练习动作，从而达到最佳的训练效果。

1. 练习形式

力量练习形式根据参与肌群的大小以及对运动专项的贡献程度分为核心练习（core exercise）、辅助性练习（assistance exercise）、结构性练习（structural exercise）和爆发式练习（power exercise）。核心练习是指募集的运动单位面积较大、涉及肌群较多，且包含两个或两个以上关节参与的多关节复合练习（如卧推、硬拉等）。由于几乎所有体育运动的技术动作都是多关节复合动作，所以核心练习在力量训练中处于重要地位。辅助性练习是指募集的运动单位面积较小，涉及单一肌群且仅包含一个关节参与的单关节练习（如肱二头肌弯举、负重提踵等）。由于单关节练习对运动表现的提升有限，所以辅助性练习处于力量训练的从属地位。但这并不是意味着不需要辅助性练习，辅助性练习通常用于损伤预防、康复以及准备活动的激活阶段。例如，棒球投手由于经常需要做爆发式肩关节内旋的技术动作，针对肩袖肌群（冈上肌、冈下肌、小圆肌和肩胛下肌）的辅助性练习就显得格外重要。需要注意的是，将抗阻练习分为核心练习或辅助练习时，通常将肩部的所有关节（盂肱关节与肩胛带关节）视为单一的复合关节。脊柱同样也被视为单一的复合关节，如进行卷腹与背伸练习时。结构性练习是指直接（如深蹲、挺举）或间接（如高翻、硬拉）对脊柱施加负荷的多关节练习。爆发式练习是指快速进行的结构性练习，如高翻、抓举、挺举以及弹道式的跳跃深蹲。结构性练习与爆发式练习属于核心练习的范畴。

2. 动作迁移性

力量练习动作与专项技术动作越相似，其动作迁移性（从力量练习中获得适应能够直接应用于专项技术动作中）就越高。例如，参与跳跃动作的下肢伸肌既可以采用坐姿蹬腿练习，也可以采用杠铃深蹲练习，但两个练习对于跳跃能力的作用是不同的。跳跃动作本身就是在身体直立的情况下完成的，而杠铃深蹲从生物力学和肌肉发力顺序上与跳跃更加相似，因此杠铃深蹲要比坐姿蹬腿更理想。此外，由于高翻具有快速发力的特点，而杠铃深蹲属于慢速力量练习，高翻比深蹲更容易形成迁移。

3. 练习的风险与收益

任何一个力量练习都可以从风险和收益两个方面分析。体能教练员和运动员正确识别力量练习的风险和收益，对于选择合理的练习非常重要。例如，卧推练习采用上臂与躯干夹角90°和45°至60°是训练中常见的，但是两者的训练风险和收益是不同的。90°时能有效地刺激胸大肌，被认为是胸大肌发展的强力练习。但是在该角度下，练习的风险非常大。当肩关节外展角变大，如达到90°时，会造成关节盂与肱骨头对齐变差，关节稳定性下降，增加了肩袖肌肉、肌腱的摩擦碰撞，易导致肩峰撞击综合征。夹角在45°至60°时，虽然对胸大肌相对于90°时刺激降低，但是风险大大降低。良好的练习动作在获得训练收益的同时，可以降低损伤风险。因此，体能教练员应结合收益与风险，规范技术，选择合理的练习。

4. 训练目标

力量训练的四大目标是肌肉耐力、肌肉肥大、最大力量和爆发力，而不同的训练目标需要最适合的练习。例如，对于一名需要增加肌肉横截面积并提升爆发力的运动员来说，应采用可变阻力练习，而不是超等长练习；而对于一名需要控制体重并提升爆发力的运动员来说，弹道式练习或举重衍生动作则优于离心练习。

（二）练习顺序

练习顺序是指对训练计划中的不同练习方式进行先后排序。尽管排序的方法有很多，但最关键的一点是前一个练习是否会对下一个练习产生不良影响。整体来说，正确的练习顺序要求运动员能够保证每个练习动作的质量和负荷量。常见的排序方法有以下四种。

1. 优先进行爆发式练习和其他核心练习

在一次力量训练课中，必须先进行爆发式练习（如高翻、挺举等），再进行其他核心练习或结构性练习，最后进行辅助性练习，这是由于爆发式练习对运动员的ATP-CP储备、神经兴奋性以及专注度有着非常高的要求，并且特别易于受疲劳的影响。如果运动员在疲劳状态下进行爆发式训练，不仅会降低技术动作质量，还会使损伤风险大大提高。此外，若当天的训练课中没有爆发式练习，则应先进行核心练习，后进行辅助性练习。

2. 交替进行上肢练习与下肢练习

交替进行上肢练习与下肢练习能够让运动员在每个动作之间得到充分的恢复，对于那些力量训练经验较少的运动员来说，这一点尤为重要，因为连续进行上肢或下肢的练习必定会引起相关肌群的疲劳，从而造成动作质量降低。并且，这种方法还适用于那些力量训练时间有限的运动员，不仅能够节省训练时间，还能够适度增强心肺耐力。此外，该方法并不适合将两个强度或难度相似的动作安排在一起，如卧推+深蹲。这是由于深蹲和卧推都会造成较大的疲劳程度，将其安排在一起可能会造成适得其反的效果。建议采用传统力量练习+"功能性"配对方式进行练习，如卧推+单腿硬拉、深蹲+单臂前推等。

3. 交替进行"推"和"拉"动作练习

能够增加每个动作之间恢复的另一种方法是将"推"类的动作和"拉"类的动作交替进行安排，如俯卧撑+引体向上、杠铃推举+杠铃划船、腿伸展+腿弯举等。这样安排可以使每个动作之间不会涉及相同的肌群，从而最大限度地降低疲劳程度。如果连续安排几个"拉"的动作（如引体向上、杠铃划船、哑铃划船等），虽然每个动作之间都有休息时间，但每个动作都涉及背阔肌和肱二头肌参与发力，会导致其过早地产生疲劳反应，从而影响后续动作的质量以及重复次数。此外，交替进行"推"和"拉"动作练习也适用于循环训练法。

4. 超级组和复合组

超级组（super set）是指两个动作涉及的肌群互为拮抗肌，如先做10次手臂弯举（肱二头肌），再做10次绳索下压（肱三头肌）。复合组（compound set）是指针对同一肌群安排两种不同的动作，如先做10次宽握正手引体向上，再做10次窄握反手引体向上。超级组和复合组仅适合单关节孤立练习或小肌肉群练习，常在增加肌肉横截面积或在训练课最后单独使用。

（三）负荷强度

力量训练的强度通常是指力量练习所使用的重量。练习重量具有个性化，所以负荷强度由最大力量百分比或最大重复次数进行量化。最大力量百分比和最大重复次数都对应一个具体重量。在实践中，力量训练的强度实际上是练习采用的重量。不同负荷强度产生特定的生理适应，负荷强度的安排取决于训练目标和当前所处的训练阶段。

1. 最大重复次数连续体

美国体能协会以1RM重量为基础提出最大重复次数连续体（repetition maximum continuum）的训练理念，为体能教练员提供了系统的力量训练负荷变量体系。图2-23显示连续最大重复次数的范围与不同训练目标之间的逻辑关系。例如，进行最大力量和爆发力训练，采用1~6RM的高强度，发展肌肉肥大采用6~12RM的中等强度，发展力量耐力则采用大于12RM的低强度是有效的负荷强度区间。不同的力量训练目标都对应有效的最大重复次数区间，但并不是说特定的RM强度对于其他训练目标不起作用，而是训练效果不如对应的强度更显著。值得注意的是，长期采用低强度的耐力训练，在训练初期有助于最大力量的提高，但适应后则失去最大力量的提升效果，甚至对最大力量有负面作用。

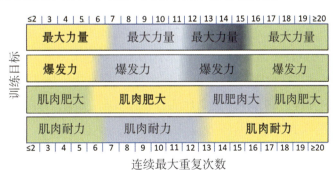

图2-23　最大重复次数连续体示意图

2. 最大重复次数

最大重复次数（repetition maximum，RM）是反映负荷强度的一种形式，是指最大努力下所能完成的重复次数。最大重复次数对应的是特定的重量，是反映力量负荷强度的重要形式，也是选择训练重复次数的参考依据。

最大力量百分比与最大重复次数呈负相关，即负荷强度越大，最大重复次数越少。研究已经证实，最大力量百分比和最大重复次数之间有确定的对应关系。表2-15是研究人员推导出来的负荷强度（最大力量百分比）和最大重复次数关系的理论模型，为体能教练员选择训练重复次数提供了参考。需要注意的是，最大力量百分比和最大重复次数两者之间的关系不是一成不变的，而是受训练水平、训练状态、动作速度、性别、个体差异等因素的影响，在既定的负荷强度（最大力量百分比或最大重复次数）下，可以完成的最大重复次数在个体之间存在很大的可变性。

表2-15　最大力量百分比与最大重复次数的对应关系

最大力量百分比（%1RM）	最大重复次数（RM）
100	1
95	2
93	3
90	4
87	5
85	6
83	7
80	8
77	9
75	10
70	11
67	12
65	15

力竭式训练（training to repetition failure）是指重复完成同一练习，直到无法继续完成的一种训练形式。力竭式训练在肌肉耐力训练和肌肉肥大训练中较为常见，而在最大力量和爆发力训练中则较少采用。原因是疲劳和代谢物积累不是最大力量增加的关键刺激。力竭式训练并不能有效增加最大力量和爆发力的训练收益，反而可能导致过度训练或运动损伤。

力竭式训练的特点是多次重复、每次重复之间没有间歇、组间间歇2~5 min。随着重复次数的累积，肌肉内的ATP-CP含量越来越低，乳酸堆积则越来越多，一定程度的疲劳积累将导致最后几次重复的功率输出降低，进而对最大力量和爆发力训练的效果产生负面影响。有研究发现，采用负荷强度为80%1RM的高翻练习，每组重复6次、每次重复之间无间歇，第6次重复比第1次重复的峰值功率降低15.7%。

3. 预测1RM

最大重复次数可以作为最大力量预测的方法。通过最大力量百分比和最大重复次数的对应关系，根据运动员能够完成某个重量的最大重复次数可以预测运动员的最大力量。其公式为，1RM=既定重量/最大重复次数对应的最大力量百分比。例如，一名运动员能够使用85 kg卧推6次，根据表2-15中所示的对应关系，能够完成6次的强度对应着85%1RM，那么该运动员1RM=85 kg/85%=100 kg。通过该方式推算1RM的益处是能够避免频繁测试1RM所带来的额外疲劳以及1RM测试自身所固有的损伤风险。

但需要额外注意的是，在使用该方法推算1RM时，尽量不要选择较低的1RM百分比，这是因为随着重复次数的逐渐增多，负荷强度降低，供能系统和运动单位募集的相应改变（磷酸原供能转为糖酵解供能，大的运动单位募集转为小的运动单位募集），对最大力量的反映程度降低。鉴于此，为了最大限度地提升最大力量预测的准确性，建议采用90%～85%的强度（4RM～6RM）推算1RM。

4. 重复次数

重复次数是指在一组练习中运动员可重复完成的数量，是力量训练中的重要变量。重复次数是由训练目标和负荷的强度决定的，当目标和强度确定后，重复次数也就基本确定了。重复次数与最大重复次数是不同的。重复次数依据训练目标与负荷强度（最大重复次数、最大力量百分比）确定，可能安排最大的重复次数，也可能安排较低的重复次数。而最大重复次数虽然有最大的重复次数的含义，但实际上是强度的形式，切莫混淆。尤其是在最大力量或爆发力的训练中，一般不采用最大的重复次数，即力竭式训练。因为力竭式训练会导致一组练习中的最后阶段的练习中枢神经兴奋性降低和一次性募集运动单位数量降低，所以，应使用一定的重复次数"缓冲"来保证每次练习的质量。例如，当最大力量百分比为85%时，理论上的最大重复次数为6次，但实际每组的重复次数可能仅为2～4次。需要注意的是，当发展最大力量的神经和肌肉双重适应时，也可采用力竭式训练法，既可以改善神经–肌肉协调，又可以促进肌肉肥大。

苏联著名举重教练普列利平建立了负荷强度和重复次数对应关系的普列利平表，为重复次数的设计提供了参考。此外，他还结合对运动员举重技术和动作速度的观察，确定了运动员所达到的最佳重复次数。表2–16是普列利平根据大量优秀举重运动员的训练日志创立的，其被举重和其他运动项目的力量训练所借鉴，并产生深远的影响。体能教练员在发展运动员最大力量和爆发力时，应采用非力竭式训练设计，强调每一次练习的动作速度和质量。遗憾的是，一些体能教练员混淆了最大重复次数与重复次数这两个概念，导致了最大力量和爆发力训练中，出现过多采用最大重复次数的错误现象。

表2-16　普列利平表

1RM百分比	重复次数
55～65	3～6
70～80	3～6
>80～90	2～4
>90	1～2

5. 动作速度

力量训练的变量（如负荷强度、组数、间歇时间、运动速度等）取决于特定的训练目标。例如，旨在发展肌肉肥大时，动作速度是缓慢的、平稳的，是为了保证在整个动作范围内肌肉的持续激活，也为了保持正确的动作模式。此外，为了培养运动员通常需要的爆发力，运动员被要求以尽可能快的肌肉收缩来完成动作，以达到专项所需的动作速度，并激发出最大的功率输出。

动作速度是影响最大力量百分比和最大重复次数两者之间关系的重要因素。相较于较慢的动作，举重运动员快速地举起杠铃，需要更大的力量。因此，动作速度可能是预测负荷重量与重复次数的一个重要变量。例如，在既定的重量下，较快的动作速度会减少能够重复的次数，而在超等长练习中，则是更快的动作速度可以增加重复的次数。既然运动速度影响着最大力量百分比和最大重复次数，那么动作速度也应当是反映负荷强度变化的变量。例如，在爆发力训练时，80 kg的重量可能是4RM，也可能是5RM，这取决于运动员的动作速度，而不是80 kg所对应的最大力量百分比和最大重复次数。

基于速度的力量训练一个重要的贡献就是，在最大力量和爆发力训练中，通过控制动作速度确定负荷强度，以弥补用最大力量百分比或最大重复次数在确定负荷强度方面的不足。

6. 努力指数

运动员所能举起的重量与运动员的努力程度相关。因此，有学者提出努力程度的概念，并采用努力指数（effort index）代替举起的重量来反映负荷强度，并作为负荷监控变量。努力指数 =最大速度×组间平均速度衰减率。例如，3组卧推练习，最大速度=0.82 m/s，3组练习的组间速度衰减率分别为30%、28.7%、30.4%，组间平均速度衰减率=29.7%，努力指数=24%。研究发现，努力指数与纵跳、表面肌电、血乳酸水平高度相关（r=0.92、0.93、0.91，$p < 0.001$），努力指数不仅可以量化力量训练课整体努力程度，还可以用于预测练习者的神经-肌肉疲劳状态，并为体能教练员提供量化整体负荷的简便计算方式。

根据人体测量学的解释，平均速度代表着不同的努力程度。为每个运动员创建单独的负荷-速度曲线至关重要，尤其是在团队项目中，因为运动员在人体测量学方面存在很大的差异。这在篮球等运动中尤为重要，因为运动员的肢体长度有很大的差异。例如，两名运动员在卧推中可以0.8 m/s的相对负荷（最大力量百分比）举起相同重量的杠铃，但选手A杠铃的位移为0.35 m，选手B杠铃的位移为0.6 m，这说明运动员B与运动员A虽然速度相同，但却花费了两倍的时间（运动员B需要0.75 s，运动员A仅需要0.43 s）。因此，运动员B在紧张状态下花费的时间更多，这意味着在相同速度下，运动员B的整体努力程度会比运动员A要高。

7. 训练目标与负荷强度和重复次数

负荷强度高、重复次数少的训练有助于发展最大力量和爆发力，负荷强度低和重复次数中等的训练有助于增加肌肉横截面积，负荷强度低、重复次数高的训练有利于发展肌肉耐力。表2-17给出力量训练目标、负荷强度和重复次数的建议。

表2-17 不同训练目标对负荷强度和重复次数的要求

训练目标		负荷强度（最大力量百分比，%1RM）	重复次数（RM）
最大力量		≥85	≤6
爆发力	一次性用力项目	80～90	1～2
	多次性用力项目	75～85	3～5
肌肉体积		67～85	6～12
肌肉耐力		≤67	≥12

重复次数可以根据训练目标来确定，在发展最大力量和爆发力时，体能教练员会选择高强度、低重复次数的训练安排；在发展肌肉肥大或力量耐力时，常采用中低强度、最大重复次数的训练安排。如果训练目标侧重最大力量的神经适应，可选择2～4次的重复，以保证每一次练习的质量，尤其是肌肉收缩速度。如果强调最大力量的神经与肌肉的共同适应，则可以选择4～5次的重复。如果选择最大重复次数6次时，第二组最后的练习无法靠自身独立完成，可由监护者辅助完成。

重复次数的确定也应体现专项性。例如，举重运动员和力量举运动员在发展最大力量的重复次数上也有差异。力量举运动员由于对肌肉收缩速度要求不如举重运动员高，可能会选择较高的重复次数。总之，以强调功率输出为目标的练习，应选择目标重复次数内的低重复次数，当然也可以选择目标重复次数内的高重复次数。

然而，在爆发力训练实践中，高、低强度混合的爆发力训练也较常见。其原因可能是不同强度的爆发力练习有不同的生理机制和神经-肌肉适应。但是，竞技项目的专项性要求爆发力训练应该明确一个主要的负荷区间为主体负荷强度，并穿插其他高、低强度的训练，而不能本末倒置。

值得注意的是，表2-17只是核心练习/多关节练习的建议，对辅助练习/单关节练习不适用。此外，作为体能教练员在制订力量训练计划时的重要参考，它只是一个指南，而不是一成不变的。体能教练员可以采用GymAware力量功率测评系统、EliteForm速度力量训练反馈系统、Tendo Unit爆发力与速度反馈系统来调整负荷强度、重复次数或负荷量。例如，通过速度衰减率监控重复次数，当达到所需的速度损失百分比（如15%，30%或40%）时，应停止每组的重复。如果没有训练监控条件，体能教练员可以通过观察运动员完成练习的动作速度和难易程度确定是否调整负荷强度、重复次数或负荷量，这也是高水平体能教练员必备的技能。

8. 训练负荷强度的渐进

体能教练员掌握负荷增加的时机和幅度是贯彻渐进负荷原则的重要体现。随着运动员对训练刺激的适应，训练的负荷强度应不断提高，同时应加强运动员的训练监控并记录运动员对训练的反应。

（1）负荷增加的时机

"2-2原则"是增加负荷的一种保守方法。运动员在某一种负荷强度下，连续2次训练课的最后一组，能够比目标重复次数多做2次，负荷强度就应该增加。例如，体能教练员安排运动员做卧推练习，强度是10RM，共做3组。几次训练课后，运动员能够在连续2次训练课的第3组卧推练习中推起12次，运动员的卧推负荷强度在下一次训练课时应增加。注意，负荷强度增加后重复次数不变。

（2）负荷强度增加的幅度

运动员的身体形态、力量水平、训练经验、练习类型都是影响负荷增加幅度的因素。因此，要明确具体增加的幅度是非常困难的。负荷增加幅度也一直以来困惑着体能教练员，表2-18为负荷增加幅度提供了一些参考。切记，当体能教练员不能确定增加幅度时，尽量选择较小的增幅。

表2-18 负荷强度增加幅度的参考建议

运动员身体个性化特征	身体部位	负荷增加的估计值/kg
身高高、瘦弱、最大力量水平低、初级、多关节[①]	上肢	1~2
	下肢	2~5
身高矮、粗壮、最大力量水平高、高级、单关节[②]	上肢	2~5
	下肢	5~7

注：①负重重心高（推举、挺举）的增幅小，重心低（卧推、俯身提拉）增幅大。
　　②单关节大肌群（臀推）增幅大，小肌群（负重提踵）增幅小。

（四）负荷量

负荷量是指在一次训练中所举起的总重量，其计算公式为：负荷量=组数×次数×重量。例如，一名运动员在一次训练课中卧推100 kg/5组，每组5次，那么他的负荷量为100 kg×5×5=2500 kg。通常来说，负荷量与负荷强度存在反比关系，并取决于训练目标的具体需求。例如，当训练目标为发展力量耐力时，应采用低负荷强度与高负荷量相结合的方式；当训练目标为发展最大力量时，应采用高负荷强度与低负荷量相结合的方式。有研究发现，当运动员已达到最大重复，即力竭时，无论再采用强制重复（forced repetitions）还是额外增加组内负荷量的方式，都不能进一步提高最大力量的增益。这一发现也对有中等力量训练经验的年轻运动员采用强制重复增加负荷量的有效性提出质疑。

为了获得理想的训练效果，理论上应为运动员安排最适合的负荷量，但由于负荷量的安排还受其他各种因素的影响（如训练状态、营养情况和疲劳程度等），因此在实际的操作环节，常使用普列利平表对负荷量进行相应的调整。例如，当负荷强度为75%~85%时，其最佳负荷量为15次，重复次数和组数可能为5×3。当运动员训练状态不佳时，为了保证训练效果，可将负荷量调整为10次，重复次数和组数则可相应地调整为5×2。此外，如表2-19所示，在总负荷量范围中，最低值对应的是低负荷量，最高值则是高负荷量。值得注意的是，重复次数和负荷量应根据训练目标设定，根据运动员训练状态实时调整。

表2-19　抗阻力量训练的最佳总量与范围

最大力量百分比	最大重复次数	最佳总负荷量/次	总负荷量范围/次	训练目标
45~55	50~35	100	50~150	肌肉耐力
55~65	35~20	24	18~30	肌肉耐力、爆发力
65~75	20~10	18	12~24	肌肉肥大、爆发力
75~85	10~6	15	10~20	肌肉肥大、爆发力
85~95	6~3	10	6~14	最大力量、爆发力
95~100	3~1	7	4~10	最大力量

（五）间歇

间歇是指组与组之间或每个练习之间的休息时间。合理的间歇既可以节省训练时间，提高训练效率，也有利于训练目标的实现，还能提升运动员练习积极性，获得良好的训练效果。

间歇的长短主要是由训练目标决定的（表2-20）。训练目标确定也就决定了训练的强度和重复次数，因此训练目标与负荷强度和重复次数常被看作一个因素。当训练目标为发展最大力量和爆发力时，较短的间歇会导致ATP-CP系统不能完全恢复，从而使运动员无法维持每组的输出功率，因此间歇要尽量长一些（2~5 min）。当训练目标为提升力量耐力时，高负荷量结合较短的间歇可以刺激身体产生耐力方向的适应（如增加线粒体密度、提高乳酸耐受性等）。此外，由于短间歇能够刺激生长激素的分泌，但会降低总负荷量，因此，当训练目标为肌肉肥大时，间歇长短取决于运动员自身的恢复能力和训练状态。

表2-20　训练目标与间歇

训练目标		间歇	注意的问题
最大力量		2~5 min	恢复充分，保证每次练习的质量
爆发力	一次性用力项目	2~5 min	恢复充分，保证每次练习的质量，保障多次性用力、爆发力练习的磷酸原系统供能
	多次性用力项目		
肌肉肥大		30 s~1.5 min	不完全恢复，强化练习密度，肌肉刺激深刻，生长激素分泌增强
肌肉耐力		≤30 s	不完全恢复，强调低强度持续用力

（六）训练频率

训练频率是指在一周内安排力量训练的次数，或者运动员进行全身性训练的频率。通常来说，如果运动员肌体能够恢复充分，并能排除外界不良因素（如压力、睡眠及心理等）的影响，那么训练频率越高，训练效果越明显。

1. 训练频率的影响因素

力量训练频率受到训练阶段、运动员训练水平、训练频率、预期的训练负荷、练习类型和其他训练负荷（如技能训练、速度、耐力、灵敏等）的影响（表2-21）。训练水平高的运动员可以根据训练目标设计安排每周2次或更多次的力量训练，而运动训练水平低的运动员一般采用每周2~3次的安排。力量训练负荷高，恢复时间就会相应延长。如果在训练中交替安排低负荷和高负荷的训练，可以适度增加训练频率。

训练频率受到训练负荷总量的影响。例如，其他训练内容的训练负荷高，也会延长力量训练的恢复时间。练习类型的差异导致恢复时间也存在差异。高负荷训练后，大肌群参与的练习较小肌群恢复时间要长，多关节练习较单关节练习的恢复时间要长，下肢较上肢恢复的时间要长。这也是力量举运动员每周只安排一次高负荷的硬拉或深蹲训练课的原因。在力量训练实施过程中，体能教练员还应考虑运动员的肌体恢复状况，适当调整训练频率。

表2-21　不同训练阶段、训练水平的训练负荷及训练频率安排

训练阶段	训练水平	训练频率（次/周）	预期训练负荷	训练频率
非赛季	初级	2~3	高	低
赛季前	中级	3~4	中	中
赛季中	高级	4~7	低	高

2.训练频率的类型

对于同一肌群的力量训练，如全身性力量训练，一般是在2次训练课之间安排至少间隔1天的休息或恢复，但不得超过3天。例如，体能教练员想要安排每周2次的抗阻力量训练课，2次课需均衡安排（安排在周一、周四或周二、周五）。如果安排在周一和周三训练，可能因周四至下周一缺乏训练刺激而导致训练水平下降。当然，在短时间内，训练有素的运动员每周训练1次足以使肌肉力量得到维持，但是当以增加最大力量和提升运动表现为目标时，运动员的力量训练至少需要保持每周2次。

对于不同肌群的力量训练，训练水平高的运动员可以安排更多训练频次，甚至增加到6~7次。常采用分割法在不同的训练日训练不同部位的肌肉（表2-22）。

表2-22　常见力量训练身体部位分割法

训练日	身体部位	周日	周一	周二	周三	周四	周五	周六	频次
1	下肢		√			√			4次
2	上肢			√			√		
1	胸、肩、肱三头肌		√			√			5次
2	下肢			√				√	
3	背、斜方肌、肱二头肌				√				
1	胸、背	√				√			6次
2	下肢		√				√		
3	肩、手臂			√				√	

此外，力量训练还有自身的技术要求，如杠铃、哑铃以及力量训练器械练习所包含的握法、最佳的身体姿势、关节活动范围、运动速度、呼吸方法、佩戴举重带以及保护技术等。力量训练技术的规范程度与训练质量和受伤概率密切相关，应当重视。

○ 参考文献

[1] AAGAARD P, SIMONSEN E B, ANDERSEN J L, et al. Neural inhibition during maximal eccentric and concentric quadriceps contraction: effects of resistance training[J]. Journal of Applied Physiology, 2000, 89 (6): 2249–2257.

[2] AAGAARD P, SIMONSEN E B, ANDERSEN J L, et al, Neural adaptation to resistance training: changes in evoked V-wave and H-reflex responses[J]. Journal of Applied Physiology, 2002, 92 (6): 2309–2318.

[3] ANDERSON K G, BEHM D G. Maintenance of EMG activity and loss of force output with instability[J]. The Journal of Strength & Conditioning Research, 2004, 18 (3): 637–640.

[4] FISH D E, KRABAK B J, Johnson-Greene D, et al. Optimal resistance training: comparison of DeLorme with Oxford techniques[J]. American journal of physical medicine & rehabilitation, 2003, 82 (12): 903–909.

[5] GOLDBERG A L, ETLINGER J D, GOLDSPINK D F, et al. Mechanism of work-induced hypertrophy of skeletal muscle.[J]. Medicine and science in sports, 1975, 7 (3): 185–198.

[6] HENRY F M, SMITH L E. Simultaneous vs. separate bilateral muscular contractions in relation to neural overflow theory and neuromotor specificity[J]. Research Quarterly. American Association for Health, Physical Education and Recreation, 1961, 32 (1): 42–46.

[7] HICKSON R C. Interference of strength development by simultaneously training for strength and endurance[J]. European Journal of Applied Physiology and Occupational Physiology, 1980, 45 (2–3): 255–263.

[8] HUXLEY A F, NIEDERGERKE R. Structural changes in muscle during contraction: interference microscopy of living muscle fibres[J]. Nature, 1954, 173 (4412): 971–973.

[9] JOVANOVIĆ M, FLANAGAN E P. Researched applications of velocity based strength training[J]. Journal of Australian Strength & Conditioning, 2014, 22 (2): 58–69.

[10] KEOGH J, PAYNE A, ANDERSON B, et al. A brief description of the biomechanics and physiology of a strongman event: The tire flip[J]. Journal of Strength & Conditioning Reaserch, 2010, 24 (5): 1223–1228.

[11] KRAVITZ L. The fitness professional's complete guide to circuits and intervals[J]. IDEA today, 1996, 14 (1): 32–43.

[12] KRISHNASWAMY S. Effect of complex and contrast resistance and plyometric training on selected strength and power parameters[J]. Journal of Experimental Sciences, 2011, 1 (12): 12-13.

[13] KUBO K, KANEHISA H, Yata H, et al. Effects of isometric squat training on the tendon stiffness and jump performance[J]. European journal of applied physiology, 2006, 96 (3): 305–314.

[14] KUBO K, KOMURO T, ISHIGURO N, et al. Effects of low-load resistance training with vascular occlusion

on the mechanical properties of muscle and tendon[J]. Journal of applied biomechanics, 2006, 22 (2): 112–119.

[15] LÜTHI J M, HOWALD H, CLAASSEN H, et al. Structural changes in skeletal muscle tissue with heavy-resistance exercise[J]. International journal of sports medicine, 1986, 7 (3): 123–127.

[16] MACDOUGALL J, SALE D G, ELDER G C, et al. Muscle ultrastructural characteristics of elite powerlifters and bodybuilders[J]. European journal of applied physiology and occupational physiology, 1982, 48 (1): 117–126.

[17] MANG Z, BEAM J, KRAVITZ L. Pyramid resistance training programs: which style is most effective?[J]. ACSM's Health & Fitness Journal, 2021, 25 (6): 28–32.

[18] RATAMESS N A, KRAEMER W J, Volek J S, et al. The effects of amino acid supplementation on muscular performance during resistance training overreaching[J]. The Journal of Strength & Conditioning Research, 2003, 17 (2): 250–258.

[19] SCRIPTURE E W, SMITH T L, Brown E M. On the education of muscular control and power[J]. Stud Yale Psychol Lab, 1894, 2 (5).

[20] TESCH P A. Skeletal muscle adaptations consequent to long-term heavy resistance exercise.[J]. Medicine and science in sports and exercise, 1988, 20 (5 Suppl): S132-S134.

[21] VAN ZUYLEN E J, GIELEN C C, DENIER VAN DER GON J J. Coordination and inhomogeneous activation of human arm muscles during isometric torques[J]. Journal of Neurophysiology, 1988, 60 (5): 1523–1548.

[22] VANDERVOORT A, SALE D, MOROZ J. Comparison of motor unit activation during unilateral and bilateral leg extension[J]. Journal of applied physiology, 1984, 56 (1): 46–51.

[23] VERKHOSHANSKY Y, SIFF M C. Supertraining[M]. 6th ed. Rome: Verkhoshansky Publishing, 2009.

第三章
反应力量训练原理与方法

本章学习目标

- 理解反应力量及其相关概念。
- 掌握反应力量训练的基本原理。
- 掌握反应力量训练设计。
- 了解反应力量训练相关的安全因素。

反应力量训练
原理与方法

第一节　反应力量训练基本原理

一、反应力量及相关概念

（一）反应力量

反应力量是指肌肉快速拉长或受到冲击力的情境下，肌肉利用弹性能量的储存与再释放，以及神经反射性调节，由离心收缩快速向向心收缩转变所爆发出的力量。快速拉长、快速收缩以及缓冲肢体所承受的冲击力是反应力量的基本内涵。反应力量水平高的运动员可以在具有冲击力的运动情境下，更好地克服阻力，以获得更长的腾空时间或更高的腾空高度，提升自身运动表现。

由于反应力量与肌肉力量的生理机制不同，因此自20世纪70年代以来，反应力量被一些学者列为一种相对独立的，与最大力量、爆发力和力量耐力并列的力量素质。

肌肉力量是反应力量的重要影响因素，但下肢刚度、牵张反射的增强效应及腱器官反射的抑制作用也是不容忽视的。值得注意的是，针对优秀运动员采用最大力量训练来提高反应力量需要慎重。对于最大力量利用水平不高的运动员而言，继续通过发展最大力量尤其是运用肌肉适应（相对于神经适应）的训练策略，有可能会成为反应力量发展的阻碍。由于跳跃技巧在一定程度上影响着反应力量，因此，有学者认为反应力量不仅仅是一种重要的运动素质，还是一种特殊的动作技能，跳跃相关的动作技能学习对反应力量的作用不容忽视。

从概念的视角来看，超等长练习和反应力量是两个不同的概念，超等长练习更侧重于指代练习，而反应力量更侧重于完成超等长练习的能力。换句话说，反应力量是超等长练习的目的。

（二）反应力量指数

反应力量指数（reactive strength index, RSI）和反应力量比（reactive strength ratio, RSR）是反映反应力量特征的重要指标。反应力量指数是跳跃高度与触地时间的比值，反应力量比是腾空时间与触地时间的比值。上述两项指标只能在具有可识别的地面接触时间的跳跃任务（通常在跳深测试中进行收集）中计算反应力量。反应力量修正指数（RSI-mod）

用于计算脚已经与地面接触的跳跃动作中的反应力量（如纵跳），一般通过无负重的反向纵跳进行测试，其计算公式为：RSI-mod=跳跃高度/跳跃的蹬伸到离地的时间。

体能教练员应当结合专项运动特点，明确运动员的反应力量需求，通过相应的测试与评估，确定反应力量的训练策略。例如，最大反应力量对于短跑运动员非常关键，快而有力的触地蹬伸是获得最大地面反作用力的关键。而拳击和击剑运动员对反应力量的需求相对较低。对于反应力量要求较高的运动项目，体能教练员应明确运动员的反应力量水平。在日常训练中，体能教练员应根据运动员当前的反应力量水平，循序渐进地开展反应力量训练。表3-1列出了不同反应力量指数的5个等级以及训练注意事项，为确定反应力量训练策略提供参考。

表3-1 反应力量指数阈值表

反应力量指数	反应力量等级	训练注意事项
<1.5	低反应力量能力	不能进行中等强度的超等长练习； 主要目标为发展基础力量、基本的超等长练习技巧
1.5～<2.0	中等反应力量能力	能够进行中等强度的超等长练习； 主要目标为提高反应力量
2.0～<2.5	较好的反应力量能力	可以进行大强度的超等长练习
2.5～<3.0	高反应力量能力	在这个范围内，一些运动员的反应力量提升速度降低
≥3.0	优秀运动员反应力量能力	反应力量很难进一步提高

（三）超等长练习

超等长练习（plyometrics）也称快速伸缩复合练习，指肌肉在快速离心收缩之后立即进行快速有力的向心收缩，利用肌腱弹性、肌肉收缩性、牵张反射和高尔基腱器等神经反射机制，产生更大力量的训练形式。超等长练习的生理学本质是拉长-缩短周期（stretch-shortening cycle，SSC）。人体在完成跑、跳、投等动作时，骨骼肌会受到强有力的冲击或拉力的作用，肌肉需完成离心收缩到向心收缩的运动周期，形成了人体肌肉活动的一种自然运动形式。

超等长练习注重完成动作时的速度，是连接力量训练（力）和运动表现（功率）的桥梁。通过超等长练习可以获得以下适应：整合神经肌肉刺激，改善肌肉内协调；降低高尔基腱器的兴奋度，兴奋度降低将不会阻止肌肉的最大或次最大收缩（肌张力反射抑制）；带来更大的弹性能量储存、更快的肌肉收缩，提高神经-肌肉的工作效率；强化肌腱、腱膜和肌肉内部的结缔组织。

（四）超等长练习的分类

1. 根据肢体是否承受冲击力分类

根据肢体是否承受冲击力，超等长练习分为冲击性超等长练习和非冲击性超等长练习两大类。冲击性超等长练习的特点是：练习有反向肌肉动作且有额外的外力冲击，如跳深、跨步跳等。非冲击性超等长练习的特点是：练习有反向肌肉动作但没有额外的外力冲击，如立定跳、纵跳等。在冲击性超等长练习的离心阶段，下落的身体与外部物体之间的碰撞所引起的冲击极为强烈。根据支撑器官承受冲击力的程度，冲击性超等长练习分为低冲击性超等长练习和高冲击性超等长练习两类。低冲击性超等长练习的特点是：身体腾空或下落高度低（如跳绳、短跑等），适用于追求动作速度的运动项目。高冲击性超等长性练习的特点是：身体的下落高度较高（如跳深和跨步跳等），适用于在肢体受到高冲击力的作用下，最大限度用力/高功率输出的运动项目。

2. 根据触地缓冲时间分类

根据触地缓冲时间（ground contact times），超等长练习分为快速超等长练习和慢速超等长练习两类。触地缓冲时间 < 250 ms 的为快速超等长练习，如冲刺跑、跨步跳等；触地缓冲时间 ≥ 250 ms 的为慢速超等长练习，如反向纵跳、静蹲跳等。

体能教练员在制订更具专项性的超等长训练计划时，应充分考虑动作的触地缓冲时间。由表3-2可以看出，冲刺跑触地缓冲时间很短，属于快速超等长练习，有学者指出冲刺跑练习是一种"高级"的力量练习形式。反向纵跳和静蹲跳的触地缓冲时间较长，属于典型的慢速超等长练习。跳深练习的触地缓冲时间变化跨度较大，主要是受到跳深高度及个人缓冲外部冲击力的能力的影响。跳深练习随着高度的增加，缓冲时间会变长，但如果缓冲时间过长就失去了跳深练习的意义。因此，在进行跳深练习时，强调触地缓冲时间短是非常必要的，不能因为过大的缓冲幅度而导致弹性能被转化为热能消耗掉。

值得注意的是，慢速和快速超等长动作模式以及生物力学机制存在差异，测试和训练时要结合专项特征选择和设计练习。研究指出，慢速超等长练习对快速超等长动作的促进作用是有限的。对于触地缓冲时间较短的运动项目（如短跑），跨步跳是更适合的超等长练习。而对于越野滑雪等触地缓冲时间较长的运动项目，反向纵跳、立定跳远可能会更适合。

表3-2　不同超等长练习的触地缓冲时间

练习	触地缓冲时间/ms	超等长练习类型
冲刺跑	80～100	快速超等长练习
跨步跳	220	快速超等长练习
静蹲跳	400	慢速超等长练习
反向纵跳	500	慢速超等长练习
跳深	130～300	快速超等长练习/慢速超等长练习

二、反应力量的影响因素

（一）拉长-缩短周期

人体在完成跑、跳、投等动作模式时，骨骼肌会受到周期性冲击或拉力的作用，肌肉在外力作用下先进行被动离心收缩，紧接着进行主动向心收缩。这种被动离心收缩和主动向心收缩的结合，构成了肌肉活动的一种自然形式，称为拉长-缩短周期。

通常情况下，一个完整的拉长-缩短周期动作可分为离心收缩阶段、缓冲阶段和向心收缩阶段三个阶段，图3-1以纵跳的拉长-缩短周期为例进行介绍，三个阶段对应的生理活动见表3-3。

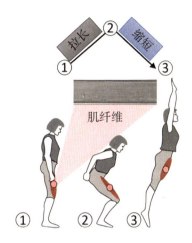

图3-1　纵跳的拉长-缩短周期

注：①离心收缩阶段是从直立的准备姿势到开始屈髋、屈膝；②缓冲阶段是离心阶段至向心阶段的过渡，快速但没有产生运动；③向心收缩阶段包括整个蹬地发力时间，直至足部离开地面。

表3-3　拉长-缩短周期对应的生理活动

阶段	阶段别称	动作特征	生理现象
①离心收缩阶段	加载阶段；减速阶段；退让阶段	主动肌肌群被拉长	串联弹性成分（seral elastic component，SEC）储存弹性能量，肌梭得到刺激
②缓冲阶段	耦合阶段；转换阶段	第1阶段和第3阶段之间的停顿	信号通过Ia，型传入神经纤维传导，然后通过其与脊髓内的神经元形成的突触，将信号传递给α神经元，向主动肌群传递信号
③向心收缩阶段	去载阶段；推离阶段	主动肌肌群收缩	储存在SEC中的能量释放；α运动神经元刺激主动肌肌群，导致肌肉反射性地向心收缩

（二）力学模型

由于拉长-缩短周期是肌肉中弹性能与神经反射性调节所爆发出的力量的总和，因此主要涉及力学模型和神经生理学模型。反应力量训练增强效应的机制至今仍存在争议，但肌肉的神经反射（如牵张反射和腱器官反射）和肌肉肌腱单元中弹性能量的储存和再利用是普遍认可的两种主要机制。

人体肌肉（包括肌腱在内）属于一种黏弹性物质，黏弹性物质在受到迅速而剧烈的牵拉伸长时，能够产生弹性回缩力。而黏弹性物质如果是缓慢地被拉伸或者拉伸以后停顿一段时间，它就会出现松弛现象，其弹性回缩力就会大大降低。

在力学模型中，肌腱部分的弹性势能在外力快速拉伸的作用下增加并得到储存。希尔模型（Hill model）提供了一个很好的描述（图3-2），该模型有助于理解骨骼肌的行为。在力学模型的众多成分中，SEC对反应力量表现的贡献最多，构成SEC的大部分组织是肌腱和腱膜。这种现象可以看成近似弹簧的作用，当肌肉-肌腱复合体被拉长时，SEC就像弹簧一样被拉长，在此过程中弹性能量被储存在肌腱组织中。如果肌肉在离心肌肉动作后立即开始进行向心收缩，则SEC可以通过自然的回缩将肌肉和肌腱恢复到其拉伸前的位置，同时释放先前储存的弹性势能，从而通过肌肉、肌腱的回弹来为总力量的产生做出贡献，以提高向心收缩阶段的力量以及运动的效率。如果在离心动作之后肌肉没有立即进行向心收缩，或者离心阶段太长需要围绕给定关节做太大的运动，那么所储存的能量就会以热量的形式流失。因此，反应力量训练强调肌肉的快速拉伸和快速收缩，就是为了充分利用肌肉黏弹性的力学特征。

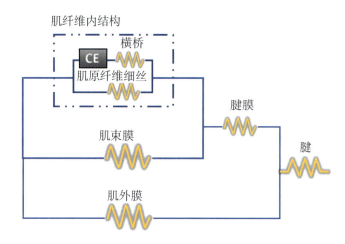

图3-2　肌纤维、腱膜、肌膜和筋膜结合构成的形态学肌肉模型示意图

注：串联弹性成分（腱膜和腱）在被拉伸时存储所产生的力的弹性能量。在向心收缩过程中，收缩成分CE（肌动蛋白、肌球蛋白）是肌力的主要来源，并联弹性成分（肌束膜、肌外膜）通过非刺激性的肌肉伸展产生被动的肌力。

（三）增强-抑制模型

1. 牵张反射

反应力量中涉及到的反射成分主要由肌梭活动组成，肌梭是分布于骨骼肌中的本体感觉器官，对牵拉的速度和幅度很敏感，主要负责监测肌肉的长度变化和牵拉刺激，并改变Ia型传入纤维的放电频率。运动中，当肌肉在外力作用下被动拉长，分布于骨骼肌中的肌梭受到快速伸展的刺激，从而引起肌肉的反射性收缩（牵张反射），其具体神经机制如图3-3所示。

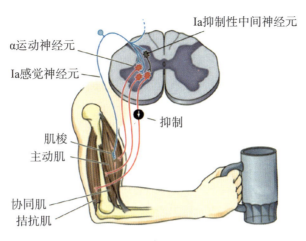

Ia抑制性中间神经元

α运动神经元

Ia感觉神经元

抑制

肌梭
主动肌

协同肌
拮抗肌

图3-3 牵张反射

注：牵拉肌梭会导致Ia感觉神经活动增加，进而使得：①支配主动肌的α运动神经元的活动增加，提高主动
肌的收缩力量；②激发支配协同肌的运动神经元，提高协同肌的收缩力量；③通过干预Ia抑制性中间神经元
神经元（灰色神经元），间接抑制支配拮抗肌的运动神经元，降低拮抗肌的肌张力。

牵张反射是身体对牵拉肌肉的外部刺激的无意识反应，可以神经反射性地募集更多的运动单位或提高已募集运动单位的工作效率，从而增强主动肌的活性，提高肌肉的收缩力量，在向心阶段产生更多的功。然而，当缓冲时间过长、肌肉拉长速度过慢时，牵张反射的作用便会减弱，从而降低后续的运动表现。因此，进行反应力量训练尤其要注意减少练习者的触地缓冲时间，因为肌肉拉长的速度比肌肉拉长的长度更为重要。

2. 腱器官反射

腱器管反射是高尔基腱器受到张力刺激而出现的反射活动。高尔基腱器亦称"腱梭"，是机体感受牵拉刺激的特殊感受器。高尔基腱器被结缔组织包裹，内部含有神经末梢，镶嵌在肌腱与肌肉的连接处，与肌纤维形成串联。在肌肉受到牵拉时，高尔基腱器会向中枢神经系统发出信号，从而使肌肉放松，其具体神经机制如图3-4所示。高尔基腱器对张力的敏感性弱，需要较强的张力刺激才会被激活。当张力刺激超过高尔基腱器的反射阈值时，才会引起腱器官反射。腱器官反射所产生的抑制效应使肌肉放松，防止猛烈牵拉或过分发力时肌肉与肌腱受到损伤。

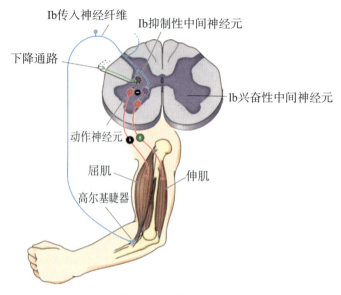

图3-4 腱器官反射

注：来自高尔基腱器的Ib传入神经纤维与Ib抑制性中间神经元（灰色神经元）接触，从而降低支配主动肌
的α运动神经元的活动，降低主动肌的收缩力；同时Ib传入神经纤维还与兴奋性中间神经元接触（紫
色神经元），它可以激活拮抗肌的α运动神经元，对抗主动肌的收缩活动。这种机制可以防止肌肉过
度紧张，并有助于在肌肉疲劳期间保持稳定的张力水平。

牵张反射与腱器官反射共同构成了增强-抑制模型。一般认为，当肌肉受到一定范围内的外力牵拉时，首先刺激肌梭产生兴奋进而引发牵张反射，导致受牵拉的肌肉收缩。然而，当牵拉的力进一步加大、离心负荷超过某一阈值时，突然、过大的离心负荷将刺激高尔基腱器，继而引发机体的保护机制，降低肌肉、肌腱的张力并使牵张反射活动受到抑制，进而导致向心收缩的力量不再增加甚至下降，从而避免被牵拉的肌肉受到损伤。因此，反应力量训练功率输出的大小是肌梭和高尔基腱器相互制衡的结果（图3-5）。虽然腱器官反射具有保护肌肉的作用，但是也在一定程度上抑制了肌肉爆发力的输出。经过长期的反应力量训练可以降低腱器官反射的抑制作用（去抑制），提高腱器官反射的阈值，使运动员能够在承受较高着陆力的同时不降低所产生的肌肉力量。

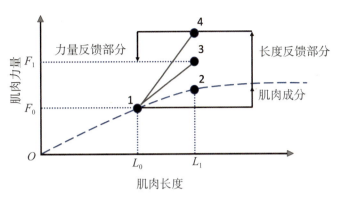

图3-5　拉长-缩短周期的增强-抑制模型

注：超等长力量的产生是三种机制共同作用的结果——一是肌肉的随意收缩，由1达到2的力值；二是肌梭的牵张反射，使肌力增强，理论上可以达到4的力值；三是高尔基腱器的腱器官反射，抑制肌肉过度收缩用力，最终使得肌肉力量达到3的力值。

（四）弹簧-质量模型

弹簧-质量模型是指人体在进行冲刺动作时，肌肉、肌腱和韧带整合在一起类似弹簧般积蓄-释放能量使身体移动的一种模型。在完成超等长练习动作（如跑步）的过程中，支撑腿触地前期，腿部是没有被压缩的，随着身体重心前移，地面垂直反作用力增加，腿部被压缩储存弹性势能，并产生水平制动力。这个短暂的减速过程实则是利用惯性使摆动腿更好地向前摆动，释放弹性势能并产生推动力的过程（图3-6）。在整个过程中，腿部被压缩的最低点与身体重心起伏的最低点在发生时间上相吻合。

这里需要引入下肢刚度来描述地面反作用力与腿部压缩程度的关系。刚度被用来描述作用在物体上的力和物体形变大小之间的关系。简单来说，刚度是指某一物体在受到外力作用的情况下，其对抗外力、阻止自身结构发生形变的属性。下肢刚度则是指人体在完成跑、跳等运动过程中，当受到地面施加的反作用力时，下肢抵抗弹性形变的能力。在拉长-缩短周期动作中，弹性势能的有效储存和释放需要一定程度的下肢刚度。个体下肢刚度的高低会影响完成拉长-缩短周期动作时的离心缓冲时间与额状面上身体重心的移动距离（离心缓冲幅度）。具有较高下肢刚度的运动员会在更短的触地缓冲阶段储存更多的弹性势能，并在起跳阶段输出更大的力量，以此提高跑步速度和跳跃高度。注意：下肢刚度并不是越高越好。在下肢刚度的合理范围内，肌肉、肌腱等弹性成分能够承受外界环境施加给它的载荷，同时能够有效地将上述载荷迅速转换为弹性势能并储存于弹性成分之中。

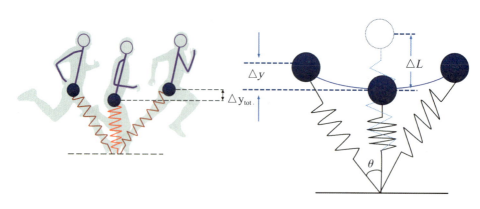

注：△L表示下肢最大的压缩程度；θ表示腿部第一次与地面接触时的角度；△Y_tot表示重心的最大垂直位移

图3-6　弹簧-质量模型

第二节　反应力量训练设计

一、需求分析

为了设计合理的反应力量训练计划，体能教练员必须熟悉专项特征并评估运动员的训练状态。每项运动都有自己独特的要求，涉及的动作不同，发生运动损伤的风险也不同。一些运动员可能缺乏反应力量训练经验，另一些运动员可能有伤病史，因此不同项目的不同运动员，都需要有针对性的反应力量训练方法。通过了解每项运动的特征要求、团体运动中的个人位置和每名运动员的个人需求，体能教练员能够更好地设计安全、有效的反应力量训练计划，如考虑超等长练习所涉及的部位（上肢、下肢及躯干）、反应力量训练动作所需要的缓冲时间（长时、短时）、练习手段的选择、运动方向等。

以下肢反应力量训练的触地时间为例，运动项目不同、专项技术动作的特点不同，使用超等长练习作为提高专项运动表现的训练手段时，要求的缓冲时间自然也不同。如图3-7所示，不同技术动作对触地时间的需求并不会完全相同，如篮球运动员的三步上篮跳、跳远运动员的三级跳，他们需要在相对短的触地时间（<250 ms）内完成起跳；而短跑运动员在速度保持阶段表现出更短的触地时间（<100 ms），因此最大速度的辅助训练手段应严格控制触地时间。此外，在纵跳、100 m跑的加速跑阶段，触地时间会相对延长以实现最大功率的输出。

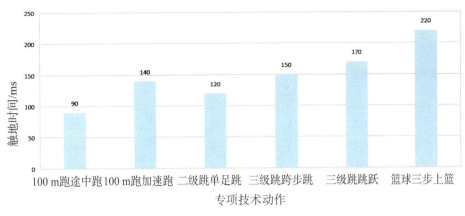

图3-7 各专项技术动作触地时间

二、超等长练习

超等长练习常采用跳箱、栏架、负重背心、阻力带和杠铃等工具增加负荷强度。跳跃的种类：双脚落地跳、单脚跳、跨步跳和垫步跳等。

跳跃的方向：原地向上、向前、向外或向内横移和多方向跳跃等。

（一）下肢超等长练习

下肢超等长练习比较多，可以简单分为原地跳、连续跳、跨步跳、跳深和垫步跳等练习（表3-4），此外还可以借助栏架、绳梯、跳箱等器材结合不同跳跃形式变换练习形式。

表3-4 下肢超等长练习

练习类型	类型特点	练习动作示例
原地跳	起跳与落地为同一点，重复跳跃且每次跳跃之间无间歇	双腿团身跳
		直膝屈身跳
		分腿跳
		单腿团身跳
连续跳	单脚或双脚的小幅度、速度快的连续跳跃，且屈髋、屈膝幅度更小，起跳力量主要靠踝关节的屈伸	单脚连续跳
		双脚连续跳
		双脚之字形连续跳
跨步跳	一侧腿起跳，另一侧腿落地，动作幅度更大，主要运动方向为水平方向且水平移动速度更快	交替跨步跳
		单腿跨步跳
跳深	在该练习中，运动员从高处下落，触地，然后立即垂直方向或水平方向起跳	跳深+箱跳
		跳深+侧向跑
		跳深+立定跳
		跳深+180°转体
		单腿跳深
垫步跳	支撑腿接连一个垫步	A、B、C垫步
		爆发式垫步（power skip）

（二）上肢超等长练习

上肢的超等长练习主要包括俯卧撑击掌及变形、利用实心球做不同方向和角度的抛投练习及借助史密斯架完成的卧推抛练习等。上肢超等长练习见表3-5。

表3-5　上肢超等长练习

动作类型	练习动作	负荷强度
利用实心球做不同方向和角度的抛投	胸部传球	低
	双手过顶传球	低
	双手侧向传球	低
	仰卧接抛实心球	高
自重	超等长俯卧撑	高
借助史密斯架完成卧推抛	卧推抛	高

（三）躯干超等长练习

针对躯干的超等长练习较少。尽管躯干有屈曲、旋转的功能，但躯干部位的核心区肌群更多的是起稳定作用。在大多数运动中，好的技术动作要求臀部产生力量、核心区肌肉共同收缩以提高躯干的刚度，并通过稳定的核心区提高力量传导的效率，从而提高四肢的活动效率。因此，躯干肌群的训练应以提高稳定性为主。而超等长练习动作速度快、负荷强度高，对躯干部位进行超等长练习会增加其损伤风险。躯干超等长练习的代表性练习是45°角仰卧起坐抛接实心球和俄罗斯转体抛接实心球，见表3-6。

表3-6　躯干超等长练习

练习动作	负荷强度	动作要点
45°角仰卧起坐抛接实心球	中	躯干与身体成大约45°角，双臂接球时躯干后伸的幅度要控制在最小的范围，以充分发挥腹肌快速屈伸发力的能力
俄罗斯转体抛接实心球	中	转体接球的动作幅度要小，接球后快速转体把球抛出，充分发挥躯干的旋转发力和最后的制动动作发力的作用

三、负荷强度

（一）影响因素

反应力量训练的负荷强度是超等长练习动作施加于肌肉、结缔组织及关节压力的总和，受训练方法的类型所控制。反应力量训练方法影响强度的因素可归结为下落的高度、与地面接触面积、触地缓冲时间和体重等。

同一个体进行下落高度高的跳深练习会对肌肉、结缔组织及关节施加更大的压力，强度更大；而进行下落高度低的跳深练习则强度相对较小。在单脚跳练习中，由于与地面接触面积减小，地面的反作用力对于肌肉、结缔组织及关节的刺激远远超过双脚跳，强度更大。在进行反应力量训练时，动作速度越快、触地缓冲时间越短，即离心至向心的转换速度越快，练习的强度越大。此外，运动员的体重也是影响跳深练习强度的一个重要因素，这里的体重不仅仅指身体本身的重量，还包括额外增加的负重，如负重背心等。在完成同一高度的跳深练习时，体重越大，肌肉、结缔组织及关节受到的刺激就越大，强度就越高。

影响反应力量训练强度的因素见表3-7。

表3-7　影响反应力量训练强度的因素

影响因素	强度效应
下落高度	身体重心越高，落地的冲击力就越大
与地面的接触面积	单腿跳练习，接触面小，地面反作用力的刺激大于双脚跳
触地缓冲时间	速度越快，触地缓冲时间越短，强度越大
体重	运动员的体重越大，肌肉、结缔组织及关节承受的压力就越大。利用外加负重（如沙袋、沙背心）可以增大负荷强度

（二）不同练习的强度

常见超等长练习可以按强度进行排序。跳深练习时，重力作用会使身体在垂直方向上进行加速，在一定高度的跳深练习中，肢体所承受的冲击性较大，因此跳深练习属于高强度的反应力量练习。图3-8所示的排序并没有区分每类练习中的不同具体练习的强度。由于反应力量训练的负荷强度受到跳箱高度、肢体接触面的大小、动作速度、触地缓冲时间、是否额外负重等诸多因素的影响，所以体能教练员在设计和选择练习时，应区分每个具体练习的强度。

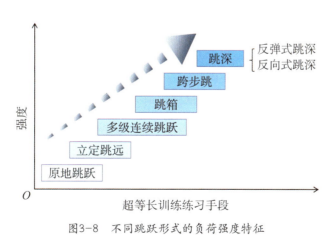

图3-8　不同跳跃形式的负荷强度特征

关于跳深练习需要强调的是，该动作根据触地技巧的不同可以分为反向式跳深和反弹式跳深两类。反向式跳深属于慢速超等长练习，在追求高度的同时，牺牲了触地缓冲时间

（≥250 ms）。反向式跳深在离心缓冲阶段，屈膝屈髋的幅度、重心位移的幅度均大于反弹式跳深，更侧重肌肉收缩能力的改善，降低了弹性能的利用以及神经反射的作用效果。而反弹式跳深属于快速超等长练习，追求尽可能短的触地缓冲时间。在离心缓冲阶段要求在尽量缩短触地缓冲时间的前提下尽可能快地起跳。这就需要运动员在完成该动作时减少髋、膝的屈曲，因此对下肢刚度的要求较高，更侧重高冲击下弹性能的利用和神经反射的适应。短跑和跳跃教练员基于专项特点和训练目标，在采用这两种不同的跳深练习时，会有两种不同的口头提示，一是跳到最大高度，另一是尽可能地减少触地缓冲时间。反弹式跳深的强度远远大于反向式跳深，其在提高反应力量方面效果更为显著。反向式跳深与反弹式跳深各项指标特征对比见表3-8。

表3-8 反向式跳深与反弹式跳深各项指标特征对比

变量	反向式跳深	反弹式跳深
纵跳高度/cm	38.75	31.65
腾空时间/ms	562	508
触地缓冲时间/ms	404	212
反应力量指数	0.96	1.49
下肢刚度指数	8.38	26.48

四、负荷量

负荷量是指在一次训练过程或周期中完成的总训练量。反应力量训练的负荷量通常表示为在一节给定的训练课中的重复次数和组数。一般情况下，在下肢反应力量训练中，负荷量通常是通过足部与地面接触的次数来计算的（每次一只脚或双脚触地），足部接触提供了监测运动量的方法。有些超等长练习的负荷量也可以用移动距离来衡量（如跨步跳）。上肢反应力量训练的负荷量通常表示为每次训练中抛或接的次数。

在任何一次反应力量训练中，建议的跳跃次数都会因负荷强度和训练目标的不同而有所变化。表3-9显示了初级、中级和高级三个类别运动员的负荷量。以休赛期的一次训练课为例，初学者可以做60～100次触地的低强度练习，中级运动员可以在同一训练课内进行100～150次触地的低强度练习或100次触地的中等强度练习，高级运动员在这个训练课中可能有150～250次触地的低强度至中等强度的练习。

表3-9 按赛季划分的跳跃训练的触地次数

赛季	训练水平			强度
	初级触地次数/次	中级触地次数/次	高级触地次数/次	
休赛期	60～100	100～150	150～250	低强度
赛季前	100～250	150～300	150～450	中强度至高强度
赛季中	取决于具体的项目			
决赛期	休息			

五、训练频率

训练频率是指每周进行反应力量训练的次数，可根据运动项目一年的赛季安排、项目特点、运动员的反应力量训练经验而确定，通常为每周1~3次。由于针对反应力量训练最佳频率的研究有限，相关文献较少，体能教练员在确定运动员的训练频率时往往依赖于实践经验。

研究认为，关注训练频率不如更多地关注两节反应力量训练课之间的恢复时间。针对相同部位的两次反应力量训练之间相隔48~72 h，是一个典型的恢复时间设计准则。根据这一准则，针对同一部位的反应力量训练次数不应超过每周2或3次（赛季中，每周1次反应力量训练对大多数运动项目来说已经足够了），但这并不意味着一周之中只能进行2~3次超等长练习。这里的频率是指正式进行的反应力量训练。在其他训练日的热身过程中也可以进行一些负荷量较低、强度较小的反应力量训练，还可以在技术训练日进行超等长动作的技术练习。

六、间歇

恢复是决定反应力量训练能否提高快速伸缩能力的关键变量。因为进行反应力量训练的主要作用是提高爆发力，而不是提高心肺能力，它旨在通过最大努力来提高无氧功率，所以个体的充分恢复是必需的。超等长练习的间歇长短取决于负荷的强度和负荷量，负荷强度越高和负荷量越大，需要的间歇越长，以确保负荷的强度和正确的技术动作。间歇会因训练类型和负荷量而有所不同。间歇一般可以按训练-休息比（1∶5至1∶10）来确定。例如，一套超等长练习需要10 s完成，则应安排50~100 s的间歇。

与抗阻训练一样，两次反应力量训练课之间的恢复必须充分（2~4 d的恢复，由运动项目和赛季决定），以防止过度训练。此外，不应连续两天进行针对同一个身体部位的超等长练习。尽管已有研究间接地涉及恢复和训练频率，但针对反应力量训练中两次重复之间、两组之间和两个训练之间休息时间的控制的研究尚不充分，需要做进一步的探索。

七、训练进阶

反应力量训练旨在提高离心动作至向心动作的快速转换能力。反应力量训练应在确保安全的前提下尽量减少动作的缓冲时间。如果负荷强度过大，除了会增加损伤风险，还会导致缓冲时间的被动延长，降低训练的效果。因此，体能教练员应渐进式地增加反应力量训练的负荷强度。

（一）触地缓冲时间由长到短

超等长练习可以从跳箱练习开始，即从地面跳上跳箱。这一阶段除了发展基本的跳跃能力外，最重要的是教授初学者在受控环境中的落地能力。通过降低重力作用的时间，可以将落地冲击力降至最低，更有利于初学者或目前有落地问题的运动员学习落地技术。初学者掌握双脚落地技术后，体能教练员可以让初学者单脚着地，进一步提高难度。此外，提高箱子的高度可以挑战运动员的跳跃能力，同时仍要最大限度地减少落地冲击力。

运动员掌握跳箱的落地姿态后，可以进阶到跳-停阶段，即从跳箱上往下跳，落地后保持落地姿态。这一阶段建立在第一阶段运动员落地能力的基础上，旨在培养控制离心力量的能力。最初，这个阶段的练习可以允许大幅度地屈髋、屈膝，随后可以要求运动员控制动作幅度，并从双腿着地过渡至单腿着地来进阶。这一阶段可以提高腱器官反射的阈值，以适应高落地冲击力（离心负荷）。

运动员掌握跳-停技术后，可以进阶到跳深训练阶段，通过拉长-缩短周期来增强随后的向心收缩能力。在此过程中，运动员可以先使用反向式跳深技巧进行低高度的跳深练习，目的是保持有效的落地机制和身体控制，但触地缓冲时间会相对较长；随后进阶至反弹式跳深，将触地缓冲时间降至最短，落地后尽可能地减少屈髋、屈膝的幅度，并立即起跳。

（二）双脚跳过渡到单脚跳

如前所述，接触面积是影响反应力量训练负荷强度的重要因素。在同一个超等长练习动作中，单脚跳的负荷强度高于双脚。在反应力量训练的过程中，第一个阶段就是学习双脚跳和落地技术。运动员落地时应轻轻落地，越安静越好。当由双脚跳过渡到单脚跳时，落地也应当如此，但单脚跳对于下肢稳定性要求更高。

（三）逐渐提高跳箱的高度

跳深高度是影响训练效果的重要因素。过高的跳箱高度可能会导致落地反跳运动表现的下降，并增加练习中受伤的风险。美国著名体能训练专家迈克·鲍伊尔（Mike Boyle）认为，无论什么水平的运动员都不应该使用过高的跳箱进行跳深练习。他使用最多的是45～60 cm的跳箱，而对于75 cm以上的跳箱则基本不用。相关研究也表明，使用60 cm以下的跳箱可以收获良好的训练效果。

上述内容为体能教练员提供了跳箱高度的常用区间。但也有研究认为，体能教练员可以确定出最适合个体的跳深下落高度，即最佳下落高度。在跳深练习或测试中，可以使训练个体产生最佳运动表现的下落高度称为该个体跳深练习的最佳下落高度。可以使用反应力量指数法来确定个体最佳下落高度，该方法将反应力量作为最佳下落高度的评价标准，通过渐增高度的跳深测试，将能够产生最大反应力量指数值的高度确定为该个体的最佳下落高度。该方法确定的个体最佳下落高度可以有效地发展离心-向心的转换能力，即个体的反应力量。但要注意，体能教练员不能盲目使用最佳下落高度进行跳深练习，尤其对于缺乏跳深经验的运动员，应谨慎使用该方法。

（四）增加负重

使用实心球（躯干超等长练习常用的器械）、弹力带、负重背心等会直接增加练习的负荷强度。在下肢超等长练习中，使用实心球会增大运动员起跳与落地的负荷，但是，使用阻力较大的弹力带、重量较大的负重背心，在落地阶段会大大增加运动员的落地冲击力，导致触地缓冲时间变长，拉长-缩短周期效率降低，影响反应力量训练的效果。研究表明，与无负重的跳深练习相比，额外负重（负重5%体重）跳深练习的峰值功率下降，同时由于地面冲击力增大引起机体的保护机制，导致离心至向心动作的缓冲时间明显延长。因此，额外增加负重提高超等长练习的负荷强度并不一定能提升训练效果，需定量化监控手段，体能教练员需谨慎对待。

（五）增加栏架的个数

运用栏架进行反应力量训练，随着能力的提高既可以直接增加栏架的个数，也可以通过两脚交替跳跃过渡至单脚连续跳跃来提高负荷强度，一般将总的触地次数控制在30～36次。

八、训练周期化

周期化可以广义地定义为训练刺激的计划分布和变化，以最大限度地提高适应性并提高竞赛成功的可能性。目前的研究还没有明确的最佳反应力量训练计划周期，大多数项目的训练周期都是6～10周。然而，反应力量在开始反应力量训练计划4周后就会迅速提高。一般来说，反应力量训练的处方应该与抗阻训练和有氧训练相似。对于那些需要速度、力量的运动项目，在整个训练过程（大周期）中进行反应力量训练是有益的。但要注意，鉴于反应力量训练的负荷强度较高，全年进行高强度的反应力量训练是不合适的，安排的负荷强度和负荷量应随运动项目和训练阶段（休赛期、季前赛或季后赛）的不同而不同。

高强度的反应力量训练最好安排在整体负荷量较低且强调运动质量的训练阶段（如力量和爆发力训练阶段）。而低强度的反应力量训练可以合理地安排在高负荷量训练阶段，以使运动员掌握反应力量训练基础以及进阶技巧，如通过将降低强度的超等长动作（跳跃）整合到训练前的热身程序中，来改善下肢着陆技术并降低受伤风险。

除了优化即时表现和降低受伤概率，有证据表明，在反应力量训练之前强调力量训练可以最大限度地提高整个训练过程的效率。如果训练适应的目标是反应力量，反应力量训练应该在以力量为中心的训练之后进行，其中力量耐力、肌肉肥大和最大力量是训练重点。换句话说，优化反应力量训练适应可以通过特定的补充训练阶段来实现。这种训练模型基于相位增强的概念，并已集成到几个周期化方案中（图3-9）。

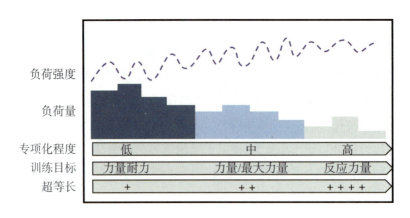

图3-9 发展反应力量的通用周期化模型示意图

注：在低负荷量和高负荷强度训练期间，对超等长训练的重视程度最
高。此外，在经过一段时间的力量和以最大力量为重点的训练之
后，应强调超等长训练。

在一个训练周期中花费的时间长短，取决于赛季开始前每周可用的天数。对于初级运动员，训练重点应该放在技能发展上，而不是提高负荷强度，建议安排4~6周的基础训练计划，以确保运动员在尝试更大的负荷量和负荷强度之前，能够正确地执行超等长动作的力学要求。

总的来说，通用周期化模型的启示是：①在一个完整的力量训练周期中，不同的训练阶段有着不同的训练重点。②在高强度、专项化程度高的反应力量训练前，需要安排力量训练阶段，为反应力量训练奠定肌肉力量的基础。在反应力量训练之前，高强度抗阻力量训练阶段为最大限度地提高反应力量奠定基础，降低了受伤风险。③最大限度地提高训练的有效性，反应力量训练应体现负荷量由大到小、负荷强度由低到高的特征。

第三节　反应力量训练有关的安全因素

尽管反应力量训练对支撑器官的冲击较大，但其本身并不危险。在反应力量训练中，运动员的受伤可能是因为一次偶然的事故，但更常见的情况是违反了合理的训练程序及相应的训练原则，如体能基础不足、热身不充分、训练进阶不当、运动负荷安排不当、运动鞋或训练界面质量差等，又或者只是缺乏正确的技术动作。美国国家体能协会指出，正确的技术动作是反应力量训练的重中之重，可以大大降低运动员的损伤风险。

一、训练前评估

开始一项反应力量训练计划之前，体能教练员必须检查运动员的关节结构并了解既往损伤史。既往脊柱、下肢或上肢的损伤，可能会增加运动员在超等长练习中受到损伤的风险。

有肌肉拉伤、病理性关节松弛或脊柱功能障碍（包括椎间盘功能障碍）的运动员，在开始一项反应力量训练计划时应格外慎重。

（一）落地姿势评估

1. 运动姿势

运动姿势（athlete position，athletic stance）是指屈髋、屈膝等使身体处于有利于起动和发力的位置，从而有助于实现三伸展（伸髋、伸膝、伸踝）的加速运动姿势，也是大多数超等长练习的基本姿势。运动姿势的动作要求是：①双脚位置略宽于肩（双脚位置具有个性化和专项化的特点）；②头部处于在中立位；③双肩后伸，挺胸；④肩在脚趾的正上方或稍微偏前；⑤肘部弯曲，双掌中立，掌心向内位于臀部两侧；⑥下背部和腹部收紧（等长收缩）；⑦身体重心在脚掌中部和脚跟之间。注意，运动姿势是一种基本/一般姿势，是专项比赛的运动姿势的基础。不同运动项目的运动姿势具有专项性，如网球运动的运动姿势要求双脚站位略宽于肩，身体重心相对偏前，这更有利于完成向前和侧向的移动。因此，体能教练员在选择或设计超等长练习时，也应考虑运动姿势的合理性和专项性。

2. 落地技术

对于下肢超等长练习，特别是跳深练习，运动员掌握正确的落地技术是必不可少的。良好的落地技术既可以最大限度地提高用力有效性，也将损伤的风险降至最低。研究表明，在24 cm的下落高度进行跳深练习时，地面反作用力是体重的4倍；84 cm的跳深练习地面反作用力超过体重的8倍。因此，跳深练习的落地阶段施加在关节上的负荷是巨大的，若落地技术错误（如重心偏离支撑点）便极有可能导致损伤。

超等长练习的落地技术要求：①运动员落地成运动姿势；②落地时前脚掌着地并逐渐过渡至全脚掌；③落地尽可能轻柔。运动员应通过主动屈髋、屈膝，利用大腿和臀部的肌肉来进行缓冲，并形成运动姿势。僵硬的落地通常意味着更多地依赖股四头肌作为主要缓冲肌群，更倾向于锁住膝关节，直腿着地。僵硬落地，股四头肌会突然向前拉动小腿的胫骨平台，给前交叉韧带带来过大的压力，增加损伤风险。落地时良好的屈髋动作，会更好地发挥腘绳肌的作用，能够更好地控制落地姿势，并减小施加在膝关节和支撑韧带上的力。

常见不佳的落地姿势包括膝关节不稳，如膝关节内扣。膝关节向内运动也称为动态外翻，是所有膝关节损伤的重要危险因素（如前十字韧带撕裂或断裂）。髋、膝、踝关节排列不佳将导致关节力线偏移。落地缓冲不足对于支撑器官的冲击会加大，尤其是僵硬的关节。身体重心偏离支撑点，落地偏后或偏向某一侧腿都可能增加关节组织的压力。

3. 落地错误评分系统

落地错误评分系统（landing error score system，LESS）是对落地支撑的错误动作模式进行系统评分，来评估个体的落地技术的测评方法。LESS测试是一种动态姿势评估，常用于识别非接触性损伤的高危个体。LESS得分的正常范围为0～5.5分，若得分高于这一范围，提示因落地错误动作而诱发的运动损伤风险的概率较高。此外，LESS可以量化运动训练后神经肌肉表现和生物力学表现的变化。LESS测试也被用于量化损伤个体或前交叉韧带重建后个体的功能损伤和康复结果。

LESS的测试要求：①受试者站在跳箱上。②受试者向前跳跃，两腿同时跳离跳箱，落地点应刚好越过直线，然后在落地后立即最大努力纵跳（图3-10）。③受试者可以练习到对完成动作感到满意为止。在测试过程中，测试员不对完成的动作情况做任何评论或指导。④安装2台摄像机，记录3次跳跃落地动作。一台从前面记录，另一台从侧面记录。每台摄像机应放置在距落地区3 m处，以精确捕捉到受试者跳跃落地的动作。

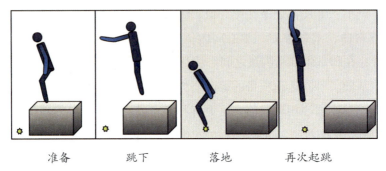

准备　　　　　跳下　　　　　落地　　　　　再次起跳

图3-10　LESS测试动作简图

LESS测试从正面和侧面分别对站姿、落地等细节和整体印象给予评分。目前LESS有两个版本的评分表。一个是完整版（17个评分项目），另一个是简化版，即LESS-RT（10个评分项目）。研究表明，两个版本的可靠性相近。落地错误评分的细节要求见表3-10。

表3-10　落地错误评分的细节要求

正面评估		侧面评估	
站姿	两脚与肩同宽（0） 两脚比肩宽（1） 两脚比肩窄（1）	脚首次着地	脚趾到脚跟着地（0） 脚跟到脚趾着地（1） 全脚掌着地，无过渡（1）
脚的旋转角度	正常角度（0） 一定的外旋（1） 一定的内旋（1）	膝屈曲位移幅度	较大（0） 适中（1） 较小（2）
首次落地脚是否 同时接触地面	是（0） 否（1）	躯干屈曲幅度	较大（0） 适中（1） 较小（2）
膝外翻程度	无（0） 轻微（1） 明显（2）	矢状面上关节移位	轻柔的（0） 介于轻柔与僵硬之间（1） 僵硬的（2）
躯干侧屈程度	无（0） 轻微（1）	整体印象	出色的（0） 一般的（1） 较差的（2）
总分			

在训练实践中，体能教练员在无法使用摄影机进行严谨LESS测试的情况下，可以从多个方向仔细观察，对运动员在两次落地过程中髋、膝、踝、足是否处于中立位和落地缓冲的情况进行分析。

（二）力量水平评估

在运动员进行反应力量训练之前，体能教练员必须要考虑个体的力量水平。对于下半身肌力测量，之前的建议是运动员的1RM下蹲至少应该是体重的1.5倍，或能以60%自身体重的负重在5 s内完成5次标准的深蹲。对于上肢超等长练习，运动员卧推的1RM应当是自身体重的1～1.5倍，或者运动员能够在5 s之内完成5次负重为60%体重负重的卧推。如果练习者还不能达到以上力量标准，应该先发展基础力量，暂缓高强度的反应力量训练。

但考虑到即使是儿童也可以安全地完成一些低强度的超等长练习，图3-11提供了不同超等长练习对应的不同力量水平的大致参考标准，为练习者选择超等长练习提供参考。

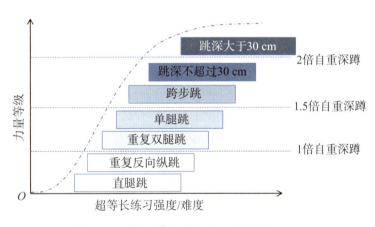

图3-11　不同超等长练习所需的力量水平

（三）平衡能力评估

平衡能力是一个非常容易被忽视的下肢反应力量训练的要求。许多下肢反应力量训练要求运动员以非传统的方式移动（如双脚之字形跳跃）或以单脚形式移动（如单脚收腹跳和单脚连续跳）。这些类型的训练需要一个坚实、稳定的支撑基础，以使运动员安全、正确地完成反应力量训练内容。运动员第一次开始反应力量训练时，需能够单脚站立30 s且不出现明显晃动。经验丰富的运动员开始进阶的反应力量训练时，必须能够保持单脚半蹲30 s且不出现明显晃动。要注意进行平衡测试的界面必须与反应力量训练中使用的界面相同。

（四）体重评估

因为超等长练习具有高冲击性的特点，所以肥胖的运动员，尤其是体脂率超过30%的运动员，应当减免反应力量训练。由于较大的体重会增加关节的压力，体重超过100 kg的运动员，进行超等长练习更容易发生运动损伤，因此，他们的反应力量训练的负荷强度不宜过高，如跳深练习的跳箱高度以不超过46 cm为宜。

二、年龄

儿童与青少年是反应力量训练中的特殊群体。由于骨骼发育不成熟，所以青春期运动员不应进行高强度的反应力量训练。在骨骺板闭合之前，任何类型的高强度爆发性运动都是禁忌。开放式骺板损伤可导致过早闭合和肢体长度不一致。但如果得到适当的监督和科学的进阶指导，反应力量训练计划对儿童和青少年来说是安全有效的。无论年龄和经验如何，儿童与青少年反应力量训练的重点都应该是发展正确的技术动作，安全地使用运动器材。

儿童与青少年运动员在接近青春期时可以从训练中获益更多。他们可以开始更多地与运动项目联系起来，并看到超等长练习与专项运动表现之间的联系。对于这一年龄段的运动员，反应力量训练应该从低强度的粗大运动开始，首先引入热身活动中，然后逐步添加到运动专项训练中。表3-11提供了适合不同年龄段儿童与青少年的超等长练习动作以供参考。

表3-11　不同年龄段儿童与青少年超等长练习动作

年龄	练习	强度
15～16	跳箱、障碍跳	中
12～14	双腿跳、双脚连续跳	中
8～11	立定跳、纵跳	低
5～7	基础性的运动技能	—

三、性别

与男性相比，膝关节损伤在女性运动员中出现的概率非常高，其中女性非接触性前十字韧带损伤的概率是男性的2～8倍。其主要原因：①过大的Q角（在伸膝位测量的髂前上棘至髌骨中心点连线和髌骨中心点到胫骨结节最高点连线的夹角）被认为是改变下肢力学机制进而导致膝关节损伤的一个因素，女性的Q角比男性大；②女性在完成落地动作时更容易表现出膝外翻，且外翻的角度更大；③受性激素影响，女性膝关节松弛程度比男性高；④女性在落地时神经肌肉控制较差、易出现错误的动作模式，如膝关节和髋关节屈曲减少、膝关节外翻增加、髋关节内旋增加、胫骨外旋增加、膝关节僵硬、股四头肌活动相对腘绳肌活动增加（股四头肌以收缩为主）等。上述因素使得女性在完成诸如跳跃动作时的损伤概率增大。

反应力量训练已被证明是纠正女性运动员神经-肌肉缺陷和预防损伤的有效工具。在发育过程中，女性青少年膝关节受伤的风险在16岁左右达到高峰，如果不实施反应力量训练，这一趋势将持续到成熟期后。鉴于女性在跳跃动作中较高的损伤概率，其在进行反应力量训练时，体能教练员应注重动作基础，着重动作细节，教授正确的技术动作，并分析导致异常落地动作的潜在因素，加强薄弱的技术环节，以便形成正确的跳跃动作模式。

四、训练设备与器材

（一）训练界面

反应力量训练对训练界面的硬度有着一定的要求。训练界面应当具有一定硬度，否则不利于形成牵张反射。为了预防运动损伤，训练界面还必须具有足够的减震性能，能够缓冲落地时对支撑器官形成的冲击力，草坪、橡胶垫、塑胶跑道或木质地板是理想的训练界面。一定硬度的体操垫或摔跤垫也是较好的室内反应力量训练界面。但过厚的体操垫（15 cm或更厚）会延长触地缓冲时间，从而不能有效地利用牵张反射。不推荐在混凝土、大理石等硬度过高的训练界面进行反应力量训练，因为缺乏有效的减震效果，可能会导致踝关节、膝关节和髋关节受到损伤。

1. 沙地

近年来，在沙地上进行跳深训练的方法受到很多人的喜爱。运动员经常在训练的准备阶段使用沙地界面进行跳跃和跑步练习，以最大限度地减少对下肢的冲击力。进行跳深训练时松散的沙子的位移可以显著降低落地冲击力，并减少肌肉、肌腱和其他结缔组织的整体应力。随着跳跃和跳深练习被引入到训练计划中，在沙滩或沙坑进行反应力量训练可以实现更多次的重复，有利于运动员获得正确的技能。但对于反应力量训练而言，沙地界面减少了对肌肉和肌腱弹性的依赖，因为在起跳时沙地较大的位移会使得肌肉向心收缩的时间延长，落地冲击力将被沙子分散，而不是被下肢的肌肉和肌腱吸收。虽然沙地有助于学习落地技术，但不建议在这种类型的表面花费太长的训练时间，因为在极其柔软的表面很难触发牵张反射。但有研究表明，沙地反应力量训练的肌肉酸痛程度比硬质界面要轻。因此，初学者或进行康复训练的运动员可能更适合进行沙地反应力量训练。

2. 草坪

天然草坪是理想的反应力量训练场地之一。天然草坪可能存在表面凹凸不平的情况，与之相比，人造草坪除了具有坚固和减震的特性，还具有更大程度的表面平整性。但由于人造草坪比天然草坪表面更坚硬，人造草坪不太适合没有经验的运动员进行高强度的反应力量训练。

3. 木地板

木地板通常用于篮球、排球等项目的场地。木地板为体育活动提供了坚固但缓冲稍差的训练界面。根据地板的成分和结构，硬度也会有所不同。现代的硬木地板能提供适当的缓冲；老式的地板可能仍然相对坚硬，不能提供较好的缓冲。总体来说，木地板的硬度较沙地、草地更大，因此在木地板等质地较硬的界面上训练时要尤其注意负荷强度的控制，应以渐进的方式，从强度较小的练习开始，以避免受伤。

4. 塑胶跑道和塑胶地板

塑胶跑道通常用于跑步和反应力量训练。这种类型界面的优点是对反应性跳跃活动和其他爆发性运动非常敏感，更坚硬的表面可以充分利用肌肉-肌腱复合体的牵张反射来增强反应力量训练的效果；缺点是硬度较高，在这样的表面上进行大量训练可能会给关节、肌肉和结缔组织带来过多的压力。对于在塑胶跑道上进行大量训练的田径运动员来说，在训练计划的准备阶段使用较软的界面（草地、人造草坪）进行反应力量训练是保持健康的一个好方法。在训练计划的后期，转换到塑胶跑道上进行反应力量训练更容易适应，因为训练后期运动员会更强壮，肢体更有弹性。

（二）训练区域

反应力量训练所需的空间大小取决于具体的练习项目。对于冲刺训练来说，训练区域应尽量大，可以使运动员有足够的空间完成冲刺和制动。虽然有些训练可能需要100 m的直线距离，但大多数行进间的跳跃和跑动练习只需要约30 m的直线距离。而对于大多数的跳跃训练，如半蹲跳、纵跳以及跳深，训练区域可以小一些，但天花板高度必须为3~4 m才足够。

（三）适宜的运动鞋

一般而言，除沙地外，在硬度相对较高的界面进行反应力量训练的运动员必须穿脚踝和脚底支撑良好、侧向稳定性高、鞋底宽且防滑的运动鞋。鞋底窄、鞋面支撑差的运动鞋（如跑鞋）可能会引起脚踝问题，如踝关节内翻等，尤其是在侧向运动中该问题会更加明显。对足部支撑不足的运动鞋可能会导致足弓或小腿受伤，而没有足够缓冲的运动鞋可能会导致近端关节（如膝关节和髋关节）损伤。因此，在进行反应力量训练时穿有足够的缓冲的运动鞋能吸收冲击，并通过运动鞋的适当的支撑提高踝关节的稳定性。

○ 参考文献

[1] BARR M J, NOLTE V W. The importance of maximal leg strength for female athletes when performing drop jumps[J]. Journal of Strength & Conditioning Research, 2014, 28(2): 373–380.

[2] PURVES D, AUGUSTINE G J, FIIZPATRICK D. Neuroscience[M]. 6th ed. Oxford: Oxford University Press, 2017.

[3] PEDLEY J S, LLOYD R S, READ P, et al. Drop jump: a technical model for scientific application[J].

Strength and Conditioning Journal, 2017, 39(5): 36–44.

[4] MINETTI A E. On the mechanical power of joint extensions as affected by the change in muscle force (or cross-sectional area), ceteris paribus[J]. European Journal of Applied Physiology, 2002, 86(4): 363–369.

[5] ZAMPARO P, MINETTI A, PRAMPERO P E D. Interplay among the changes of muscle strength, cross-sectional area and maximal explosive power: theory and facts[J]. European Journal of Applied Physiology, 2002, 88(3): 193–202.

第四章
速度训练原理与方法

○ 本章学习目标

- 了解速度及其相关概念。
- 解释速度与速度训练相关的基本原理。
- 掌握速度训练的方法与练习。
- 掌握进行速度训练设计的方法。

速度训练原理与方法

第一节 速度训练原理

一、速度及相关概念

（一）速度的概念

速度通常是指人体移动快慢的能力。在竞技训练中，速度指产生和控制速度的能力，如减速能力就属于速度能力的范畴。在不同运动项目中，运动员速度表现存在差异，如100 m跑运动员要达到最快的速度，而一些球类项目运动员不仅仅要达到最快的速度，还要有很好的速度控制能力。因此，作为体能重要构成要素的速度应与物理学的速度概念（在物理学中指的是动点在某瞬间运动快慢和运动方向的矢量）区分开来。

速度包括反应速度、动作速度和移动速度。反应速度是指人体对各种信号刺激（如声、光、触等）快速应答的能力，其训练的内容在灵敏训练中体现。动作速度是指人体或人体某一部分快速完成某一动作的能力。动作速度快慢受爆发力和专项技术动作质量的影响，因此，爆发力训练和技术动作训练是动作速度训练的主体。本教材主要阐述运动员的跑动速度。速度是短跑运动最直观的（达到高速运动所需技能、神经-肌肉和能量代谢系统功能）外在体现，直接决定比赛的结果。对于其他团体类对抗项目，短距离冲刺能力同样是比赛结果的重要影响因素。研究发现，在德国足球联赛中，45%的进球前会有助攻球员或得分球员完成不同距离的冲刺。

（二）速度的相关概念

1. 步长指数与步频指数

步长或绝对步长是指在一个单步中，支撑腿脚尖离地瞬间的着地点与摆动腿的脚尖着地瞬间的着地点在运动方向上的水平距离。步长可以分为最大步长和平均步长、绝对步长和相对步长。步频是指单位时间内完成的步数。

步长指数是指平均步长与身高的比值。步频指数是指步频与身高的乘积。以步长指数1.2和步频指数8.0为平均标准，根据步长指数和步频指数可以判断运动员的技术风格。如果步长指数和步频指数分别达到1.2和8.0或以上为均衡性，若其中一项明显高于平均标准，另一项又明显低于平均标准，则该运动员是以明显高于标准项为特长的选手，即步频型或步长型选手。世界优秀的短跑运动员博尔特在2008年、2009年和2012年的三次最好成绩中的平均步长、平均步频、步长指数和步频指数见表4-1。

表4-1　博尔特2008、2009和2012年三次最好成绩的步长、步频特征

年份	成绩/s	最大速度（m·s⁻¹）	全程步数	平均步长/m	平均步频（步·s⁻¹）	步长指数	步频指数
2008	9.69	10.32	41.1	2.43	4.24	1.24	8.31
2009	9.58	10.44	40.92	2.47	4.27	1.26	8.37
2012	9.63	10.38	41.4	2.41	4.30	1.23	8.40

注：博尔特身高1.96 m。

2. 速度曲线

速度曲线是指一定冲刺距离或时间内的速度变化特征。速度曲线包括速度-时间曲线和速度-距离曲线，分别反映速度在距离或时间上的变化特征。速度曲线在短跑项目中多有应用。体能教练员通过速度曲线分析100 m跑运动员的速度特征，发现运动员速度能力的优势和不足。图4-1体现了运动员的瞬时速度（蓝色曲线）和平均速度（黑色曲线）在不同距离上的变化特点。

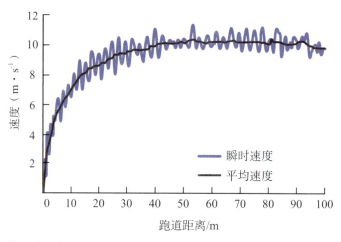

图4-1　运动员的瞬时速度（蓝色曲线）和平均速度（黑色曲线）在不同距离上的变化特点

二、速度的分类

在100 m跑比赛中，运动员从起跑到终点的过程中并不是匀速的状态。而是从相对静止的起跑状态开始，逐渐加速达到最大速度，保持一段时间后，速度逐渐下降。根据100 m跑比赛过程中每个阶段目的和速度-步态特征的变化，可以将速度能力分为加速、最大速度和速度耐力三种。

加速、最大速度和速度耐力不论是从力量需求方面还是从能量代谢系统方面比较，都存在较大的差异。最大力量和爆发力对加速表现的贡献最大，反应力量对最大速度表现的贡

献最大，而速度耐力则需要更强的反应力量耐力。加速和最大速度阶段以磷酸原系统供能为主，速度耐力以糖酵解供能为主。从竞技体育运动的专项需求而言，三种速度能力在运动中的作用也存在着差异。此外，根据不同项目的需求，速度能力还可以分为最佳速度、专项速度、减速和多向速度四种能力。

（一）加速能力

加速能力的主要表现为人体获得较大加速度的能力。加速度是指单位时间内速度的变化率。加速度在加速阶段前期最大，随着距离的增加逐渐减小。在短跑中，加速阶段是指从起跑线到达到最大速度处之间的距离，约为30 m的距离，包含纯加速和转换阶段。博尔特的教练米尔斯表示，100 m跑运动员加速阶段的距离存在一定差异。多数运动员为20～25 m，有些运动员可达30～40 m，而博尔特的加速阶段约为45 m。对于大多数团体类项目，加速能力尤其重要。职业足球运动员比赛中平均冲刺距离为10～30 m，职业橄榄球运动员68%的冲刺距离都在20 m之内。

（二）最大速度能力

最大速度能力是指运动员在短距离冲刺中所能达到的最大速度的能力。在跑动中，最大速度出现的距离与运动员的水平和状态有关。从静止起跑状态到达到最大速度，团体类项目运动员通常需要30～40 m，而精英短跑运动员大约需要40～70 m。不论是对于哪个项目的运动员，最大速度持续的距离均相对较短，为10～30 m。最大速度能力对短跑运动员的重要性毋庸置疑。虽然对于团体类项目而言，比赛中距离大于30 m的冲刺跑相对较少，但是最大速度冲刺对于许多项目仍然较为重要。

（三）速度耐力能力

速度耐力是指保持最大速度的能力。对于100 m冲刺跑，60～100 m阶段属于速度耐力阶段，也是速度下降阶段。这个阶段的主要目的是尽可能地保持最大速度，避免速度过度下降。在2009年柏林世锦赛上，博尔特以9.58 s创造新的世界纪录，约在60 m处达到最大速度，在80 m处速度仅下降1%，到终点时速度仅下降2%。高速冲过终点说明博尔特具备极强的速度耐力。

（四）最佳速度能力

最佳速度能力是指确保最大限度完成技术时的合理速度能力，即保持在可控的最大临界值内以最大限度提高运动表现的合理速度的能力。在投掷项目中，释放速度对投掷距离的影响最大，这既是一个指导参数，也是一个目标参数。因此，释放速度应该是最大的，而其他因素（出手角度、助跑速度等）的值应该是最优的。例如，标枪、跳高、跳远等项目，由于助跑技术和场地条件的限制，运动员运动的实际速度往往低于个人短跑冲刺的最大速度，而是控制在一个理想的速度，以使运动表现最优化。就像在很多情况下运动员很难达到最大力量一样，最佳速度往往以最适宜的速度在专项运动中表现出来。例如，跳高运动员助跑速度过快，会导致其无法在起跳瞬间拥有充足的踏地时间以获得足够的垂直作用力。因此，这类运动员需要具备速度的控制能力，保持合适的步长、步频组合和助跑节奏，表现出个人的最佳助跑速度。

（五）专项速度能力

专项速度是指在专项运动中，运动员在完成专门动作时表现出的速度或专项运动对速度能力的专门需求。专项速度也称比赛速度，是速度在专项运动中的应用，可以使专项表现最优化。例如，足球运动员带球跑的速度和篮球运动员运球跑的速度都与无球状态下冲刺跑的速度存在着差异。跑动中完成动作的差异，导致速度存在专项特征。场地条件的限定也是专项速度差异性的原因。例如，篮球运动员在篮球场上表现出来的速度能力主要是加速能力，而不是最大速度能力；足球运动员在足球场上主要表现为加速能力，也有少量的最大速度能力。

（六）减速能力

减速能力是指快速降速能力，以更好地完成变向或完成动作。运动员在高速运动时，由于较大的惯性难以实现大角度的变向运动。减速能力是有效完成后续动作的前提，如变向动作或躲闪。减速有特定的技术要求，运动员通过屈髋、膝和踝关节缓冲地面反作用力，同时重心降低，并再次通过快速伸髋、膝、踝产生推进力，从而改变身体前进方向或完成后续动作。哈珀（Harper）等人的研究指出，将减速时加速度的绝对值大于2.5 m/s^2的减速定义为大强度减速，将减速时加速度的绝对值大于3.5 m/s^2的减速定义为非常大强度减速。在团队项目比赛中，运动员完成大强度减速的次数比完成大强度加速的次数多。如在一场职业足球联赛中，运动员需要完成16～39次大强度加速，而大强度减速则高达43～59次。由此可以看出，减速能力对频频制动、变向的运动项目尤为重要。

（七）多向速度能力

多向速度能力通常被定义为改变方向的速度能力，也被定义为快速改变方向的能力。

三、速度的影响因素

从动力学角度讲，速度是人体单位时间内肌肉力量克服外界阻力移动的结果，因此，快速力量是影响速度的重要因素。肌肉肌纤维类型受遗传因素的影响较大，遗传度高达58%。快肌纤维中含有α-辅肌动蛋白3的运动员，肌肉爆发性收缩的能力较强。虽然速度在很大程度上是由遗传因素决定的，但并不是不可训练的。后天因素（如技术训练、体能训练、营养等）也是影响速度发展的重要因素。大量的研究和实践证明，通过长期的系统训练能显著提高短跑成绩。

（一）步长与步频

跑的速度由步频和步长的乘积决定，步长和步频是影响速度的直接因素。从理论上来讲，运动员要想提高跑的速度，需要提高步长或步频或两者共同提高。运动员为提高速度而盲目提高某一变量的做法并不明智。如步长过大，摆动腿的着地点位于身体重心之前，从而增加制动力，会降低跑速。只有水平与垂直地面反作用力的理想组合，才能表现出最大的速度。

世界级优秀短跑运动员的步长与步频表现模式存在很大的差异，没有集中偏向某一指标，总体而言，步长或步频主导模式是一种高度个性化的现象。步频和步长的最佳搭配则需要考虑不同运动员的特点（如步长指数、步频指数等）。依靠步频的运动员需要保持神经兴奋性为腿的快速摆动提供支撑，而依靠步长的运动员需要更高的力量水平来保持速度。

步频和步长作为两个独立的变量，其影响因素存在一定的差异（图4-2）。因此，速度训练应根据步长和步频各自的影响因素进行有针对性的训练设计。

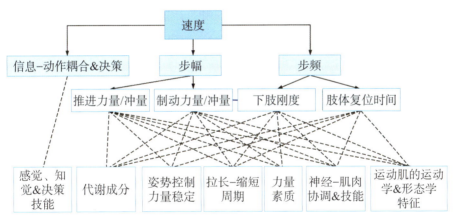

图4-2　影响步长、步频的因素

（二）下肢刚度

刚度是指物体受载时的抗形变能力。刚度越大，形变越小。下肢刚度可以分为关节刚度和肌肉-肌腱复合体刚度。关节刚度又分为髋关节、膝关节和踝关节三种刚度。下肢刚度是由神经-肌肉系统调节，并取决于肌肉、肌腱、韧带、软骨和骨骼的刚度。增加下肢刚度有利于弹性势能的产生和利用，使得输出的机械能超过化学能量转化的机械能。下肢刚度有助于提高加速阶段和最大速度阶段的步频，进而提高冲刺表现。下肢刚度主要是通过垂直刚度来反映形变大小的。布雷特（Bret）等人探究了垂直刚度与百米冲刺表现间的相关性，发现垂直刚度与30～60 m以及60～100 m两个阶段的速度存在显著性相关。

膝关节刚度随着跑动速度的加快而显著提高，且跑动速度在从90%最大速度增加到100%最大速度的过程中，膝关节刚度的变化最为明显。踝关节作为足部重要的"缓冲装置"，其刚度对短距离冲刺的影响同样较大。在肌腱较长、肌肉纤维相对较短的串联肌肉中，刚度主要由肌腱的刚度决定。肌腱本身的刚度是恒定的，肌肉激活程度提高会增加肌纤维硬度，使小腿三头肌肌肉−肌腱复合体刚度进一步提升。

下肢刚度提高运动表现主要是通过提高弹性势能的储存和利用率来实现的。下肢肌肉−肌腱复合体刚度是弹性势能产生的重要载体，股四头肌复合体和小腿三头肌复合体作为对短跑表现贡献相对较大的两大复合体，其在跑动中储存和释放的能量约占人体肌肉−肌腱系统弹性势能储存量的75%。

（三）神经−肌肉系统

1. 中枢神经系统

在生理方面，对于短跑表现而言，保持适当的中枢神经系统机能状态有助于提高放电频率和运动单位募集等，进而缩减反应时间、提高肌肉力量以及加快动作速度。非药物/非营养的经颅直流电刺激可以调节中枢神经递质，提高精英运动员的运动表现。

在心理方面，中枢神经系统会影响训练动机和抗压能力等。例如，大脑中多巴胺水平与运动表现呈倒U形关系，多巴胺水平较高会导致心率加快、紧张等，从而使得无关的运动单位募集增加并破坏神经−肌肉功能的稳定性。体能教练员的正向指导可使运动员在放松的状态下训练，运动员积极的心态有助于中枢神经机能处于适当的兴奋状态。

此外，体能教练员要根据运动员的状态合理安排训练负荷和间歇。运动员则需要不断积累比赛经验，寻找适合自己的状态调整方式。

速度障碍是指跑速达到一定水平时，步频、步幅、节奏等技术上达到相对稳定的状态，并在神经中枢形成了动力定型，从而出现跑速停滞不前的现象。速度障碍意味着运动员只能以特定的速度模式跑，即使运动员的能力（如力量、柔韧甚至反应时）提高了，也无法提升速度表现。长期的单一速度训练模式容易导致中枢神经系统形成固定动作模式，无法进一步提升速度能力。因此，多样性的速度练习（超最大速度练习、上坡跑练习、超等长练习）有利于避免出现速度障碍。

2. 骨骼肌系统

短距离冲刺要求运动员参与肌群具有快速收缩的能力，而肌肉收缩速度与肌纤维类型、肌纤维长度和羽状角角度相关。

（1）肌纤维类型

优秀的短跑运动员拥有较高比例的快肌纤维。快肌纤维的生理学特性决定了其在速度和爆发力方面优于慢肌纤维，在无氧代谢能力方面比慢肌纤维强，但是在抗疲劳能力方面不如慢肌纤维。尽管肌纤维类型的比例在出生时就决定了，但是速度训练可以改变肌纤维的特性和募集水平。研究发现，长期的耐力训练或慢速收缩的抗阻力量训练也可以使Ⅱx型纤维具有Ⅱa型纤维的特性，当然这种转变对速度而言是不利的。另外，运动员能否高效地募集快肌纤维（尤其是Ⅱx型纤维）也很重要。通常未经训练的运动员只能募集有限的Ⅱx型纤维，通过高强度、高速度的训练可以提高Ⅱx型纤维的募集水平。

（2）肌纤维长度

不同肌肉间最大收缩速度差异在很大程度上是由肌纤维长度差异造成的。较长的肌纤维在高速运动中力的衰减较少，且收缩速度更快，力量发展速度更高。男性短跑运动员的绝对和相对下肢肌纤维长度与100 m跑最佳成绩呈显著性相关。并且，精英短跑运动员的下肢肌纤维长度（股外侧肌、股中间肌、股直肌）显著长于精英长跑运动员和无训练背景人群。肌纤维长度与运动员的短跑能力高度相关。

（3）肌纤维羽状角

肌纤维羽状角越大，肌肉产生的力量越大；但较小的肌纤维羽状角，肌肉的收缩速度更快，更有助于提高速度。短跑运动员肌肉体积大，但是肌纤维羽状角显著小于长跑运动员，羽状角减小所带来的好处就是肌肉能对肌腱产生更强的拉伸力。

3. 神经–肌肉功能

神经–肌肉功能是影响冲刺表现的关键，通过肌肉收缩产生肌力，是中枢神经系统与肌肉组织交互作用的结果。研究证实，结合力量、增强式训练和冲刺训练，能够对神经–肌肉系统产生多种适应，这些适应有利于提高冲刺表现。力量训练能够提升神经冲动发放能力，这些神经冲动以不同的频率和大小传送至目标肌肉。提高肌力和力量发展速率都与神经冲动动作电位的产生有关。同样，超等长练习提高了高阈值运动单位的兴奋性，增加了神经冲动，最终也能提高肌肉收缩速度，影响运动员的冲刺表现。

（四）地面反作用力

地面反作用力的大小是由人体施加在地面的力决定的。在跑动中，腿的蹬伸力量是低于1RM背蹲杠铃或等长大腿中位拉测试的下肢最大力量。有研究指出，跑的最大速度阶段支撑时间为80～120 ms，而加速阶段前三步的支撑时间是160～200 ms。在跑的加速和最大速度阶段，蹬地支撑时间均小于从静止发力达到最大力量所需要的时间（>300 ms），即蹬地支撑阶段不可能达到最大力量水平。这进一步说明，地面反作用力与最大力量是两个不同的概念，不可混为一谈。

需要注意的是，地面反作用力除了受到最大力量的影响外，还受到短跑技术、下肢刚度和反应力量的影响，因此，作为影响加速度的最直接的力，跑动中形成的地面反作用力才是决定速度的关键。

（五）最大力量

最大力量作为基础力量对于提高冲刺成绩的作用不可忽视，最大力量的增长会改变个体力量–时间曲线特征（如力量发展速率）以及外部机械功率。①最大力量和力量生成率之间存在密切的关系。最大力量对150～250 ms区间力量生成率贡献率相对较高，并且通过抗阻训练提高最大力量能够显著提高力量生成率。②运动员输出功率的大小是判断冲刺表现的决定性因素。而最大力量和输出功率之间具有中等到较强的相关性，最大力量的提高可以增加绝对或相对功率输出。因此，最大力量间接影响冲刺表现，运动员在蹬地支撑阶段的最大力量利用率，即动态力量指数具有重要的训练学意义。③最大力量对于加速和最大速度阶段的作用存在差异。由于最大速度阶段相对于加速阶段的踏地支撑时间更短，相对于加速阶段，下肢最大力量对最大速度阶段的作用要低。

需要注意的是，虽然大量研究显示最大力量与速度的相关性不高，但是相对力量与速度具有较高的相关性。有研究发现，5 m、10 m、20 m和30 m成绩与背蹲最大相对力量呈中等程度相关。

（六）爆发力

在最大力量产生之前，力产生的大小主要取决于力量生成率。0～300 ms内的力量生成率、冲量（时间段内，力的累积）以及不同时刻力值（如200 ms力值）是评估爆发力的重要指标。在加速跑和最大速度跑中，蹬地支撑时间均短于250 ms。蹬地支撑阶段产生的力量生成率和冲量越大，人体向前移动的加速度也越大，跑动速度越快。

（七）反应力量

反应力量是由弹性势能和神经性反射调节产生的力量，是影响拉长–缩短周期运动表现的重要因素。无论是加速阶段还是最大速度阶段，每个单步的蹬地支撑时间都较短，属于快速拉长–缩短周期。有学者认为，冲刺跑是力量训练的高级形式，即反应力量练习。研究发现，反应力量与自加速开始到第14步至第19步的表现呈显著性相关。不同水平短跑运动员的反应力量存在较大的差异，一级短跑运动员的反应力量水平显著高于二级短跑运动员。

最大速度阶段的蹬地支撑时间相对较短（80～120 ms），运动员无法像加速阶段那样通过蹬地技术获得更大的水平推进力。运动员在最大速度阶段采用扒地技术的弹性跑产生反应力量，保持跑动速度。这种弹性跑技术能耗较低，能够提升跑步经济性，有助于防止速度过快下降。研究发现，反应力量和垂直刚度、最大速度存在非常高的相关性，且反应力量和离心力量共同参与最大速度阶段腿部刚度的调节。因此，反应力量是影响最大速度的重要因素。

（八）姿势控制

姿势控制是基于动力学的感觉过程和运动过程相互作用的复杂技能，是人类的基本运动能力之一。姿势控制有利于保持身体重心和支撑面的关系，维持身体平衡，从而预防跌倒并完成既定任务。良好的姿势控制能够有效提高神经-肌肉的协调性，确保良好的骨关节力线，保证支撑关节的最小压力，使力在动力链上的传递更高效，对于非稳定状态下完成技术动作有显著影响。

在加速阶段，水平地面反作用力对加速表现的贡献程度很大，而水平地面反作用力与蹬离地面时身体的前倾角度呈高度相关。因此，通过控制身体前倾角度可以获得更多水平方向的地面作用力，在加速阶段采用低头姿势、利用状态反射，更有助于下肢的蹬伸发力。

此外，核心区稳定性是影响姿势控制的重要因素。核心区作为动力链传递的中心，其稳定水平至关重要。腰椎-骨盆-髋关节复合体犹如弹簧结构，较强的核心刚度和稳定性在蹬地支撑阶段能够产生更大的弹性势能，有利于在随后的蹬伸中释放更大的能量。虽然，目前研究并没有发现核心区稳定性与短跑表现存在显著性相关，但这不能否定核心区稳定性对姿势控制和力的有效传递起到的积极作用。

（九）协调和专项技术

短距离冲刺是一种高度复杂的技术动作。从生物力学角度来看，上、下肢在完成短跑技术时良好的协调配合是水平推进力量输出最大化、减少制动力产生的关键因素。也就是说，除个体力量差异外，功率输出在很大程度上受到运动员的协调能力和短跑技术动作的影响。中枢神经系统通过协调控制肌群达到最佳的激活状态，从而进一步调控参与运动的多关节间的相互作用。例如，踝关节跖屈和膝关节伸展的协调联动是冲刺蹬地产生水平速度的一个重要的协调联动模式。冲刺过程不同阶段的技术动作特征见表4-2。

表4-2 冲刺过程不同阶段的技术动作特征

阶段划分	技术动作特征
起动和加速阶段	膝关节角度：前侧腿90°，后侧腿130°； 起动时，双腿最大限度地向后蹬，持身体前倾，以产生更高的水平速度； 摆动腿尽可能低，尽量贴着地面以减少腾空时间； 双臂最大限度地向后摆动； 头颈前屈，使下颌尽可能贴近胸部； 加速阶段前期控制步长，在加速阶段中期和后期逐渐增大步长
最大速度阶段	躯干与地面垂直； 在腾空阶段，摆动腿膝关节屈曲，大腿折叠后摆；屈髋，大腿加速前摆，膝关节伸展，小腿积极下压，脚掌扒地

合理的技术动作应符合人体运动系统的生物力学原理，将身体姿势置于最佳位置。在短跑中，对地面施加作用力的有效利用率是评估短跑技术动作质量的重要指标之一。运动员短跑专项技能水平越高，力的有效利用率就越大。为获得更大的水平冲量，运动员在加速阶段会尽可能保持较大的身体前倾角度，使身体重心保持在地面支撑处的前方。合理的摆臂技术是短跑技术的重要组成部分。摆臂动作在平衡下肢运动引起的旋转力矩、稳定躯干方面起到至关重要的作用，摆臂也会影响大腿抬起的高度进而影响步长。

（十）能量代谢系统

短距离冲刺跑是短时间、高强度的运动，单位时间内能量输出（ATP水解的数量和速率）和能量代谢能力是影响速度的重要的影响因素。无氧供能系统（磷酸原系统、糖酵解系统）是短距离冲刺跑的主导供能系统。虽然有氧供能系统也参与，但占比较小。

短距离冲刺跑速度的强度高，持续时间短（0~10 s），以磷酸原供能系统供能为主。而在持续50~60 s的速度耐力运动（>85% 最大心率）中，磷酸肌酸储量急剧下降，人体通过糖酵解供能系统来补充能量。在糖酵解过程中，H^+浓度的积累使细胞内的pH值降低，进而抑制氧化磷酸化、糖酵解酶活性、钙与肌钙蛋白的结合，影响肌肉兴奋-收缩偶联，成为引起疲劳的主要原因。所以，速度耐力表现在很大程度上受限于糖原储备和组织缓冲H^+能力。

第二节　速度训练方法

一、力量训练

发展下肢力量是提高速度表现的基本策略。虽然力量的增长在短期内并不会立即提高速度表现，甚至起到负向影响，但这并不影响下肢力量的增长会转化为速度表现的事实。例如，职业橄榄球运动员在8周的力量训练后背蹲力量增长了17.7%，5 m、10 m和20 m成绩提高了5.9%~7.6%。提高速度表现后，力量训练应该参考以下建议。

（一）专项化力量训练

1. 水平轴力量训练

选择专项化程度越高的力量训练越可以更大化地将力量能力转化为运动表现。在力量训练中，不同方向力量训练会产生不同的训练适应。水平方向负荷力量练习能更好转化为水平力的生成，垂直负荷力量练习能更好地转化为垂直力的生成。短跑属于水平移动的运动，选择水平方向力量训练可能效果会更佳。深蹲和臀推是最常见的下肢力量训练手段，这两个练习主要的差异在于深蹲是一种垂直方向的力量练习，而臀推有一个前后的水平力矢量。研究发现，臀推训练对提高10 m、20 m成绩效果显著。

2. 单侧力量训练

短跑蹬地阶段，两腿有支撑腿和摆动腿之分。鉴于此，单侧力量训练比双侧力量训练更接近短跑的技术动作特征。有研究发现，这两种训练均能显著提升速度表现且单侧力量训练的效果并不会更佳，这是因为虽然单侧力量训练专项化程度更高，但单侧肢体运动带来的不稳定性，导致单侧力量训练并不能达到最大训练强度，进而影响了训练质量。值得注意的是，长期的双侧下肢力量训练会因为双侧力易化而影响单侧肢体力量的增长。此外，与双腿背蹲相比，单侧蹲（保加利亚蹲）对腘绳肌和腹外斜肌的激活更显著，从而有助于预防股后肌群拉伤。因此，短跑运动员在进行下肢力量训练时，建议将水平方向力量训练和单侧力量训练加入抗阻训练中，使训练多样化，这不仅能提升短跑表现，还能预防运动损伤。

3. 参与肌群

训练专项性的选择还需要考虑参与肌群的作用。伸髋、伸膝和跖屈肌群是蹬地支撑阶段推进力的重要动力来源，又在腾空摆动的中后期阶段起到离心缓冲的作用。以伸髋肌群训练为主导的力量训练是发展短跑表现的核心，同时针对股后肌群的训练需要进行高速离心训练和低速离心训练。

发展上肢力量有利于提高运动员在跑动中的驱动和抗旋转能力，从而有利于提升运动员下肢的跑动表现。但传统的上肢推、拉训练很难直接转化为跑动表现，最佳的上肢力量训练模式应该是与躯干、下肢协同的训练形式。

（二）力量训练发展目标

1. 最大力量与快速力量

较强的下肢最大力量和快速力量能力是短跑运动员需要具备的最重要的力量能力。在发展最大力量的训练中，短跑运动员需要使用最大力量或者接近最大力量的负荷强度，只有这种力量训练模式才能激活Ⅱ型运动单位。为提高中枢神经系统的调节能力，还需要安排超负荷训练或者离心训练以刺激神经激活。然而，大重量力量训练会影响肌肉的收缩速度，而对于短跑运动员来说，快速的肌肉收缩极其重要。因此，在进行大重量抗阻训练后，应进行快速无负荷的练习，以避免肌肉收缩速度变慢。

快速力量训练能够改善神经-肌肉系统的调节功能，通过增加短时间神经冲动的发放频率，动员更多的运动单位，同时神经系统会改善主动肌、协同肌、对抗肌间的相互协调关系，提高快速发力的能力。在发展快速力量的训练中，由于快速力量具有专项化的特点，完成动作时技术的合理程度非常关键。尤其在专项技术模仿练习中，训练质量与专项技术吻合程度密切相关。因此，在实际训练中，体能教练员需要根据训练目的合理地选择力量训练方式。

2. 力量训练的侧重点

冲刺跑时，每个单步的蹬地支撑时间为0.08 ~ 0.10 s，而肌肉收缩达到最大力量需要0.3 ~ 0.4 s。在这个时间差中，运动员还有潜在的力量能力尚未发挥，也就是存在爆发力赤字（指最大力量与动作中实际产生最大力的差值占最大力量的百分比）。爆发力赤字以50%为参考值，当其大于50%时应以提高最大力量的训练为主，当其小于50%时则以提高发力速度的训练为主。如果爆发力赤字很大（如远超过50%），说明该运动员对于最大力量的利用水平有待加强，应优先采用爆发力练习，提升最大力量的利用率；如果运动员的爆发力赤字比较低（远低于50%），则说明该运动员最大力量的利用水平较高，最大力量可能是制约速度的重要因素，应着重进行最大力量训练。因此，运动员需要确定优先提高最大力量还是爆发力。

二、冲刺跑训练

（一）无负重冲刺跑训练

无负重冲刺跑训练是指运动员在无负重的情况下进行的冲刺跑练习。低速跑的神经-肌肉协调模式和运动单位募集及激活模式等与高速冲刺跑有较大的差异，因此，无负重冲刺跑要求运动员接近最大努力或达到最大努力。高速冲刺跑不仅能提高速度表现，还能有效提高最大力量拉长-缩短周期的表现，使用与比赛相近的速度或个体最大速度进行训练可以有效发展短跑所需的神经-肌肉功能。

当以发展加速能力为目标时，建议采用10 ~ 50 m的冲刺跑；而以发展最大速度为目标时，建议采用10 ~ 30 m最大冲刺跑（不包括加速距离），以个体达到最大速度的距离训练为佳。速度耐力训练通常需要持续7 ~ 15 s，强度保持在95% ~ 100%最大速度。对于非短跑运动员（如球类运动的运动员），训练距离的选择与速度测试一样，不仅要根据比赛需求，还要考虑自身的技术特点等确定训练目标和距离。为发展速度控制能力，不同运动员的训练策略不同，需要根据运动员的特点进行个性化训练策略选择。在练习中，体能教练员需要明确助跑距离、各分段助跑距离的速度、起跳速度以及步长和步频的变化情况。此外，由于持球或球拍与单独的冲刺在神经-肌肉协调、技术动作等方面存在差异，这类运动员在训练后期需要结合球或球拍进行冲刺跑训练。

值得注意的是，在进行加速训练时需要考虑起跑姿势的选用。不论是加速训练还是最大速度训练均属于大强度训练，需要保持神经系统的兴奋性。因此，每进行下一次练习之前都要保证运动员得到完全恢复以保证训练质量。

（二）阻力冲刺跑训练

阻力冲刺跑训练是指运动员在增加外部负荷的情况下进行的冲刺跑练习。阻力冲刺跑训练的主要目的是对参与肌群施加额外的负荷以刺激神经激活来募集更多的快肌运动单位。其常用的方法有负重阻力冲刺跑（如穿戴式负重冲刺跑、阻力推冲刺跑和阻力拉冲刺跑等）和无负重阻力冲刺跑（如上坡冲刺跑等）。阻力冲刺跑用于发展短跑速度时，要求运动员以最大努力进行高速冲刺。在这种超负荷冲刺中，对于尚未建立稳定的动力定型和不具备基础力量的初学者，其短跑技术容易受到破坏，从而增加运动损伤的风险。因此，体能教练员在安排阻力冲刺跑前需要评估运动员的现有力量水平和技术动作质量。此外，阻力冲刺跑对处于不同年龄段的运动员的影响不同。研究发现，阻力冲刺跑对于处于身高突增（peak height velocity，PHV）阶段中后期的运动员训练效果更佳。对于PHV前期的运动员，阻力冲刺跑并不是最佳的训练选择。

1. 负重阻力冲刺跑

负重阻力冲刺跑是指运动员在负重的情况下进行的冲刺跑练习，常用的手段有穿戴式负重冲刺跑、阻力拉冲刺跑和阻力推冲刺跑等。负重阻力冲刺跑通常使用体重百分比法和最大速度下降百分比法来确定负荷强度（表4-3）。体重百分比只需要根据不同训练目的选择不同体重百分比值，即可以确定负荷重量。该方法操作简单，可操作性较强。然而，这种方法没有考虑到个体间力量、功率输出能力和不同界面的摩擦系数的差异。因此，不同个体使用相同的体重百分比会产生不同的训练效果。相比之下，最大速度下降百分比法更合理，且具有个性化、通用化等优点，也更适合用于精英运动员的负荷安排。

表4-3　体重百分比法和最大速度下降百分比法负荷强度对比

负荷强度	体重百分比/%	最大速度下降百分比/%
小	< 10.0	<10.0
中	10.0 ~ 19.9	10.0 ~ 14.9
大	20.0 ~ 29.9	15.0 ~ 29.9
非常大	> 30.0	> 30.0

负重阻力冲刺跑不仅可以作为力量训练手段用于发展水平力量和功率输出能力，还可以作为短跑专项速度训练手段。负重阻力跑用于发展力量时，只需要考虑如何最大化提升水平力量即可，负荷重量约为体重的10%~30%。作为专项速度训练时，负荷重量的选用应该既避免对短跑技术动作产生显著的影响，又能产生合适的超负荷刺激以引起最佳的适应。速度保持在90%最大速度内，短跑技术没有显著变化，因此发展速度能力时，负荷强度需要选用小于10%体重的重量。在进行负重阻力冲刺跑时，单次冲刺距离30~60 m时，常采用的负重阻力冲刺跑方式有穿戴式负重冲刺跑和阻力推冲刺跑和阻力拉冲刺跑。

（1）穿戴式负重冲刺跑

穿戴式负重冲刺跑是指将额外的负荷附着在身体的特定部位（如躯干或肢体）进行的冲刺跑。不同负载部位所能承受的负重不同。肢体承受的负重相对较小（<10%体重），躯干

承受的负重较大（5%～65%体重）。躯干负重（如负重背心）能够使负荷重量平均分散到身体重心附近，从而有效提高力量输出能力。肢体负载的重量通常放置在肢体的末端，从而可以有效增加惯性动量以及参与肌群的激活程度。然而，肢体负重在一定程度上也会影响动作技术的规范性并限制关节灵活性。因此，在进行穿戴式负重练习时，躯干负重比肢体负重更合理。

穿戴式负重冲刺跑训练和阻力推、拉冲刺跑训练是以不同的方式对神经-肌肉系统施加的超负荷刺激。阻力推、拉冲刺跑训练能够产生水平方向训练刺激，尤其是在负荷重量较大的情况下。然而，不论是在加速阶段还是在最大速度阶段，穿戴式负重冲刺跑训练均不会对水平力量输出产生显著影响。研究发现，躯干负重使运动员控制身体姿势的能力下降，从而使得跑动中身体的前倾角度较小，额外施加的负荷重量更多的是引起垂直方向的训练刺激。因此，穿戴式负重冲刺跑训练并不是提高加速表现的最佳选择，但可以用于提高最大速度腾空表现，进而提高下肢蹬摆的高效性和流畅性，为接下来的支撑阶段做好准备。例如，如果腾空期的屈髋速度不够，就会影响到屈髋幅度，屈髋幅度的受限会进一步影响伸髋发力加速的空间，进而使支撑阶段的发力能力下降，影响整体速度。

（2）阻力推、拉冲刺跑

阻力推冲刺跑和阻力拉冲刺跑是指在推或拉外部重量的同时进行冲刺跑的练习。这两种训练手段间存在较大的动作差异。阻力推冲刺跑训练需要将双手放置在器械上，这就限制了摆臂动作，对短跑的技术影响较大。阻力拉冲刺跑对技术动作的影响相对较小，只需要将器械通过绳子与躯干相连接即可。通常认为，负载在髋关节处会有利于伸髋肌群的发展。鉴于两种训练手段对技术动作影响的差异，建议在训练前期进行阻力推冲刺跑训练，后期进行阻力拉冲刺跑训练。此外，在阻力推冲刺跑训练中，身体前倾角度会随着重量的增加而增加，有助于发展水平力量。但在阻力拉冲刺跑训练中，随着重量的增加身体前倾角度变化相对较小。因此，阻力推冲刺跑训练更有助于发展加速表现，而阻力拉冲刺跑训练更有助于发展最大速度。常见的阻力推冲刺跑的训练形式有推雪橇车跑，阻力拉冲刺跑的训练形式有拉雪橇车跑、拉轮胎跑、拉阻力伞跑等。

阻力推冲刺跑训练和阻力拉冲刺跑训练负荷重量需要根据不同训练目标选择适当的速度下降百分比进行确定。运动员在训练中可通过加速阶段和最大速度阶段最大速度百分比和体重百分比的回归方程以及建议负荷重量表确定最佳的负荷重量（表4-4）。例如，一个体重为100 kg的运动员要想以90%最大速度发展加速能力和最大速度，那么他分别需要进行12.59 kg和9.93 kg的阻力拉冲刺跑训练。

表4-4　加速阶段和最大速度阶段最大速度百分比和体重百分比回归方程以及建议负荷重量

体重/kg	加速阶段 体重百分比=（-1.96×最大速度百分比）+188.99			最大速度阶段 体重百分比=（-0.8674×最大速度百分比）+87.99		
	90%最大速度负荷重量/kg	92.5%最大速度负荷重量/kg	95%最大速度负荷重量/kg	90%最大速度负荷重量/kg	92.5%最大速度负荷重量/kg	95%最大速度负荷重量/kg
120	15.11	9.23	3.35	11.91	9.31	6.71
115	14.48	8.84	3.21	11.41	8.92	6.43
110	13.85	8.46	3.07	10.92	8.53	6.15
105	13.22	8.07	2.93	10.42	8.14	5.87
100	12.59	7.69	2.79	9.93	7.76	5.59
95	11.96	7.31	2.65	9.43	7.37	5.31
90	11.33	6.92	2.51	8.93	6.98	5.03
85	10.70	6.54	2.37	8.44	6.59	4.75
80	10.07	6.15	2.23	7.94	6.21	4.47
75	9.44	5.77	2.09	7.44	5.82	4.19
70	8.81	5.38	1.95	6.95	5.43	3.91
65	8.18	5.00	1.81	6.45	5.04	3.63
60	7.55	4.61	1.67	5.96	4.65	3.35
55	6.92	4.23	1.53	5.46	4.27	3.07
50	6.30	3.85	1.40	4.96	3.88	2.79
45	5.67	3.46	1.26	4.47	3.49	2.51

2. 上坡冲刺跑

上坡冲刺跑训练通常能够对骨骼肌系统产生特定的超负荷刺激，能有效提高短跑冲刺和功率输出能力。此外，上坡冲刺跑的腾空时间比水平地面冲刺跑的腾空时间显著缩短，蹬地时间保持不变。在蹬地支撑阶段，离心缓冲阶段的时间缩短，向心推进阶段的时间增加，这有利于在推进阶段产生更大的垂直冲量和功率输出以获得更大的水平推进力。然而，坡度会显著影响跑动中的下肢关节运动性。髋关节、膝关节和踝关节在蹬地支撑阶段的屈曲程度以及蹬离地面时的伸展程度会随着坡度的增加而增加，并与水平冲刺跑的下肢运动性存在较大的差异。因此，选择合适的坡度对提高短跑表现至关重要。

上坡冲刺跑训练的最合适坡度为3°～8°或速度下降不超过最大速度的10%。坡度增加会对伸髋肌群的刺激程度加深，更有助于提高加速能力，而较小坡度则有助于提高速度和速度耐力。坡度为8°的上坡冲刺跑训练适合用于发展起跑和加速能力，坡度为1°～3°的上坡冲刺跑训练适合用于提高速度表现和速度耐力。坡度过小无法对机体产生足够的刺激，小于3°的坡度并不适合用于提高短跑表现。在负荷量方面，单次上坡跑的距离一般控制在30～40 m。

（三）助力跑训练

助力跑训练是指运动员在外部直接或间接的助力下以比常规水平冲刺跑更大的跑速进行的练习（如下坡跑、牵引跑等）。助力跑训练可以有效刺激运动员的神经系统，提高步频，增加肌肉刚度和弹性势能的储备。在助力跑训练中，速度超过水平地面跑最大速度的106%～110%时会过度提高步长，从而增加蹬地支撑阶段的制动时间，限制步频的增加。因此，助力跑训练同样需要注意速度的提高幅度。单次助力跑的距离不宜过长，超极限冲刺的生理和力学需求会迫使运动员以疲劳状态完成动作，导致制动力的增加。因此，通常建议单次助力跑的距离为60～80 m。

1. 下坡跑

下坡跑训练指在具有一定坡度和长度的平面上利用重力使运动员超速完成下坡冲刺，是助力跑训练中较受欢迎的训练手段之一。其优点是不需要额外的设备，其缺点是找到合适的场地相对较难。坡度的选择同样是影响下坡跑训练的效果的重要因素。下坡跑的最适合坡度为2°～7°，在这个坡度范围内进行训练足以提高步频，并能确保摆动腿蹬地支撑的着地点处于适当的位置。坡度为3°时，触地支撑时间缩减。坡度为5°时，虽然触地时间和制动力急剧增加，但并不会导致短跑技术参数发生负面改变。下坡跑最佳的练习方法为先进行30～40 m的下坡冲刺跑，紧接着进行30～40 m的平跑，再进行30～40 m的下坡跑。下坡跑结合平跑训练有助于将获得的"超速度"直接"转化"为平跑冲刺速度，对提高速度表现的效果更佳。

2. 牵引跑

牵引跑训练是通过同伴牵引或弹性绳索的收缩使运动员达到"超速"状态。不同于下坡跑，牵引跑训练可以在平地上进行，运动员在跑动中可以保持直立姿势，不需要过度前倾来保持平衡，从而不会对技术动作产生负面影响，有利于运动员从加速阶段自然过渡到最大速度。牵引的同伴或弹性绳索的弹性系数需要慎重选择，保持速度提升2%～5%即可。

三、速度耐力训练

速度耐力训练是指必须尽可能接近最大速度，并尽可能长时间保持速度不显著下降的练习。速度耐力训练与最大速度训练的主要区别是，速度耐力训练需要更长的冲刺时间，对无氧供能系统尤其是糖酵解供能系统的挑战更大。因此，只有长时间（大于7 s）的高强度运动才能提高速度耐力中两个最重要的能力（无氧功能力和无氧代谢能力）。需要注意的是，次最大强度（低于80%最大强度）训练不仅不会增加无氧酶的活性，还可能会阻碍速度耐力的发展。

短跑运动员速度耐力训练的常用方法包括短于比赛距离的间歇训练法和长于比赛距离的重复训练法。球类项目运动员专项速度耐力训练由于奔跑距离、间歇、奔跑次数等特点专项性更加显著。

（一）间歇训练法

研究表明，较短的间歇短跑（如2×200 m或3×100 m，间歇60 s）比同距离（400 m或300 m）的最高速度持续跑更能刺激糖酵解供能系统。体能教练员在为运动员制订个性化的速度耐力训练计划时（特别当训练重点是改善糖酵解供能系统时），间歇训练法是很好的选择。

采用100～400 m不同距离，以比赛配速90%～100%的强度，按照1：（1～3）的运动-间歇比安排每次重复间的间歇，可以有效地提高乳酸耐受能力、无氧功能力和糖酵解代谢能力。

（二）重复训练法

重复训练法的特点是强度高，间歇较充分，强调每次重复的质量，这对于运动员的竞技表现有着重要的促进作用。

重复训练法能够发展运动员无氧功能力以及糖酵解供能能力，促进运动员最大速度的保持能力，是100 m跑运动员速度耐力训练的典型方法。其具体方案为：以95%最大速度以上的强度进行110～150 m短距离冲刺跑；进行4～8次，每次休息2～5 min。

（三）专项速度耐力训练

在同场对抗项目中，运动员在比赛中冲刺跑的运动是非持续的，因此，专项速度耐力训练包含运动中的冲刺距离、间歇、冲刺的次数和组数四个重要变量。例如，美国职业篮球联盟（NBA）以15 m×17次折返测试（冲刺距离是15 m，折返次数是17次，组数4组，间歇为2～2.5 min）来评估篮球运动员的折返冲刺能力。

值得注意的是，专项速度耐力的训练方法与专项速度耐力的测试方法相似，四个变量与专项实际运动的吻合程度会影响训练的质量。足球、曲棍球、橄榄球项目相比于篮球的场地更大，因此1次冲刺的距离变动也更大。对于大场地的同场对抗类项目，典型的专项速度耐力训练计划应涉及跑动距离和间歇时间的变化，如逐渐地从10 yd（约9.1 m）增加到50 yd（约45.7 m），重复次数从5次增加到15次，慢跑恢复和休息的时间从20 s减至5 s等，完成所有上述跑为一组，休息90 s，再依次完成4组。

速度耐力训练一般每周不超过2次，在比赛期将减少到每周1次。因为，速度耐力训练对运动员机体有着严格的要求，容易出现过度训练。间歇活动方式应该是积极性休息，如步行和慢跑。次间歇时间也按照1：（1～3）的运动-间歇比安排。

速度耐力训练和速度训练相似，然而，这两种训练有着重要的区别。速度耐力训练的持续时间应该在30 s以上，甚至2～3 min，而速度训练则一般在5～10 s。速度耐力训练的间歇一般较短，以避免运动员完全恢复。

第三节 速度训练设计

一、专项速度训练设计

在专项速度训练中，负荷强度应根据训练目标来确定。负荷强度必须达到最大努力状态，只有大于90%最大努力强度训练才能有效提升神经−肌肉系统的协调和动员能力。在这种高强度训练中，确保神经−肌肉系统的兴奋性保持在一定的水平是保证训练质量的前提。因此，不论是在单次训练后，还是在组间间歇中，均要确保运动员充分恢复。通常，单次训练后和组间间歇的训练时间分别为1~5 min和5~10 min。在不同练习中，单次训练的跑动距离不同（表4-5）。在最大速度训练中，负荷量是根据最大速度持续的距离计算的（不包括加速阶段的距离）。课负荷量可根据运动员的水平和状态来确定。课负荷量并不是固定不变的，可以根据速度下降的情况灵活调整。

表4-5 专项速度训练建议负荷和间歇

训练目标	训练距离/m	强度（最大速度的百分比/%）	间歇/min	课训练总量/m
加速	10~50	>95	1~2/5~7	100~300
最大速度	10~30	>95	3~5/6~8	50~150
速度耐力	60~80	>90	5~10	600~2000
阻力跑	10~30	>70	3~5/6~8	50~200
助力跑	10~30	>98	1~2/5~7	50~200

二、专项力量训练设计

专项力量训练分为三个不同的阶段，即一般准备阶段、专项准备阶段和专项发展阶段。一般准备阶段以发展最大力量和一般性快速力量为主，常采用的训练方法为杠铃力量和奥林匹克举重训练。专项准备阶段的主要目的是通过更接近专项化的训练手段将获得的力量能力转化为专项表现。这个阶段的力量训练特征是一般力量训练和专项力量训练手段共存，通过高水平力量训练发展加速表现，以及通过跳跃训练发展最大速度表现。专项发展阶段是最为重要的阶段，主要目标是将力量能力最大化转化为速度表现。该阶段的负荷强度相对较小，训练手段更加专项化。专项力量训练建议安排见表4-6。

表4-6 专项力量训练建议安排

阶段	加速	最大速度
专项发展阶段	阻力冲刺跑，上坡跑	负重背心跑，跨步跳
专项准备阶段	大重量拖雪橇冲刺跑，立定跳远，俯冲抛实心球	跳栏架，跳深，过顶抛实心球
	挺举，杠铃蹲跳，爆发式负重登台阶	
一般准备阶段	高翻、抓举，弓箭步/分腿蹲，深蹲和硬拉、直腿硬拉	

三、专项辅助训练设计

专项辅助训练一般在热身阶段、速度训练课和调整训练课中进行。热身阶段中进行专项辅助训练有助于唤醒"肌肉记忆"，提高专项表现。热身阶段辅助训练负荷安排不宜过大，避免对正式训练造成负面影响。在速度训练课和调整训练课中，可以通过辅助性训练加强运动员对某一技术环节的认知。专项辅助训练以动作学习为主要目标，负荷强度和训练量均较小，间歇一般为1~2 min。

四、速度的长期发展模型

以短跑项目为例。短跑表现会随着发育、成熟和训练不断得到发展，遵循速度发展长期模型是成功培养精英短跑运动员的前提。儿童早期（0~7岁）是发展基本技能的最关键时期，可鼓励孩子积极参与运动，并通过游戏等活动，培养孩子的运动能力和基本运动技术。在身高突增前期（7~12岁），以学习更多的短跑辅助性练习、发展合理的短跑技术为主要目标。速度显著提高出现在身高突增前后（11~16岁）。身体素质发展敏感期理论认为儿童时期的某一阶段会对训练产生最大限度适应，如果错过敏感期就可能会限制运动表现的提升。这一阶段主要以短跑技术动作和最大速度为发展重点。世界顶级短跑运动员在25~26岁会进入短跑最佳表现阶段，30岁后很难提高或保持速度表现。该阶段的主要目标是体能教练员通过观察训练和测试评估，发现运动员尚具有的可训性的不足之处。

儿童时期进行过度专项化训练可能会在一定程度上显著提高短跑表现，在更早时期达到短跑最佳表现。然而，这类运动员很难达到世界顶尖水平。相对而言，那些在初高中阶段短跑表现出色且没有早期过度进行专项化的运动员未来会取得更好的成绩。因此，发展短跑速度应遵循速度长期发展模型，避免过早地进行专项化训练等不合理安排。

五、速度训练注意事项

第一，速度训练的专项性。根据具体运动对加速、最大速度的需求设计针对性的训练计划。

第二，强调肌肉的收缩速度和功率输出，尤其是对最大力量向爆发力的转换予以高度重视。

第三，技术优先。无论阻力训练还是助力训练，以不破坏技术动作为前提来选择合适的重量。

第四，弹性跑技术要求运动员具备较强的反应力量和反应力量耐力，建议多采用单侧或双侧练习进行水平或垂直的连续跳跃练习。

第五，在训练中，体能教练员应多采用鼓励教学方式使运动员形成积极的心态，这有助于运动员以适当的兴奋状态完成训练。

第六，过早且片面地发展绝对速度，训练手段单调，难以产生新异刺激，可能会过早出现速度障碍。如果出现速度障碍，可采用助力跑和变换训练（如助力-阻力交替训练）来

打破。

　　第七，儿童、青少年速度训练要注意避免过早专项化训练问题，并且要把握速度发展的敏感期。

⭕ 参考文献

[1] ALCARAZ P E, PALAO J M, ELVIRA J L L. Determining the optimal load for resisted sprint training with sled towing[J]. Journal of Strength & Conditioning Research, 2009, 23(2) : 480–485.

[2] CONTRERAS B, VIGOTSKY A D, SCHOENFELD B J, et al. Effects of a six-week hip thrust vs. front squat resistance training program on performance in adolescent males: a randomized controlled trial[J]. Journal of strength and conditioning research, 2017, 31(4) : 999–1008.

[3] CRONIN J, HANSEN K, KAWAMORI N, et al. Effects of weighted vests and sled towing on sprint kinematics[J]. Sports Biomechanics, 2008, 7(2) : 160–172.

[4] HARPER D J, CARLING C, KIELY J. High-intensity acceleration and deceleration demands in elite team sports competitive match play: a systematic review and meta-analysis of observational studies[J]. Sports Medicine, 2019, 49(12) : 1923–1947.

[5] LOCKIE R G, MURPHY A J, SPINKS C D. Effects of resisted sled towing on sprint kinematics in field-sport athletes[J]. Journal of Strength & Conditioning Research, 2003, 17(4) : 760-767.

第五章
耐力训练原理与方法

本章学习目标

- 理解耐力及相关概念。
- 掌握耐力的生物学原理。
- 掌握耐力训练的基本方法。
- 学会耐力训练设计。

耐力训练原理与方法

第一节　耐力训练基本原理

一、耐力及相关概念

（一）耐力

耐力是指机体在一定时间内保持特定负荷强度或动作质量的能力。"一定时间"是指不同专项（如马拉松、5000 m跑、800 m跑等）对运动时间的规定。保持特定负荷强度或动作质量是判定耐力水平的重要标志。耐力同力量一样，具有明显的专项性特点，对运动员的竞技能力起着不同作用。

（二）耐力的分类

按人体的生理系统分类，耐力可分为肌肉耐力和心血管耐力；按耐力对专项的影响分类，耐力可分为一般耐力和专项耐力。（图5-1）

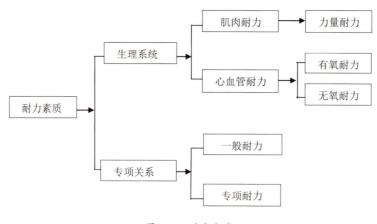

图5-1　耐力分类

1. 肌肉耐力

肌肉耐力/力量耐力是指兼有力量和耐力的双重特点，既要求肌肉发挥出较大的力量，又要求肌肉能够长时间维持一定的运动能力。力量耐力可分为短时间力量耐力（如200 m跑、400 m跑持续时间较短，对运动员的持续爆发力有较高的要求）和长时间力量耐力（如5000 m

跑、10 000 m跑要求运动员在较长时间内发挥一定力量的能力）。

2. 有氧耐力

有氧耐力也称有氧能力，是指肌肉工作过程中氧供应充足、代谢底物完全氧化时产生能量以供持续运动的能力。有氧耐力主要以有氧供能为支撑，代谢底物是糖原和脂肪，糖原可供运动的时间为1.5~2 h，脂肪可供运动的时间为大于2 h。糖原和脂肪的供应以及糖原和脂肪的有氧氧化能力是影响有氧耐力的关键因素。有氧耐力训练的目的在于提高运动员机体吸收、运输和利用氧气的能力，以及糖原和脂肪的代谢能力。

3. 无氧耐力

无氧耐力也称无氧能力，是指机体在缺氧状态下，肌肉长时间收缩供能的能力。无氧耐力分为磷酸原供能无氧耐力和糖酵解供能无氧耐力两种。磷酸原供能的无氧耐力主要以ATP-CP为代谢底物。ATP储量极少可供全力运动时间0.5 s，CP在细胞内存量也较少，可供全力运动的时间为6~8 s，非全力运动时能持续更长时间。磷酸原供能的无氧耐力主要体现在骨骼肌细胞中的CP含量上。糖酵解供能的无氧耐力主要以肌糖原为代谢底物，可供高强度运动的时间为2~3 min。此外，糖酵解快速供能会产生大量乳酸在体内堆积，对肌肉代谢造成负担。糖酵解供能的无氧耐力主要体现在肌肉的乳酸最大生成能力，酸碱缓冲能力（如碳酸氢盐缓冲系统）和乳酸消除能力（如乳酸脱氢酶活性）上。

4. 一般耐力与专项耐力

一般耐力即基础性耐力，是专项耐力的基础，对专项成绩起间接作用。专项耐力与专项成绩直接相关，是指持续完成专项训练或比赛的能力。例如，足球运动员在足球场上的反复冲刺能力是重要的专项耐力，而长时间跑动能力则属于足球运动员的一般耐力。

在训练实践中，一般耐力和专项耐力的安排要因人、因项、因训练阶段而定，要合理处理好两者的比重。对于青少年运动员的耐力训练，体能教练员要特别注意耐力训练的强度，从低强度的一般耐力开始，而后逐步过渡为高强度的专项耐力。

5. 重复冲刺能力

重复冲刺能力是指运动员在比赛中反复进行短时间的冲刺（<10 s），并伴随短暂的恢复（<60 s）的运动能力。重复冲刺能力对于集体球类项目而言，是一种很重要的专项耐力。

重复冲刺能力取决于冲刺能力和冲刺后的恢复能力。最大冲刺速度与重复冲刺运动存在较好的相关性（$r=0.66$）。在训练实践中，体能教练员应侧重于提高冲刺速度、反应力量和最大力量的训练。磷酸原供能和糖酵解供能是反复冲刺阶段的主要供能方式，随着冲刺次数的增加，磷酸原供能比例下降，糖酵解供能比例上升。有氧氧化是重复冲刺间歇恢复阶段的主要供能方式。冲刺能力与ATP供应、功率输出（最大力量、反应力量）和柔韧性等因素有关，冲刺后的快速恢复能力与能量供应（磷酸肌酸再合成能力、糖酵解能力、有氧氧化能力）、肌肉的激活（运动单位募集和激活频率）和缓冲H^+的能力有关。

二、耐力的影响因素

（一）三大供能系统

人体有三大供能系统——磷酸原供能系统、糖酵解供能系统、有氧氧化供能系统。磷酸原供能系统和糖酵解供能系统属于无氧供能系统，有氧氧化供能系统分为糖原的有氧氧化和脂肪的有氧氧化。三大供能系统的相同之处是都产生ATP，不同之处是产生ATP的速度和数量有差别（表5–1）。

表5-1 人体供能系统与运动特征

供能系统	供能速度	持续时间	负荷强度	体能表现
磷酸原（ATP-CP）	极快	1～2 s	极高	最大力量、快速力量、反应力量、速度、灵敏
	很快	6～8 s	极高	
磷酸原和快速糖酵解	快	6～30 s	非常高	快速力量耐力、速度耐力
快速糖酵解	中	30～120 s	高	无氧耐力、力量耐力
快速糖酵解和有氧氧化	慢	120～180 s	中等	无氧耐力、力量耐力
有氧氧化	很慢	大于180 s	低	有氧耐力
	最慢	1～2 h	低	有氧耐力

（二）最大摄氧量

最大摄氧量（VO_2 max）是指个体在剧烈或最大运动中可以利用的最大氧气量。最大摄氧量是反映心血管适应性和有氧耐力的黄金指标。运动员在高强度运动中摄入的氧气越多，产生的能量就越多，在同等条件下就具有更强的运动表现。心肺功能和肌肉氧化能力是限制最大摄氧量水平的核心因素。在有氧训练引起最大摄氧量增加的过程中，运动员在训练初期主要依赖心输出量的增大，训练后期则主要依赖肌肉利用氧的能力增强。

最大摄氧量被认为是决定耐力跑成绩的最重要的生理能力，是耐力性项目取得优异成绩的基础和先决条件。基于这种观念，长跑和其他耐力运动的训练开始关注最大摄氧量，提高最大摄氧量的训练成为相关运动训练研究的主题。基于最大摄氧量对应的速度和最大摄氧量百分比的思想形成了一套完整的训练理论。

值得注意的是，研究表明，最大摄氧量的遗传度接近93.5%，其可训性较小，即训练使最大摄氧量提高的可能性较小，一般为20%～25%。对于中高水平运动员来说，运动成绩的提高与最大摄氧量的相关性不高。由于最大摄氧量存在上限值，对精英运动员而言，其耐力成绩提高时，最大摄氧量不一定提高，这进一步说明最大摄氧量并不是运动成绩的唯一决定因素。

此外，最大摄氧量速度作为一种关于最大摄氧量和跑步经济性的综合指标，成为有氧能力的重要评价依据。最大摄氧量速度的提高，意味着相同的能量消耗下，运动员能产生更快的速度，也意味着运动员有氧运动能力的提升。有研究发现，5000 m跑的成绩与最大摄氧量的相关性为$r=0.474$，与通气阈的相关性为$r=0.629$，与最大摄氧量速度的相关性为$r=0.715$，这进一步说明最大摄氧量速度能更好地反映有氧能力。

（三）无氧阈、乳酸阈、通气阈

1. 无氧阈

无氧阈（anaerobic threshold，AT）是指在递增负荷的运动过程中，人体的供能由有氧代谢供能转为由无氧代谢供能的转折点。

2. 乳酸阈

乳酸阈（lactate threshold，LT）是指在递增负荷的运动过程中，乳酸水平达到一定浓度后，乳酸含量明显上升时的乳酸值。乳酸阈对应的运动速度或最大摄氧量百分比的高低是反映人体有氧耐力的重要指标。乳酸阈值越高，有氧工作能力越强，在同样的递增负荷运动过程中，以无氧代谢供能为主的时间节点出现就越晚。

多年来，很多研究者都习惯用4 mmol/L血乳酸浓度作为乳酸阈，4 mmol/L血乳酸所对应的负荷强度称为乳酸阈强度。然而，采用逐级递增运动负荷测试发现，乳酸曲线上分别存在第一拐点（LT_1）和第二拐点（LT_2）两个乳酸阈拐点。第一拐点血乳酸浓度为2 mmol/L，此时表明身体从有氧运动进入混氧运动。第二拐点血乳酸浓度为4～6 mmol/L，此时则表明身体从混氧运动进入真正意义的无氧运动。血乳酸第一拐点意味着以有氧供能为主，并有一部分能量是依靠无氧供能提供。第一拐点称为有氧阈，第二拐点被称为乳酸阈，也称为乳酸积累点。从严格意义上讲，乳酸阈指的是第二拐点，即乳酸积累点，因为当血乳酸浓度超过4～6 mmol/L时，血乳酸才能迅速堆积。

乳酸阈应当是一个范围而不是一个确定值，因为乳酸阈存在很大的个体差异（大部分人乳酸阈为4 mmol/L，还有一些人为6 mmol/L）。不同运动员及相同运动员的不同训练阶段，乳酸阈值都是不同的。在训练实践中，个体乳酸阈逐渐受到重视，用其指导训练实践更具科学性。

值得注意的是，相较于最大摄氧量，乳酸阈能更准确地反映骨骼肌有氧代谢能力的变化。最大摄氧量受遗传因素影响较大，后天训练提高的可能性较低，最大摄氧量是关于心输出量的函数，当运动员的心输出量达到一定程度时，最大摄氧量再增加将会受到限制。而有氧训练可以提高乳酸阈，通过乳酸阈的变化可以反映有氧训练效应的变化。例如，经过一段时间的有氧训练后，血乳酸曲线向右偏移，则说明在同等乳酸水平下，运动员能够承受更大的强度，或者说在同等速度下，训练后血乳酸的值较低能够有效地反映有氧能力的提高（图5-2）。戴维斯（Davis）研究，经过系统训练后的受试者，其最大摄氧量只能提高25%，而乳酸阈值却能提高44%。乳酸阈值与外周的代谢因素关系更为密切，如肌肉的血流量、肌纤维类型的百分组成及酶的活性等。高水平运动员经过一段时间训练后，心输出量增加不多，但肌肉线粒体氧化酶系的活性却可以成倍地增加。

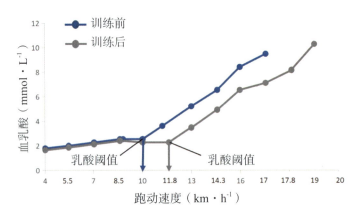

图5-2　有氧能力改善的乳酸阈值变化

3. 通气阈

通气阈（ventilatory threshold，VT）是指在递增负荷运动的过程中，气体代谢的各种指标随负荷强度的增加而逐渐发生的变化，当血乳酸急剧增加时，肺通气量、二氧化碳排出量开始以非线性增加为主，该拐点通气量水平为通气阈。与乳酸阈相似，通气阈也存在着两个拐点，被分别称为第一通气阈（VT_1）、第二通气阈（VT_2）。当人体摄氧量能够满足运动的耗氧量时，人体表现出呼吸不急促，摄氧量、通气量、心率及血乳酸维持在稳定状态，此时接近第一通气阈（VT_1），运动员能够边运动边聊天。但是当负荷强度逐渐增加到一定程度后，前述的稳定状态便无法维持，表现出通气量、血乳酸快速增加，此刻进入第二通气阈（VT_2）。第一通气阈和第二通气阈这两个拐点和乳酸阈的两个拐点负荷强度几乎是一致的（图5-3）。研究发现，负荷强度评价指标第一乳酸阈和第二乳酸阈与第一通气阈和第二通气阈有高度的相关性。

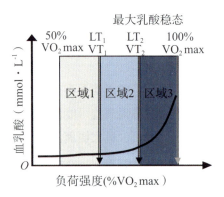

图5-3　通气阈和乳酸阈拐点特征

通气量发生变化的原因：随负荷强度增大，当有氧代谢产生的能量满足不了需求时，糖酵解供能比例增大，而使血乳酸浓度增加。此时，机体将动用碳酸氢盐缓冲系统来缓冲乳酸，生成乳酸钠和碳酸，碳酸易在体内进一步分解为水和二氧化碳，致使体内二氧化碳产生量增加。二氧化碳刺激呼吸中枢，使呼吸加快、加强，从而产生过度通气反应。

（四）跑步经济性

跑步经济性是指在次极限负荷的特定速度下，摄氧量达到稳定状态时每单位体重的耗氧量。跑步经济性越高意味着在规定速度下运动时消耗的能量越少，因此跑步经济性可以作为反映长距离有氧运动跑步效益的重要指标。跑步经济性不能完全替代最大摄氧量，而是与最大摄氧量、乳酸阈共同作为反映、评价中长跑运动能力的三个重要指标，并可解释长跑项目成绩70%的差异来源。当最大摄氧量水平相当时，跑步经济性越好意味着在一定速度下的最大摄氧量百分比越小、单位能量消耗越少。如图5-4所示，在相同的跑速下，运动员A比运动员B能量消耗高，意味着跑步经济性低。同理，在相同的最大摄氧量时，运动员B的跑速会要高于运动员A。

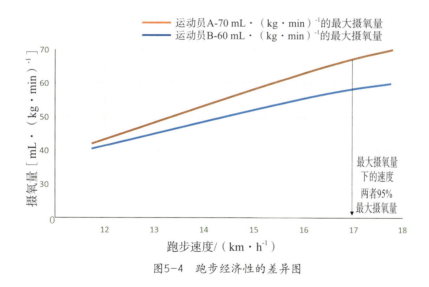

图5-4　跑步经济性的差异图

跑步经济性主要受到训练、环境、生理机能、生物力学和人体测量学因素的影响，因此，体能教练员在设计提高跑步经济性训练计划时，应充分考虑这些因素（图5-5）。

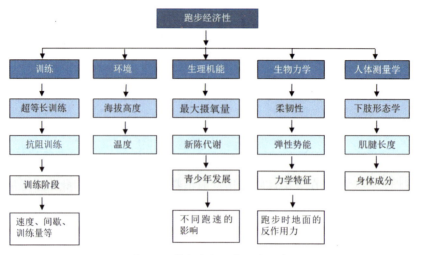

图5-5 影响跑步经济性的因素

（五）肌纤维类型特征

肌纤维类型也是决定运动员耐力水平的重要因素。Ⅰ型肌纤维线粒体体积大、密度高且氧化酶活性高，单位时间内有氧代谢产生更多的能量。Ⅰ型肌纤维百分比与有氧耐力项目成绩高度正相关。Ⅱ型肌纤维与无氧耐力项目成绩高度相关。Ⅱ型肌纤维的亚型中，Ⅱa型肌纤维比Ⅱx型肌纤维具有更强的氧化能力，其功能特性与Ⅰ型肌纤维更为相近。

不同个体的Ⅰ、Ⅱ型肌纤维的比例存在差异，运动表现也具有专门性。科斯蒂尔（Costill）等人发现未经训练的个体Ⅱ型肌纤维和Ⅰ型肌纤维比率是50/50，而中长跑运动员有60%~70%的Ⅰ型肌纤维，短跑运动员有80%以上的Ⅱ型肌纤维。此外，研究发现，精英举重运动员比耐力运动员有更多的Ⅱ型肌纤维，需要最大有氧能力的马拉松运动员有高达90%~95%的Ⅰ型纤维百分比，而在需要更大的无氧能力的举重和短跑运动员中有60%~80%的Ⅱ型肌纤维。

（六）代谢过程的调节能力及运动后恢复过程的代谢能力

代谢过程的调节能力包括参与代谢过程的酶活性、神经与激素对代谢的调节、内环境变化时酸碱平衡的调节以及各器官的协调活动等。比如，肌酸激酶、磷酸果糖酶等对提高ATP再合成速率及快速恢复ATP含量十分重要。

糖酵解代谢产生的乳酸进入血液后，易引起血液和组织中酸性物质的堆积，血液中H^+浓度上升、pH值下降，ATP生成减少，机体产生运动性疲劳，运动能力下降。因此，血液缓冲系统对酸性代谢产物的缓冲能力，以及组织、细胞耐受酸性代谢产物的能力成为影响无氧能力的因素。

（七）能量交叉调控

能量交叉调控的概念解释了当负荷强度增加时，有训练经历者对底物的利用从脂质向碳水化合物的转变。这种转变中等或较大强度地提高了肌糖原分解，增加了Ⅱ型肌纤维的募集，增强了交感神经系统活动，并降低了线粒体脂肪酸摄取。糖原和葡萄糖的利用与功率输出呈指数关系。在高强度运动中，糖原比葡萄糖的作用更大，而脂质氧化的作用减弱。一般而言，脂肪的代谢是低强度（<30%VO$_2$max）、长时间运动能量消耗的主要来源，而糖原在高强度（>70% VO$_2$max）运动中占有能量供应优势。随着负荷强度的增加，糖原的能量比率曲线与脂肪的能量比率曲线之间产生交叉，该能量比率转换位置称为交叉点，反映随着负荷强度的变化，糖原和脂肪能量代谢转换的特点（图5-6）。

优秀的有氧耐力运动员在特定强度下运动时脂肪供能的比例较高，即脂肪的利用率较高，这可以节约糖原的消耗，提高长时间运动过程中糖原的储备。糖原储备的多少与有氧运动能力密切相关。

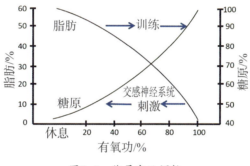

图5-6 能量交叉调控

（八）最大氧亏积累

在剧烈运动过程中，当需氧量超过摄氧量时，肌肉通过无氧代谢产生能量造成体内氧的亏欠，称为氧亏。最大氧亏积累是在极限强度下持续运动2~3 min时理论需氧量与实际耗氧量之差，这是衡量机体无氧供能能力的重要标志。

优秀短跑运动员的最大氧亏积累明显高于耐力性运动员，而兼顾无氧和有氧的中长跑运动员最大氧亏积累介于两者之间。有训练经历者和无训练经历者在接受无氧训练后最大氧亏积累都有明显增加，说明最大氧亏积累对无氧训练具有较大的敏感性。

（九）无氧速度/功率储备

无氧速度/功率储备是指运动员的最大有氧速度/功率与最大冲刺速度/最大峰值功率之间的差异。在缺乏有效、可靠的无氧代谢测试方法的情况下，无氧速度/功率储备可用于评估运动员对高强度运动的耐受能力。两名最大有氧速度相似的运动员可能在最大冲刺速度上差异明显，无氧速度/功率储备较高，意味着机体具备对高强度运动负荷的良好承受力，能够在高于其最大摄氧量速度的负荷状态下维持较长时间的运动。

在中距离跑项目中，运动员的负荷强度常常高于最大摄氧量速度，良好的无氧速度/功率储备是取得较好运动成绩的关键因素之一。而且对于已具备稳固有氧耐力基础的高水平中距离跑运动员来说，高水平的无氧速度/功率储备恰恰是其跨入精英级别水平的关键。无论运动员的体型或运动模式如何，在高于最大有氧速度/功率的强度下训练，使用无氧速度/功率储备的强度，要优于常用的最大有氧速度/功率百分比强度。

三、耐力训练的适应

（一）无氧耐力训练的适应

无氧耐力训练以高强度、糖酵解代谢供能为特征，能够引起肌肉力量与爆发力的提高、肌肉肥大等适应性改造，常被用于提高运动员在疲劳状态下最大限度维持高功率输出的运动能力。无氧耐力训练后，个体会产生一些应激性反应，如训练后肌纤维的微细损伤，睾酮、皮质醇等合成类激素浓度提高，等等。长期应激性反应会使机体产生持续变化性适应，如肌肉横截面积增加。机体对无氧耐力的长期生理性适应如下。

1. 神经适应

无氧耐力训练可以诱发从神经中枢到肌纤维的神经-肌肉系统适应，具体表现为：①神经冲动增强。放电强度与放电频率增加，运动单位的最大募集能力提高，即能够募集到更多的肌纤维；肌肉间协调性改善，神经对肌肉的放电更加同步。②神经-肌肉接头总面积增加。神经-肌肉接头处产生更多分布广泛的突触、终板区域内乙酰胆碱受体数量分布广泛，从而有利于改善神经的传导能力。

2. 肌肉适应

肌肉横截面积增大，肌原纤维内的收缩蛋白——肌动蛋白、肌球蛋白的合成以及肌纤维本身的肌原纤维数量会有所增加。由于肌纤维在应对高强度的选择性募集时，Ⅱ型肌纤维往往会被优先募集得到刺激，这使得Ⅱ型肌纤维的增大程度要高于Ⅰ型肌纤维，天生Ⅱ型肌纤维较多的运动员，肌肉力量与横截面积的增长速度可能会因此相对较快。此外，细胞质密度、肌浆网、横桥密度、肌肉横截面积会增加，线粒体密度、大小与毛细血管密度会下降，底物含量（如磷酸肌酸浓度）、相关无氧酶活性（如乳酸脱氢酶）会增加。

3. 结缔组织适应

结缔组织包括骨、肌腱、韧带、筋膜和软骨。训练产生的机械力会使骨架对应位置应力改变。主动肌收缩产生力，力通过肌腱传递到骨，使骨弯曲、压缩和扭转。对于机械力负荷的反应，成骨细胞迁移到骨的表面，开始形成骨的模型。成骨细胞产生和分泌蛋白质——原发胶原分子沉积在骨细胞之间，以增加力量。这些蛋白质来自骨基质，最终与钙、磷形成矿化结晶。新骨形成出现在骨的表面（骨膜），骨的直径和硬度由此增加。为适应机械力的传导，肌腱、筋膜和韧带中的胶原纤维数量、直径、聚集密度、软骨厚度都会有所增加，这些适应性变化增强了肌腱承受更大张力与软骨承受更大压力的能力。

4. 心血管和呼吸系统适应

心血管和呼吸系统对长期无氧训练的适应主要表现为：心脏形态上的心肌肥厚引起功能上的每搏输出量的绝对值增加；静息时心肌做功节省化——心率、血压、心率–血压乘积（计算心肌做功的一种方法）均有所下降，以便于有更多的做功储备应对高负荷运动。此外，无氧耐力训练优化了肌肉摄氧、用氧能力，表现为机体通气当量增加。无氧耐力训练的主要生理学适应特征见表5–2。

表5-2　无氧耐力训练的主要生理学适应特征

指标	适应
中枢神经放电强度与放电频率	增加
运动单位的最大募集	提高
运动单位间的协调募集	提高
肌纤维横截面积	增加
细胞质密度	增加
磷酸肌酸的储存	增加
无氧酶活性	提高
糖原的储存	增加
骨密度	增加
瘦体重	增加

（二）有氧耐力训练适应

有氧能力提高是有氧耐力训练中的基本适应，可以使运动员在完成既定强度的练习时更为轻松，也就是说，运动员可以完成比当前有氧强度更高的练习。例如，一名运动员可以以75%VO_2max跑完马拉松，在系统的有氧耐力训练后，可以以80%VO_2max完成比赛。这种适应性变化是由糖原节省化（运动过程中减少糖原使用）和肌肉内脂肪利用率增加带来的。有氧训练可以使机体达到乳酸拐点的时间延迟，乳酸阈会发生在较高的80%～90%VO_2max强度下，使得高强度运动中乳酸堆积的时间点相对靠后，运动性疲劳延迟出现，机体能够较长时间维持高功率有氧做功。这种适应与运动员的肌纤维类型、乳酸生成减少、激素释放的改变（特别是在高强度运动中释放儿茶酚胺），以及乳酸消除率的提高有关。

1. 有氧耐力训练的即刻效应

（1）心输出量、局部血液循环控制

随着负荷强度的逐步提高，交感神经系统兴奋与儿茶酚胺、乙酰胆碱的释放，心输出量、每搏输出量、心率开始迅速增加，随后增加速度变缓，最后到达一个平台，最大限度运动时的心输出量可能达到安静时的4倍左右（5 mL/min至20～22 mL/min）。心率与负荷强度呈线性式增加；每搏输出量在运动开始时增加，随后持续上升，直到耗氧量达到个体40%～50%VO$_2$max时，每搏输出量趋于稳定。

在运动过程中，骨骼肌的血流量会随着局部动脉血管扩张而显著增加，内脏器官的血流量会随之减少。在剧烈运动时，分布到骨骼肌的血流量会上升到心输出量的90%，而安静状态下仅有15%～20%。在动脉收缩的同时，骨骼肌泵（肌肉收缩和单向静脉瓣结合，推动血液进入心脏）、呼吸泵（潮气量和呼吸频率的增加）会引起心腔、胸腔静脉压力改变，进而促进静脉回流，引起左心室舒张末期容积的增加（左心室舒张结束时可泵出的血量）。同时相比于静息状态，运动时心肌纤维能够得到拉伸，产生更强烈的收缩，能将左心室舒张结束时的血液更多地泵出，供给肌肉组织进行气体交换。

（2）呼吸反应与代谢产物

在有氧运动时，每分通气量与摄氧量会随着负荷强度的增加而增加，这得益于呼吸深度的增加与呼吸频率的加快。随着摄入氧气的增加，机体产生较多的二氧化碳与乳酸等代谢产物。在低强度（45%～65%VO$_2$max）运动时，呼吸频率对每分通气量的贡献将发挥更大作用。而在中高强度（70%～90%VO$_2$max）运动时，呼吸深度比单纯提高呼吸频率能更有效地通气。其原因是，当摄氧量达到较高水平时，由于解剖无效腔的存在，增加呼吸深度比提高呼吸频率能够更好地提高通气量。

（3）血压

在最大强度有氧运动中，收缩压通常可上升至220～260 mmHg，而舒张压会保持静息水平或略有下降。

2. 有氧训练的长期适应

了解有氧训练的适应可为运动员有氧能力评价提供参考。长期从事有氧训练会使机体产生长期的生理学适应，进而使机体有氧能力得以有效提升（表5-3）。

表5-3　有氧训练的主要生理学适应

指标	适应
最大摄氧量	升高
无氧阈	升高
运动经济性	升高
安静心率	下降
运动心率（次最大）	下降
最大心率	不变或少量下降
每搏输出量	升高
心输出量	升高
收缩血压	不变或少量上升
毛细血管密度	增加

续表

指标	适应
肌红蛋白	增加
线粒体数量及体积	增加
神经疲劳	延迟
体脂率	下降

（1）心血管适应

心脏肥大的结构性变化（主要表现为左心室腔体积与心壁厚度的增加）会引起心输出量与每搏输出量功能的提升。每搏输出量的增加、副交感神经兴奋引起的窦房结放电率减缓，在安静时相同的心输出量需求下，心率会随之降低（安静心率约为40～60 bpm），心脏做功节省化，在应对高强度运动时，心率增加速度会变缓。另外，肌纤维内毛细血管密度增加，减小了氧气和代谢物间的扩散距离，提高了氧气与二氧化碳在组织中的扩散效率，机体抗疲劳与疲劳后快速恢复能力得到强化。

（2）肌肉适应

有氧耐力训练的负荷强度相对较低，而总负荷量非常高，会使Ⅰ型肌纤维和Ⅱ型肌纤维的有氧潜力提升程度相似。与Ⅱ型肌纤维相比，Ⅰ型肌纤维具有更高的氧储存能力，训练后有氧潜力增加。因此，Ⅰ型肌纤维的氧化能力在训练前、后均大于Ⅱ型肌纤维。然而，如果强度足够大，如重复进行800 m间歇跑，Ⅱ型肌纤维（特别是Ⅱx型肌纤维）会大量参与。在这样的条件下，Ⅱ型肌纤维有氧能力也将在训练中得到提高。但是，长期的有氧耐力会降低糖酵解酶的浓度，并且降低肌肉质量/瘦体重。

就横截面积而言，尽管Ⅰ型肌纤维在有氧运动中会因为募集增加而产生选择性肥大，但这种肥大没有抗阻运动使得Ⅱ型肌纤维与Ⅰ型肌纤增加得明显。

个别研究认为，经过有氧训练后，Ⅱ型肌纤维可以转化为Ⅰ型肌纤维。但可能存在两种主要的Ⅱ型肌纤维亚群之间的转化（从Ⅱx型肌纤维转换至Ⅱa型肌纤维）。这种转化对于有氧耐力表现至关重要，因为与Ⅱx型肌纤维相比，Ⅱa型肌纤维具有更强的氧化能力，其功能特性与Ⅰ型肌纤维更为相近。

在细胞层面上，有氧运动肌肉适应的表现包括线粒体大小和数量以及肌红蛋白含量的增加。肌红蛋白是一种在细胞内输送氧的蛋白质。线粒体是负责通过糖原和游离脂肪酸的氧化产生ATP的细胞器。随着肌红蛋白浓度的增大，更多氧气可以被输送到线粒体，并与更大、更多的线粒体结合，进而使肌肉组织吸收和利用氧气的能力得到增强、相关有氧氧化酶（如柠檬酸合酶、琥珀酸脱氢酶等）的含量与活性提高，以及糖和甘油三酯的储存增加。

（3）神经适应

在有氧耐力训练的早期阶段，神经系统适应起到重要作用。在训练初期，神经系统的传导效率增加，运动疲劳延迟。此外，有氧运动表现的提高可能降低协同肌和肌肉中运动单位的神经活性转换能力（如协同肌交替处于激活状态和非激活状态），以保持低水平的力量输出，而并非一直保持激活状态。因此，运动员可以在较低水平能量消耗的情况下产生更高效的运动。

（4）其他适应

有氧训练可使骨骼和结缔组织产生适应。高强度有氧运动会使骨骼、软骨、肌腱、韧带持续受到应力刺激，引起骨密度的增加，软骨、肌腱与韧带的增厚，从而可以有效预防骨质流失与关节退化性疾病。有氧耐力训练通常会降低体脂，对瘦体重影响较小，但是，大量有氧耐力训练会导致分解代谢占主导，瘦体重会减少。

第二节　耐力训练方法

一、有氧耐力训练

只有在负荷强度和负荷量适宜，即最大限度动用机体有氧代谢系统使其在最大应激状态下训练，才有可能有效提高有氧运动能力。

（一）长时间、慢速度的长距离训练

长时间、慢速度的长距离训练的强度约相当于70%VO_2max或80%最大心率，训练的距离超过比赛距离，或者训练时间至少持续30 min～2 h。长时间、慢速度的长距离训练能够提高心血管功能和体温调节功能，改善线粒体产生能量与骨骼肌的氧化能力，提高脂肪供能的利用率，促进肌肉代谢特征的适应性变化，以及增加Ⅰ型肌纤维的比例。这些适应性变化有助于提高机体消除乳酸的能力。

值得注意的是，长时间、慢速度的长距离训练的负荷强度低于比赛强度，会导致运动中的神经-肌肉控制和能量代谢与比赛所需存在差异，因此，该方法的专项性不高。

（二）配速/节奏训练法

配速/节奏训练法是指采用接近比赛的速度，并按照固定的跑步节奏进行的训练方法。配速也称速度分配，是指每千米所需要的时间，用来表示速度的快慢，一般以"×min×s"来描述，是马拉松训练中的基本概念。节奏既代表一种强度（固定的配速），又代表固定的跑步节奏。配速/节奏训练法采用的强度指标是乳酸阈速度，因此又称乳酸阈跑，其原理是采用乳酸阈速度的跑可以显著提高乳酸阈速度水平，而乳酸阈速度提高，对应的比赛表现也会提高。

虽然3000 m跑、5000 m跑、10000 m跑和马拉松运动的比赛距离、比赛速度存在差异，但

是，这些项目对有氧耐力要求较高的共同特点，使得配速/节奏训练法成为有氧耐力训练的重要方法之一。该方法的主要目的是发展比赛中清除乳酸的能力，提高跑的节奏感以及促进身体各系统维持该节奏的能力，改善跑步经济性，提高乳酸阈速度，形成特定配速下的能量节省化。

配速/节奏训练法根据是否有间歇可分为稳定节奏训练法和间歇性节奏训练法。稳定节奏训练法是以乳酸阈的强度持续进行20~30 min的运动，目的在于以专项的强度进行训练，提升节奏感并改善有氧和无氧代谢的能力。间歇性节奏训练法的负荷强度与稳定节奏训练法相同，区别是间歇性节奏训练中安排短时间的间歇，目的是提升节奏感和长时间特定配速下的代谢能力。游泳训练中常采用的"包干"训练就是典型的间歇性节奏训练法。值得注意的是，虽然安排有间歇，但训练中的强度不能超过预先设定的强度，若运动员感觉负荷强度不大，容易完成，应该增加训练的距离，而不应增加强度。

配速/节奏训练法的重点和难点是如何确定配速。如果没有实验室测试乳酸阈速度的条件，也可以根据运动员个人比赛速度推算乳酸阈速度，如以比10 km或5 km比赛速度稍慢（每千米慢10~15 s）的配速或者15 km至半程马拉松的配速进行训练。《丹尼尔斯经典跑步训练法》（*Daniels'Running Formula*）的作者杰克·丹尼尔斯（Jack Daniels）认为，乳酸阈配速（配速阈值）是能跑完1 h比赛的配速，这也是为何跑步精英经常以半程马拉松的速度进行乳酸阈速度跑的原因。

需要注意的是，配速/节奏训练法的提出是专门针对长跑运动员而言的，特指乳酸阈速度的训练，强调运动员清除乳酸的能力。然而随着配速/节奏训练法的广泛应用，其配速扩展到更多不同距离、不同强度的配速训练中，如400 m跑、800 m跑，但其目的不是强化乳酸的清除能力，而是强化机体对乳酸的耐受能力。

1. 杰克·丹尼尔斯的VDOT

杰克·丹尼尔斯提出的新术语VDOT（V-dot-O_2 max）是指跑者的跑步能力，也称跑力值。VDOT是一个调整后的最大摄氧量，与最大摄氧量相关，但二者不等同，VDOT可以指导如何参加不同距离的训练和比赛。VDOT是跑者的实际最大摄氧量、跑步经济性、意志力等相结合的综合指标。跑力值越高，代表跑步能力越强。丹尼尔斯研制了常见中长距离跑用时对应VDOT值表，它以最近跑完一定距离的用时确定VDOT值，可以用来指导训练和比赛成绩预测。此外，他还根据不同的训练目标，制订了轻松跑、马拉松、乳酸阈跑、间歇训练、重复训练等训练类型的VDOT训练表，用来确定轻松跑配速、乳酸阈配速、间歇训练配速、重复训练配速。

此外，美国田径协会（USATF）推荐用最大摄氧量百分比的方法确定训练速度，表5–4对长跑运动员的耐力训练有着重要的参考价值。

表5-4　USATF教练员教育计划配速表

距离	最大摄氧量的百分比
800 m	120% ~ 136%VO_2max
1500 m	110% ~ 112%VO_2max
3000 m	100% ~ 102%VO_2max
5000 m	97% ~ 100%VO_2max
10000 m	92%VO_2max
乳酸阈	88%VO_2max
半程马拉松	85%VO_2max
马拉松	82%VO_2max

2. 临界速度训练法

临界速度，即"可以持续半小时的""有点难度"的速度。临界速度训练法一般采用中等强度的配速，意味着理论上可以维持较长时间而不会筋疲力尽的速度。理论上讲，临界速度训练法与配速/节奏训练法是极其相近的概念。

临界速度训练法提出者汤姆·斯瓦茨（Tom Schwartz）教练指出，临界速度训练的强度大约为90%VO_2max，也可以换为稍快于10 km跑的比赛速度，或者是能够持续保持该速度进行30 ~ 35 min的训练。临界速度的负荷强度一般是高于乳酸阈2% ~ 3%的强度，既不能太低又不能太高，要求能使Ⅱa型肌纤维的有氧能力得到发展，并能促进最大摄氧量和乳酸阈的提升。如果负荷强度太低（如长时间慢速度、长距离训练），则主要依靠于Ⅰ型肌纤维的有氧能力。因此，体能教练员也可以把临界速度看作有氧耐力的一个衡量标准。

确定临界速度最简单的方法是以最近的比赛或计时赛成绩为基准，最好是选择距离相近的，这将有利于更准确地确定训练配速。体能教练员应该为每个运动员构建个人训练或测试成绩，如在特定的距离（1500 m、3000 m和5000 m）或特定的时间段（6 min跑和10 min跑），为每个运动员设计不同距离跑的训练配速，包括临界速度。设定的临界速度大约比乳酸阈速度快2% ~ 3%或为90% ~ 91%最大摄氧量速度，该强度在既不牺牲负荷量又降低受伤风险的情况下可提升训练质量。

（三）法特莱克训练法

法特莱克训练法能有效提高心肺功能，在日本、美国、荷兰和埃塞俄比亚等中长跑运动项目强国受到高度重视。

法特莱克训练以有一定强度的快跑和恢复性慢跑交替进行，包括多个在斜坡上的轻松跑（70% VO_2max强度）和短时间快速冲刺跑（85% ~ 90%VO_2max）。例如，以慢跑的方式爬小山，然后全速奔跑、慢跑减速等。法特莱克训练法也可用于自行车和游泳项目，其训练效益在于提高最大摄氧量和乳酸阈，改善运动经济性和能量的利用率。它不会让运动员感到在田径场绕圈跑的枯燥无味，也可以避免在硬场地进行大强度训练出现损伤。此外，越野跑时路面凹凸不平，因此能够以运动专项的方式发展跑步所需的踝关节和胫骨部位承受应力的能力。

法特莱克训练法也有一定的弊端，它难以规定训练时的具体心率和负荷强度，组织形式过于松散，运动员是以"凭感觉和个人喜好"的方式进行训练。因此，法特莱克训练法的内容应该根据运动专项的特点进行设计。

（四）交叉训练

交叉训练是指在专项训练外，选择可替代性的训练形式，来提升竞技运动表现的方法。尽管训练具有专项性原则，但运动员可以通过使用其他非专项性/特异性训练来提高专项运动表现。例如，很多世界级的长跑运动员不会只进行长跑训练，而是采用可替代性的游泳、自行车等练习发展有氧供能能力。交叉训练是高水平运动员采用的一种可替代性有氧训练方法，并在大众健身领域得到广泛使用，既可以降低因过度使用而导致的局部（如下肢支撑器官）的过用性损伤，又可以降低因练习的单调而出现训练积极性下降的问题。

在竞技体能训练中，有氧交叉训练主要有两种形式：①一次训练课中使用多种心肺功能的运动模式，如10 min的功率自行车、10 min的跑步机、10 min的椭圆机；②一周的训练中使用多种心肺功能的运动模式，如周一跑步30 min、周三蹬功率自行车40 min、周五越野滑雪机25 min。通过以上两种形式的训练，既可以有效地发展心肺功能，也可以避免下肢的过度负荷。研究显示，交叉训练涉及不同运动模式的最大摄氧量能否有效地迁移/转化。当跑步作为游泳的交叉训练的训练模式时，其非专项性训练迁移效果更明显，即跑步获得的最大摄氧量能更好地转化到游泳上。而当游泳作为跑步交叉训练的训练模式时，其非专项性训练迁移效果要低。跑步对于自行车也具有相似的迁移效果。

值得注意的是，交叉训练的效果永远不会超过专项运动训练模式。训练的专项性原则对于运动表现的提升往往更有意义，特别是对于训练有素的运动员。交叉训练是身体损伤的康复期、恢复期以及过度训练或心理疲劳期的适当补充。交叉训练在整体健康方面可能是非常有益的。体能教练员应根据专项特点选择和设计交叉训练的具体练习，使运动员进行更安全、更有效的训练。

（五）间歇训练法

间歇训练法是指严格控制间歇，使机体处于不完全恢复状态，反复进行高强度（超过乳酸阈强度）运动的训练方法。随着对竞技体育项目专项供能特征研究的深入，尤其是耐力性竞技项目更加注重运动员的有氧能力，众多耐力性项目逐渐增加了低强度有氧训练的负荷比例（占年度训练时长的80%左右，甚至达94%），降低了中高强度训练的负荷比例。低强度有氧持续训练对于耐力性项目的重要性已得到高水平运动队的认同。作为对低强度有氧持续训练的补充，间歇训练法可能是提升运动员（尤其是耐力性项目运动员）的无氧能力以及比赛成绩的关键，尤其在有氧耐力比赛后期的最后冲刺对于超越对手、创造纪录或个人最好成绩来说是非常重要的。

间歇训练方法是典型的提升运动员无氧能力（糖酵解供能能力）的重要方法。然而间歇训练法不仅仅是单一地提升无氧能力，对于提升混氧能力也具有很好的效果，因此，对于马拉松或其他有氧代谢项目的运动员的耐力表现也具有积极作用。

对于训练有素的高水平耐力性项目运动员，提高其负荷量的方法已经不能明显提高其成绩，也很难再引起其最大摄氧量、骨骼肌氧化酶的活性等与有氧耐力密切相关的生理学参数的明显改善。因此，采用间歇训练提高混氧能力和耐受或缓冲乳酸能力也就成了高水平耐力性项目运动员很好的选择。间歇训练对提高乳酸阈的作用表现在耐受或缓冲乳酸的能力，而不是提高肌肉氧化酶的活性，这与中等强度和小强度的持续耐力训练不同。

间歇训练法在提高运动员有氧耐力水平的训练中，需要考虑单次运动量、强度、间歇时间、重复组数等因素。强度安排一般为超过乳酸阈或最大乳酸稳态强度或95%～105%最大摄氧量速度。对于耐力性项目运动员而言，因为在比赛中不需要达到个人最大乳酸生成水平，所以，负荷强度安排相对最大乳酸生成训练要低，持续时间不会低于30 s，一般为3～5 min。组间间歇可以采用1∶1的运动-间歇比。间歇方式采用积极性恢复（慢跑或走动）。重复的组数取决于训练的目的和体能水平。间歇训练法要求运动员以接近最大摄氧量的强度进行训练，相较于持续高强度训练，其总的训练时间更长，运动员只有在具有很好的有氧耐力训练的基础上，才能够使用间歇训练法。

（六）有氧耐力训练方法的应用特点

有氧耐力训练方法在应用过程中，训练频率、强度、持续时间和进阶等参数存在着差异，体能教练员应根据训练目标明确训练方法及其变量，表5-5为训练选择提供了参考。

表5-5　有氧耐力训练法的主要变量

训练方法	频率/wk	持续时间/总时间	负荷强度
长时间、慢速度的长距离训练	1～2	30～120 min	约70%VO₂max
配速/节奏训练	1～2	20～30 min/40～60 min	乳酸阈强度；与比赛速度相同或略快于比赛速度，85%～90%VO₂max
间歇训练	1～2	3～6 min/20～30 min	95%～100%VO₂max
高强度间歇训练	1	30～90 s/10～20 min	速度高于最大摄氧量速度；100%VO₂max
法特莱克训练	1	20～60 s/2～6 min	根据训练目标确定配速

二、无氧耐力训练

无氧耐力在不同的竞技运动中表现形式多样。在周期性竞速项目（如200 m跑、400 m跑等）中，最大速度保持能力也称速度耐力，对运动员的竞技表现起到决定性作用；在大多数团队项目和持拍类运动中，反复冲刺能力则较为常见，大量的高强度重复性运动并伴随间歇，不断重现运动表现的能力是影响竞技表现的关键因素；在格斗对抗项目中，运动员持续保持高强度对抗的专项耐力是决定胜负的关键。

反复冲刺能力和最大速度保持能力是无氧耐力的重要表现，常用的训练方法主要是高强度间歇训练法和重复训练法。

（一）高强度间歇训练法

高强度间歇训练法严格意义上讲就是间歇训练，间歇训练的本质就是在高强度下控制间歇时间（恢复不充分）发展糖酵解供能能力的训练方法。值得注意的是，国外学者对于间歇训练的定义与国内存在差异。国外学者把有间歇的训练统称间歇训练，而国内则把有间歇的训练分为间歇训练和重复训练，并以练习间休息是否充分进行区分。

"高强度间歇训练"这一概念在健身界备受关注，其特点是运动耗时短、强度高、间歇短、能耗效率高、练习多样。尽管一些健身专业人士警告，使用高强度间歇训练可能会增加损伤风险，但这种健身形式仍在健身房受到年轻健身者的追捧。虽然高强度间歇训练与传统的长时间有氧训练在形式上有很大区别，但是很多通过传统有氧训练的方法获得的对心肺耐力的益处同样可以通过高强度间歇训练来得到，如提高消耗氧气的能力，提高运输氧气到运动器官的能力，增加线粒体的大小和密度，等等。

在竞技体育领域，高强度间歇训练法在无氧耐力训练中被广泛应用。体能教练员可以利用高强度的间歇训练提升运动员的乳酸最大生成能力和机体对乳酸的耐受力，因为这两种能力与无氧运动成绩相关性高。为使运动中能产生高浓度的乳酸，负荷强度和密度都要大，间歇要短。训练时间一般应大于30 s，运动-间歇时间比为1：（1～3）。将高负荷强度和间歇进行组合，能最大限度地动用糖酵解供能系统。高强度间歇训练对机体刺激较为强烈，所以体能教练员应加强训练监控以防过度训练。乳酸耐受力一般可以通过提高肌肉缓冲乳酸的能力和肌肉中乳酸脱氢酶活性加以改善。在训练中，要求血乳酸达到较高水平。一般来说，血乳酸需达到12 mmol/L左右，但不同的项目会有所区别，如摔跤、柔道等重竞技类项目的血乳酸浓度要偏高。乳酸耐受力训练可以提高机体乳酸缓冲能力和肌肉中乳酸脱氢酶的活性。

高强度间歇训练法可以有效地提高爆发性项目和高强度间歇性项目运动员的能量供能系统，是重要的无氧耐力训练方法。足球、篮球、网球运动包含大量的短时间、高强度、多方向的动作，每个爆发性技术动作之间穿插无规律、长短不一的间歇。因此，反复冲刺能力是影响相关项目运动员竞技表现的重要因素。7×35 m冲刺、间歇25 s和6×30 m冲刺、间歇20 s

的高强度间歇训练不仅是无氧耐力的训练方法，还是经典的测试方法。该方法能够产生较高的血乳酸浓度（可达到15.4 ± 2.2 mmol/L），表明糖酵解系统大量被动员，从而能够改善乳酸阈速度。乳酸阈速度反映了有氧耐力训练所产生的外周适应性，与毛细血管密度和运输乳酸及H^+的能力提高有关。因此，采用高强度间歇训练、通过发展乳酸阈速度提高反复冲刺能力是一个重要的训练思路。

值得注意的是，采用高强度间歇训练前必须进行充分的热身，务必遵循循序渐进的原则，加强训练监控，避免过度训练或运动损伤。

（二）重复训练法

重复训练法是典型的无氧训练方法，能够有效提升磷酸原供能系统和糖酵解供能系统的能力。对于最大速度保持能力而言，短时重复训练法和中时重复训练法是最为经典的方法。

短时重复训练法是典型的速度、爆发力、灵敏能力训练的重要方法，通过充分的间歇，每一次/组练习都要高质量地完成，以发展磷酸原供能系统的能力。例如，最大速度运动持续不超过10 s，次间间歇不短于运动时间的6倍（运动-间歇时间比不低于1∶6），以便于ATP、磷酸肌酸的充分恢复，防止在下一次练习时机体提前进入糖酵解系统供能状态。与其他物质相比，磷酸原系统的恢复速度较快，在剧烈运动中被消耗的磷酸原在20～30 s可以合成一半，3～4 min可以完全恢复。

需要指出的是，在短时间重复训练中，虽然发挥主要作用的是磷酸原供能系统，但实际上，在能量供应中，相邻的能量供应系统也会参与进来，且占有一定比例。所以，在短时间、高强度运动项目中，训练注重磷酸原系统供能能力的同时，也应该加强糖酵解供能系统的训练。凡是最大速度超过6 s的运动，糖酵解供能系统参与供能的比例都会随着时间的延长而逐渐增加。

中等时间重复训练法的益处在于提高运动速度，改善跑步经济性，提高机体对乳酸的耐受力，不仅对无氧耐力有积极的作用，还对有氧耐力比赛的最后冲刺能力有所助益。

中等时间重复训练法的强度高于最大摄氧量，单次运动时间为30～90 s，间歇大约是训练时间的4～6倍，在间歇期内采用积极性的休息进行恢复，如慢跑、走等方式。训练的量可以根据比赛距离而定。中距离慢跑运动员运用重复训练法时，其总的负荷量为比赛距离的2/3到1.5倍。长距离跑运动员以重复训练法进行训练时，单次跑动距离可以设定为比赛距离的1/10、1/5或1/3，间歇时间为5～20 min。

第三节　耐力训练设计

一、耐力训练设计的要素

耐力训练设计包含训练目标、练习方式、负荷强度、负荷时间/负荷量、训练频率、间歇和训练进阶7个要素。

（一）训练目标

耐力训练目标主要包括有氧基础、最大摄氧量、无氧耐力、无氧阈和跑步经济性。耐力训练设计应该根据不同的训练目标，确定负荷区间，选择适宜的训练方法，确定负荷强度和负荷量，最大限度地动用机体代谢系统，有效提高耐力表现。表5-6提供了耐力训练目标与相关训练变量的操作依据，供参考。

表5-6　耐力训练目标与相关训练变量的操作依据

训练目标	区间	配速	血乳酸值	最大心率/%
有氧基础及跑步经济性	1	轻松缓和的跑步速度（持续跑45~180 min）	0.7~2.0	62~82
有氧-无氧阈	2	马拉松配速（持续跑45~120 min）	2.0~3.0	82~87
无氧阈	3	半程马拉松配速（持续跑或3000~5000 m间歇跑，总时间45~60 min）	3.0~4.5	87~92
无氧阈-最大摄氧量	4	10 000 m配速（1000~3000 m间歇跑，6~20 min，总时间30~45 min）	4.5~7.0	92~95
最大摄氧量	5	5000~3000 m配速（400~1000 m间歇跑，2~6 min，总时间20~30 min）	7.0~11.0	95~100
无氧耐力	6	1500~800 m配速（200~400 m间歇跑，30~120 s，总时间10~20 min）	>11	100
速度耐力	7	400 m配速（间歇跑，20~60 s，总时间2~6 min）	根据专项特点而定	—
速度	8	加速跑（5~20 s）	低乳酸累积	—

（二）练习方式

练习方式即练习的动作模式。耐力训练的练习方式一般采用单一动作模式的走、跑步、自行车、游泳等周期性运动。此外，耐力训练也会采用多元动作模式的抗阻练习、多样的专项练习等非周期运动。

练习方式的选择和设计应符合专项性。不同的练习方式会形成不同的训练适应。通过动作分析，即关节的屈伸、旋转、内收、外展等可以明确练习方式的专项性水平。例如，耐力训练采用跑步练习，运动员会形成跑步的能量节省化，但不一定形成游泳运动的节省化；周期运动项目是单一动作，而团队对抗类项目则动作多样，因此选择练习的动作也应多样化，以满足比赛需要。

此外，练习方式的选择与设计需要考虑运动员的年龄、训练水平、疲劳恢复水平、不同训练时期阶段等要素。年龄较小的运动员所采用的方式应体现基础性和多样性，赛前期训练的运动方式则应体现专项性。

（三）负荷强度

负荷强度是耐力训练的重要变量。确定负荷强度的方法分为客观测量法和主观测量法。客观测量法主要测量最大摄氧量速度，乳酸阈强度与最大乳酸稳态，以及最大摄氧量、最大心率、心率储备等指标，主观测量法主要为主观用力感觉等级测试。

1. 最大摄氧量速度

最大摄氧量速度也称最大有氧速度，是指在递增负荷实验中达到最大摄氧量的实际速度。最大摄氧量速度是一个整合了最大摄氧量和跑步经济性参数的指标，有效地反映了不同项目运动员的有氧能力。

在耐力训练实践中，往往将最大摄氧量速度百分比作为参考确定负荷强度，尤其是在提升最大摄氧量的训练中。

耐力训练最终要使运动员在最大摄氧量状态下进行长时间工作，因此，采用100%最大摄氧量速度附近的强度对于提高运动员最大摄氧量是比较理想的。如果最大摄氧量速度百分比过高，个体在未达到最大摄氧量状态时就已力竭停止运动，或无法在最大摄氧量状态下完成足够长时间的运动，就会导致训练课过早结束；如果最大摄氧量速度百分比过低，个体就无法在最大摄氧量状态下运动。

此外，针对高水平耐力运动员，训练不应仅仅关注最大摄氧量能力的提高，因为在训练实践中常常出现最大摄氧量有所提高，而耐力运动表现未见提高的现象或最大摄氧量未见提高甚至下降，而耐力运动表现有所提高的现象。所以耐力运动表现是多种因素综合起来的结果，训练实践应将注意力放在运动表现上（如配速水平），并辅以生理学、生物力学等参数。

2. 乳酸阈强度与最大乳酸稳态

乳酸阈所对应的从有氧运动到无氧运动的临界点的强度被称为乳酸阈强度。乳酸阈存在第一拐点和第二拐点。第一拐点位于血乳酸浓度2 mmol/L左右，此时表明身体从有氧运动进入混氧运动，属于低强度运动；第二拐点位于血乳酸浓度4 mmol/L左右，此时则表明身体从混氧运动进入无氧运动。而通常所说的乳酸阈其实指的是第二拐点。血乳酸高于第一拐点意味着能量主要依靠无氧供能提供，属于高强度运动。从2 mmol/L到4 mmol/L这个阶段，乳酸会产生，但不会在体内大量堆积，浓度也保持稳定，这就是所谓的混氧阶段，属于中高强度（图5-7）。

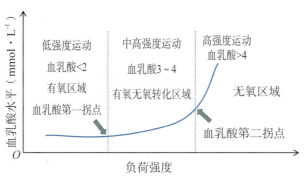

图5-7　乳酸阈与运动强度示意图

最大乳酸稳态是指在持续恒定负荷运动中乳酸的产生与清除达到平衡时的最大跑速或最大功率。最大乳酸稳态在生理学上的重要意义是它限定了随着运动对能量需求的增加开始有大量无氧代谢参与供能的临界强度。从负荷强度的角度分析，当运动强度小于或等于最大乳酸稳态时，机体的乳酸生成率和清除速率相等，两者达到平衡状态；当负荷强度大于最大乳酸稳态时，乳酸的生成速率大于清除速率，机体内乳酸上升并会出现乳酸-功率或乳酸-时间曲线的拐点。

从能量代谢角度分析，在以有氧代谢供能为主的运动中，摄氧量、血乳酸和H^+随着运动持续时间的延长，最终会达到一个稳定的水平，并在达到最大乳酸稳态时维持30~60 min；在以无氧代谢供能为主的运动中，摄氧量和血乳酸会持续上升，并最终可能达到最大摄氧量强度。因此，最大乳酸稳态是一种生理现象，体能教练员可以将此作为监控负荷强度的指标。

运用个体乳酸阈强度与最大乳酸稳态进行耐力训练，既能使心肺循环系统机能达到较高水平，最大限度地利用有氧供能，又能使无氧代谢的比例降低到最低限度。通常血乳酸浓度为4 mmol/L时达到乳酸阈强度，相当于50%~60%VO_2max（不常运动的人群）、70%~80%VO_2max（经常运动人群）。最大乳酸稳态时的血乳酸水平为4~8 mmol/L。然而，在针对最大乳酸生成与乳酸耐受力进行无氧工作能力训练时，血乳酸在12~20 mmol/L是训练的敏感范围，重复训练可以使血乳酸维持在这一水平上，以刺激身体对高血乳酸水平的适应。大强度的间歇训练能够使身体获得最大血乳酸刺激。

3. 最大摄氧量、最大心率、心率储备

（1）最大摄氧量

最大摄氧量被认为是中长跑成绩的重要生理决定因素，同时是有氧负荷强度的重要依据。40%~50%最大摄氧量的负荷强度可以极大地提高未经训练的个体的最大摄氧量。引起最大摄氧量提高的最小负荷强度主要依赖于个体的最大摄氧量最初水平。训练有素的长跑运动员需要以相对较高的最大摄氧量百分比进行训练，以促进最大摄氧量进一步提升。如果采用

较低的负荷强度，由于施加的刺激时间更长，也能引起最大摄氧量的提升，这更适用于中等训练水平的运动员。次最大强度训练引起的心肺适应对于高水平的长跑运动员已经形成并达到一个稳定的水平，所以95%～100%最大摄氧量强度是训练有素的长跑运动员提高最大摄氧量的最有效强度。

（2）最大心率

进行有氧耐力训练时，心率是表示负荷强度最常使用的方法，其原因在于心率和最大摄氧量密切相关，尤其是负荷强度在50%～90%VO₂max时，二者相关性更高。利用心率评估负荷强度，最精确的方法是在实验室测定出与某一最大摄氧量百分比所对应的心率来控制负荷强度。心率从185 bpm到最大心率的负荷强度称为极限强度，170～185 bpm为次极限强度，150～169 bpm为大强度，120～149 bpm为中等强度。除此之外，体能教练员也可根据运动中的心率所占最大心率的百分比确定或监控负荷强度。

（3）心率储备

心脏的泵血功能对机体在不同生理条件下代谢需求的适应性表现为心输出量随代谢率的增加而增加，这种能力通常用心率储备进行评价。由于测试技术和测试成本的限制，目前在竞技体育领域，对心率储备的测试大多采用心率储备测试。心率储备是指实测最大心率（在实验室测定的）与安静心率之差，表示人体在运动时心率可变化的潜在能力。心率储备的计算公式是：心率储备=最大心率－安静心率，若无法进行实验室测试，可以使用个体年龄预测的最大心率。最大心率=220－年龄。

在进行耐力训练时心率范围的确定，除关注到心率与最大摄氧量的关系外，还需要具体考虑到练习方式、个体健康水平、乳酸阈强度等的不同。

〔心率储备法应用案例〕

某30岁运动员的静息心率为60 bpm，设定的负荷强度为60%～70%VO₂max，则其：

最大心率=220－30=190 bpm

心率储备=190－60=130 bpm

运动中的心率下限=（130×0.6）+60=138 bpm

运动中的心率上限=（130×0.7）+60=151 bpm

最大摄氧量、最大心率、心率储备的对应见表5-7。

表5-7　最大摄氧量、最大心率、心率储备的对应

最大摄氧量/%	最大心率/%	心率储备/%
50	66	50
55	70	55
60	74	60
65	77	65
70	81	70
75	85	75

续表

最大摄氧量/%	最大心率/%	心率储备/%
80	88	80
85	92	85
90	96	90
95	98	95
100	100	100

4. 主观用力感觉等级

（1）主观用力感觉等级介绍

1970年，博格（Borg）提出了主观用力感觉等级（ratings of perceived exertion，RPE）量表，用来定量测试运动负荷。RPE量表是对负荷进行综合评测的一种主观测量工具，反映运动过程中心理、生理对运动刺激相关参数的整体感知。主观用力感觉来自对肌肉、关节、心血管以及呼吸系统、中枢神经系统多种信息的整合。负荷强度可通过将数值与主观用力程度相对应。

常用的RPE量表为6～20级Borg评分表（表5-8）及改良后的10级Borg评分表（表5-9）。前者能够根据量表中的等级大致推算出运动中的心率，运动中的心率=自感用力度×10，如自感用力程度为18级，则运动中对应的心率为180。12～13级大约相当于64%～76%最大心率或40%～59%的最大耗氧量。后者的1～10级依据受试者本人直观感受判定，并应用在训练课主观用力感觉等级评价中。

表5-8 6～20级Borg评分表

等级	主观感觉	强度等级
6	根本不费力	低强度
7	极其轻松	
8		
9	很轻松	
10	轻松	
11		
12	有点吃力	中等强度
13		
14		
15	吃力	高强度
16		
17	非常吃力	
18		
19	极其吃力	极限强度
20		

表5-9　10级Borg评分表

等级	主观感觉	强度等级
1	没有感觉（平躺）	—
2	极其轻松	—
3	非常轻松	低强度
4	轻松	低强度
5	感觉适中	中强度
6	开始吃力（开始有吃力感觉）	中强度
7	吃力	高强度
8	很吃力（要努力才能保持）	高强度
9	极其吃力	极限强度
10	需要付出最大限度的努力（不能再继续）	极限强度

（2）训练课主观用力感觉等级

鉴于训练冲量（training impulse, TRIMP）在评定非稳态训练（包括高强度间歇训练与团队运动练习和比赛）中的缺陷以及算法上的复杂性，福斯特（Foster）等人提出了修正的训练课主观用力感觉等级量表（session Rating of Perceived Exertion, sRPE），为训练负荷的主观评价提供了支持。sRPE使用训练课结束后30 min回顾训练时的主观用力感知程度（采用改良后的10级Borg评分表），作为TRIMP中负荷强度的标志，再乘以训练持续时间作为整体训练负荷，可以揭示每周的整体训练模式以及负荷特征。通过每日和每周训练负荷的图形化，可使体能教练员对运动员运动负荷的周期计划有一个直观的印象。sRPE与最大心率和血乳酸相关，适用于稳定状态和非稳定状态训练课的负荷评估。sRPE相比于最大心率方法更简单实用，已被广泛用于游泳、抗阻力量训练、拳击、跆拳道、足球、橄榄球等运动项目中。

sRPE还可以统计出不同的监控参数，包括每日训练负荷、训练单调性、训练压力、每周训练负荷变化、短期与长期训练负荷比值等。其中，训练压力=每周负荷×单调性，单调性=一周中平均每日负荷/一周内每日负荷的标准偏差。这些训练的附加指数，如单调性、训练压力等指标，为不良训练结果潜在的可能性分析提供了参考。

5. 谈话测试

谈话测试是指根据运动员在运动过程中谈话的困难程度大致判断出其所处负荷强度区间的方法。该方法的优点在于能够简单快速识别出运动员当下所处的负荷强度区间。健康个体以75%VO_2max或85%最大心率强度运动时仍可顺畅地进行谈话交流，当负荷强度达到90%VO_2max或90%最大心率时已不能顺畅谈话，这基本与美国运动医学会推荐负荷强度范围（55%～90%最大心率）上限值一致。

谈话测试应与第一通气阈（VT_1）、第二通气阈（VT_2）相结合，并与负荷强度区间相对应。由表5-10可见：1区低于VT_1强度，2区介于VT_1与VT_2强度之间，3区高于VT_2强度，三个强度区间运动员的谈话表现不同。

表5-10　ACE整合式体适能训练模型（ACE IFT）训练区间相关要点

负荷强度区间	负荷强度	运动时的谈话表现
1区	低于VT_1	可以轻松地说话，且没有喘息
2区	介于VT_1和VT_2间	轻松说话变得有难度和挑战性
3区	大于VT_2	无法轻松地说话

（四）训练时间/负荷量

训练时间是指训练课进行的时间长短。负荷时间通常受训练强度的影响，训练时间越长，负荷强度越低。例如，强度超过最大乳酸稳定状态（如85%VO_2max）的训练，运动员只能持续较短的时间（20～30 min），因为肌肉内乳酸的堆积会导致疲劳的产生。反之，以较低的强度（如70%VO_2max）训练，运动员能持续几个小时。

根据负荷强度分布的不同距离，120～180 km/周的跑步量在研究文献中被称为长跑最佳成绩的平均训练极限。国际长跑职业运动员主要存在两种训练模式：高量－低强度模式（170～200 km/周）和低量–高强度训练模式（120～150 km/周）。高量－低强度模式似乎更适合男性长跑运动员和女性耐力跑运动员，而低量–高强度模式更适合女性中长跑项目运动员。

需要注意的是，在采用间歇训练时，尤其是无氧耐力训练需要严格控制负荷量，否则容易导致过度训练。

（五）训练频率

训练频率是指每天或每周的训练课次数。训练课的频率取决于负荷强度与训练时长、所处的训练阶段和运动员的训练状态等因素。如果负荷强度较大、训练时间较长，那么训练频率就需要减少，以保证机体充分恢复。运动员的训练状态也影响训练频率，训练水平较低的运动员比高水平运动员在训练的开始阶段需要较长的恢复时间，即训练频率较低。运动员当前所处的训练阶段也会影响训练频率（表5-11），非赛季时运动员可能每周训练5天，但在赛季前训练阶段，可能每周训练7天（铁人三项运动员甚至一天多练）。此外，从事的专项也是影响训练频率的重要因素，如耐力主导类项目的训练频率要高于非耐力主导类项目，马拉松运动员训练频率远远高于速度类项目运动员。

表5-11　不同赛季时期训练目标与训练频率、持续时间和负荷强度的设计

赛季时期	训练目标	训练频率（次/周）	持续时间	负荷强度
非赛季	发展有氧基础	5～6	长	低至中等
赛季前	提升有氧耐力表现	6～7	中等至长	中等至高
赛季中	维持有氧耐力表现	5～6	短（训练）	低（训练）
			比赛距离	高（比赛）
赛季后	从赛季中恢复	随机	随机	低

（六）间歇

在进行无氧耐力训练时，间歇是一个重要变量。间歇是指训练课中每组练习间或训练课各部分间的间隔时长。间歇形式分为短时间歇、长时间歇两种。短时间歇对应的乳酸水平较高，常用于提高机体的无氧能力。长时间歇对应的乳酸水平较低，适用于发展机体的有氧能力。在训练实践中，间歇需要根据训练目标、训练负荷、机体状态等综合因素来设定。若训练目标为发展机体在疲劳状态下维持长时间高功率输出，间歇应相对不充分。但间歇过短，运动员就无法在下一组练习中以高功率输出做功，无法达到既定的负荷强度及乳酸水平。若训练负荷量、负荷强度较高，则间歇应相对延长。若机体状态欠佳，恢复速度较慢，间歇也应相对延长。

（七）训练进阶

耐力训练的进阶一般包括训练频率、负荷强度和负荷时间三个变量的科学、合理地增加。一般建议运动员一周有一天用于恢复。依据运动员的训练目标，耐力训练方案的制订需要考虑运动员当下的训练水平，如美国运动委员会四阶段训练模型中乳酸耐受训练需要运动员具备足够的有氧训练基础。因此，一旦要开始执行一份有氧耐力训练计划，应该持续执行一定时间，以保持或提升耐力水平。研究发现，负荷强度保持在一定水平，即使训练频率降至2次/周，运动员的有氧能力在5周内也不会下降。由于大多数运动员的目标是提升耐力水平而不仅仅是保持，这就需要定期对训练方案予以进阶。

需要注意的是，每周的训练频率、训练强度或持续时间的增加不应该超过原训练方案的10%。耐力训练进阶一般应先增加负荷量和训练频率，因为负荷量的积累是强度增加的基础。当运动员随着耐力水平的提高到达个人的瓶颈期，单纯依靠训练时间和训练频率都无法突破时，应增加负荷强度来进一步提升耐力水平。负荷强度是训练进阶的关键性变量，完成强度进阶后的新训练方案初期，可适当减少训练时间、训练频率，以使运动员能够尽快适应新的刺激。

二、特殊环境下的耐力训练

（一）高温环境

1. 高温环境下耐力训练的表现

高温高湿的环境能促进机体大量排汗，新陈代谢的加快会使体重在较短时间内迅速下降。在高温高湿环境下进行耐力训练能否对人体的运动表现产生额外的影响值得关注。

以往的研究主要集中在高温环境下进行耐力训练对机体热平衡、水盐代谢和心血管系统等方面的影响。近年来，对血液流变学、中枢神经系统和免疫系统等方面的研究结果表明，高温环境下运动可引起体温、脑温快速升高，致机体脱水，而机体脱水会使心输出量、每搏输出量降低，同时诱发血液黏度加大，血流量减少，运动能力与耐力水平因此下降。此外，高温环境下机体核心区温度的升高可引起运动中大脑激活程度低下、脑血流量降低及神经递质分泌改变，继而引发运动性中枢疲劳，从而降低运动表现。

高温环境的耐力训练对人体的影响与温度、湿度、时间、强度、运动方式等有关。比如，对于重竞技运动员来说，可以借助高温环境进行减重训练，这对于控制体重有一定帮助；对于马拉松运动员来说，在高温环境下进行训练，则会影响其运动表现。

2. 高温环境下优化运动员耐力运动表现的策略

在高温环境下进行长时间运动，补液对机体健康和耐力运动表现至关重要。运动员在运动过程中摄入运动饮料可提高运动能力和运动表现。在超级马拉松比赛中，运动员增加钠的摄入可以缓解口渴，增加液体摄入，增强肠道对葡萄糖和水的吸收，维持细胞外和细胞内液体平衡，减轻临床低钠血症的发生。运动员在高温环境下锻炼前应确定出汗率，进而明确水分或液体的摄入量，这对减少生理压力和优化运动表现是必要的。

当体温上升到高热水平时，运动员面临成绩下降和劳力性中暑的风险。因此，体能教练员可以采取一系列冷却策略使运动员在运动期间和运动后减缓体温的快速上升。运动前预冷主要通过提高机体的蓄热能力来改善高温环境下的耐力运动表现。在运动中，摄入冷水或冰浆进行预冷似乎是一种非常有效的干预措施，如果将薄荷醇混合到冷饮中不会降低机体核心区温度，但对热带气候下运动的运动员的热感觉和跑步表现有更积极的影响。

此外，在热适应方案中，有氧训练可通过增强机体的热调节效应从而优化耐力运动表现。热适应通过提高心血管效率和优化散热机制，有助于降低机体运动期间核心区温度的上升速度。

（二）低氧环境

在低氧环境中训练，间断的低氧刺激最终会导致运动员抗氧适应能力的形成。对缺氧环境较早的反应是红细胞增加，进而刺激骨髓造血组织释放大量的红细胞，使血红蛋白增加，以便携带和运送更多的氧气到体内各组织，以适应机体的需氧量。因此，间歇性低氧训练期间最直接、最重要的指标是红细胞和血红蛋白的量。耐力水平的提高，最直接表现为3000 m跑运动成绩的提高。

低氧训练主要应用于提高耐力运动员的身体机能，但很多运动项目要求运动员同时具备较高水平的有氧、无氧代谢能力，因此，低氧训练逐渐向无氧代谢项目扩展。另有研究指出，男子场地自行车运动员进行4周海拔1900 m低氧训练后，以糖酵解代谢供能为主的重复做功和做功维持能力均有所提高。

三、发展耐力的注意事项

（一）注重呼吸方法、节奏和深度

发展耐力素质，特别是发展有氧耐力，正确的呼吸方法十分重要。呼吸的作用在于摄取发展耐力所必需的氧气。机体摄取氧气是通过加快呼吸频率和加大呼吸深度来实现的，二者之间，后者更为重要。优秀的运动员的呼吸策略不是靠加快呼吸的频率，而是靠加大呼吸的深度，特别是呼气的深度。只有呼气深，呼吸道中的二氧化碳呼出得多，才能吸进更多的氧气。

同时，体能教练员应该培养运动员用鼻子呼吸的习惯，因为使用鼻子呼吸能够较为充分地调动主要吸气肌（膈肌），进而增加呼吸深度，且鼻腔黏膜可以净化空气，也可以对吸入空气进行预热。

（二）培养运动员艰苦奋斗的精神

运动员在训练中是否主动投入，对训练效果有着很大影响。当运动员主动积极训练时，其中枢神经系统、内脏系统和肌肉系统等都处在良性的状态下，机体能够承受较大的运动负荷，有利于耐力水平的提高。这就要求在训练中要树立运动员的目标追求，培养运动员的意志品质，让运动员从思想上认识到积极主动投入的必要性。比如，体能教练员可以引导运动员建立合适的目标，每当运动员达到一个目标，就及时给予表扬和鼓励。这样做能有效地提高运动员的自信心，使运动员以更大的热情投入训练。

（三）根据专项特点，科学安排耐力训练负荷

不同运动项目所需要重点发展的代谢能力有所不同，训练负荷的安排要与专项需要相结合。例如，短跑运动员必须在有氧代谢能力的基础上，重点发展无氧代谢能力，以短距离、大强度为主；马拉松运动员则必须重点发展有氧代谢能力，以低强度、长时间慢跑为主。

（四）加强医务监督

耐力训练尤其是无氧耐力训练造成的生理负荷和心理负荷较大，对机体各个系统的影响也比较深刻。如果运动员在状态不佳或出现动作功能障碍的情况下进行大负荷的耐力训练，其运动损伤概率将会大大增加，因此耐力训练应加强医务监督。

（五）正确处理好有氧耐力与无氧耐力的关系

运动员应该在有氧耐力的基础上进行无氧耐力训练，因为有氧耐力训练可使运动员输送氧气的能力、利用氧气的能力以及心脏功能得到加强，从而为无氧耐力训练奠定基础。在有

氧耐力薄弱的情况下进行无氧耐力训练，容易出现过度训练的现象。

（六）青少年运动员耐力训练的注意事项

1. 耐力训练应以有氧耐力为主

相较于力量、速度，灵敏耐力的敏感期偏晚。青少年运动员在青春期早期，其血红蛋白、肌红蛋白含量较成年人少，无氧代谢能量储备不足，酸中毒现象要靠心血管系统补偿来消除，无氧代谢能力的发展受到限制，因此这一时期的训练应该以有氧耐力训练为主。女性14～16岁、男性16～18岁方可进行无氧耐力的高水平训练。对优秀中长跑运动员成长过程的分析发现，从事专项耐力训练的黄金时间为女性13～14岁、男性14～16岁。

2. 渐进增加训练负荷

青少年运动员耐力训练要控制好负荷强度和负荷量，通常以130～170 bmp的心率作为负荷强度的适宜标准。负荷量的安排也应随年龄的增加而适当增加。尤其是青少年运动员在青春期早期，教练员应该坚守"运动员虽然能够做到高负荷的有氧训练，但是不让运动员这样做"的原则。

3. 采用多样的练习手段发展耐力

青少年运动员进行耐力训练的练习手段应该是多种多样的，除了长跑练习外，体能教练员还可以选择活动性游戏、球类运动、骑自行车、滑冰、登山和循环练习等练习手段。

4. 持续训练法是青少年运动员耐力训练的基本方法

青少年运动员耐力训练主要采用持续训练法，也可以采用变速跑等方法。如果采用间歇训练，应以小强度间歇法为主，负荷强度控制在$60\%VO_2\,max$以下，练习的总时间为20 min左右，运动−间歇比为1：（1～3）。随着年龄增长，青少年运动员到15岁以后可使用较大强度的间歇训练法。

⬤ 参考文献

[1] BILLAT V, LEPRETRE P M, HEUGAS A M, et al. Training and bioenergetic characteristics in elite male and female Kenyan runners[J]. Medicine & Science in Sports & Exercise, 2003, 35(2) : 297-304.

[2] COSTILL D L, DANIELS J, EVANS W, et al. Skeletal muscle enzymes and fiber composition in male and female track athletes[J]. Journal of applied physiology, 1976, 40(2) : 149-154.

[3] PURDOM T, KRAVITZ L, DOKLADNY K, et al. Understanding the factors that effect maximal fat oxidation[J]. Journal of the International Society of Sports Nutrition, 2018, 15(1) : 3.

[4] ROTSTEIN A, MECKEL Y, INBAR O. Perceived speech difficulty during exercise and its relation to exercise intensity and physiological responses[J]. European Journal of Applied Physiology, 2004, 92(4-5) : 431-436.

第六章
灵敏训练原理与方法

○ 本章学习目标

- 了解灵敏及其相关概念。
- 能解释灵敏相关的生物学原理。
- 掌握灵敏训练的方法。

第一节　灵敏训练基本原理

一、灵敏释义

（一）灵敏

灵敏是指运动员对外界刺激作出快速反应并快速变向、变速、变换动作的运动技能。能对外界刺激作出反应动作以及快速、准确地变向是灵敏的两大核心能力。由于反应能力涵盖了认知和决策成分，因此，灵敏被认为是"机体的智商"，也被称为"有控制的速度"或"聪明的跑动"。变向速度反映方向改变的速度，受到运动员体能及变向所采用的技术的影响。灵敏是竞技体能的重要构成部分，与专项运动技术及表现密切相关。

灵敏涉及体能（力量、速度、稳定、平衡等）、心理（感知、预判、决策）和技术技能（技术、技巧和技能）三个层面，是对刺激（不是预先设计好的）的反应能力、变向速度和动作技术的综合表现。

（二）变向角度与动作

灵敏的变向角度具有多样性。变向分为机动步变向和切步变向，这两者在中文语境下还没有通用的术语。机动步变向是指变向角度较小（0°~45°），由于变向角度小，运动员能够保持较高的速度和身体重心，更多地采用高重心的跑或交叉步变向的动作。切步变向是指变向角度较大（>45°），由于变向角度较大，运动员要完成减速必须降低重心，更多地采用低重心的急停、急起或侧向变向的动作。

（三）灵敏概念的演进

目前，专家、学者对于灵敏的界定还没有达成共识。但是，随着人们对灵敏认知的深入，其概念在不断地演进。下面简要列出人们对灵敏认知的演进过程。

1. 变向能力/变向速度

"灵敏"的概念最早被定义为"快速改变方向的能力"，强调变向能力和变向速度。后来，变向能力又增加了"快速而准确地改变方向"的内涵限定，并强调准确保持和控制身体的能力。再后来，在变向能力的基础上，增加了变换动作的能力。变换动作的能力强调了变向技术的重要性，同时，揭示了灵敏与专项运动模式的不可分割性。

2. 时间、空间的不确定性

随着人们对灵敏认识的进一步深入，时间、空间不确定性以及反应时的概念被提出。根据时间、空间的特征，专家学者对灵敏进行了分类，如简单灵敏、时间类灵敏、空间类灵敏、一般灵敏。由此，不确定性对应的知觉与决策成分引起运动科学领域专家学者的重视，这也是以前的界定中没有考虑到而恰恰又是大多数竞技运动所需要的。

3. 刺激-反应

灵敏不仅是改变方向的能力，而且是对刺激作出反应后的变向能力，刺激与反应成为灵敏的关键内涵。对外界刺激的认知、决策能力和变向速度是灵敏不可或缺的要素。在此基础上，专家、学者构建了三级指标的灵敏模型。在灵敏中，刺激-反应是不可或缺的成分。此外，还必须拥有实际执行所选择的运动模式的身体能力。灵敏被进一步细化为身体、技术和认知决策三个层面的能力，而且强调外界刺激应该具备专项性刺激的重要性。反应灵敏概念的提出为灵敏测试和专项灵敏训练提供了新的视角，使得灵敏与专项运动实际结合起来，并在此基础上提出了一般刺激和专项刺激的概念。

4. 开放式技能和封闭式技能

开放式技能和封闭式技能概念的提出进一步加深了对灵敏的认知。有学者把灵敏界定为一种复杂且开放的运动技能。预先计划好的技能虽然也需要决策，但不涉及对刺激的反应，称为封闭式技能。对外界刺激作出反应，而且反应不是设定好的技能，称为开放式技能。

5. 变向速度是一个独立的概念

作为强调刺激-反应的内涵的结果，变向速度被从灵敏中剥离出来，成为一个独立的概念，即独立的能力。在美国体能协会体能教练员认证指南中，也把速度、变向速度和灵敏分别看作身体素质的三种不同的运动能力，并分别进行了界定。变向速度不是完全意义上的灵敏，而是灵敏所需要的基本能力。但仍有一些学者认为，变向速度属于灵敏，是灵敏的一种基本形式，而反应灵敏是灵敏的高级形式。

综上所述，灵敏是反应能力和变向速度的结合，单独把反应能力与变向速度从灵敏中剥离出来，都不是完整的灵敏。灵敏的内涵从变向能力到刺激-反应下的变向能力，从体能到运动技能的演变，是对灵敏认知的进步。虽然仍没有统一的界定，但灵敏的内涵仍在不断地丰富和发展。

（四）"真正的"灵敏

无论是"刺激-反应"还是"反应速度"，这一新内涵被进一步强调，对灵敏的认知有着积极、重要的意义。正是"对刺激的反应"这一关键内涵，让体能教练员和运动员认识到用变向速度来反映灵敏是有其局限性的，进而把"真正的"灵敏训练、测试与变向速度区分开来。也就是说，传统的灵敏性训练和测试（如T测试、505灵敏测试、锥形灵敏训练等）实际上并不能算是完整、准确提高灵敏和测试灵敏的手段，它只是反映改变方向的能力。而真正的灵敏测试应包含一个刺激-反应组件。这个刺激-反应组件由许多认知功能（视觉处理、时机、反应时间和感知觉、预判）组成，强调灵敏的刺激-反应与认知、决策特性，对专项的灵敏训练、测试与评估有着重要的意义。因此，当前能够全面、真实反映灵敏的训练和测试系统正受到体能教练员的关注。

二、灵敏模型及影响因素

灵敏主要包括反应速度和变向速度两种能力。反应速度受到中枢神经兴奋性、感知能力、注意力和比赛情景知识等多个要素影响。快速变向能力则受到身体素质（直线冲刺速度、最大力量、爆发力、反应力量、平衡稳定等）、技能（脚的位置、加速减速的步幅、身体姿势及重心的位置等）和人体测量学指标（身高、四肢比例、体重、体脂百分比等）等因素的影响。

（一）大脑皮层兴奋与抑制状态

大脑皮层是接受、分析来自运动机体各类感觉信息的中枢。在足球、橄榄球、曲棍球、击剑、篮球等项目中，比赛瞬息万变，需要运动员快速加速、减速，即需要运动员的动作快速转换，这就要求运动员大脑皮层神经的兴奋与抑制迅速转换，以适应场上变化。此外，大脑皮层能否获得全面、重要的信息是影响决策正确与否的关键，即运动员在行动之前，要通过各种感觉输入系统，如听觉、视觉和躯体感觉系统收集外界信息并作出处理。

（二）感知速度

在球类比赛中，运动员很少有时间经过思考后再做出相应动作。能否快速、准确地捕捉到对手和球的运动特征并作出快速反应，是与视觉接收信息的能力分不开的。视觉的选择是提高预判能力的基础。除了视觉，其他各种分析器和外周神经的功能、本体感受器的敏感程度均可直接影响机体的灵敏性。因此，感觉器官（视觉、空间觉、速度觉、位置觉）和效应器（肌肉）的作用就凸显出来。当感觉器官和效应器处于良好的功能状态时，可提高人体在运动过程中在空间和时间上的定向、定时能力，使动作更加准确，变换更加迅速。

（三）比赛情景认知与选择注意力

比赛情景认知是运动员对比赛时队友、对手、球的位置、动作特征等专门情景的识别，是比赛中运动员应予以注意的重要信息。选择注意力是从众多的信息中，选择确定相关信息的能力。经验丰富的运动员在比赛过程中可专注于相关信息，忽视不相干信息。选择注意力能帮助运动员在有限的时间里作出最快的反应。例如，在美式橄榄球项目中，跑卫会等待四分卫发出听觉指令，示意比赛开始。当准备从四分卫手中接过球时，他会收集防守方位置的视觉信息，试图找到合理的位置进行突破。当潜在的抢断者试图抓住他时，他的躯体感觉系统会向中枢神经系统反馈对手对他身体施加的压力，有了这些信息，他就可以转身避开攻击。这个场景说明通过观察环境线索，运动员可以获取有关其竞争环境的重要信息。

（四）运动技能

大多数运动项目的运动员的表现都取决于运动员在多向运动中做出的快速而正确的动作，并在急起急停中保持良好的身体控制和关节位置，确保身体处于最佳的姿势来产生、传递力和保持动态稳定，从而更有效地改变方向。在动力链上，任何一个身体部位的错位，都将导致运动员无法达到最佳的灵敏表现。变向、变速与专项运动模式的结合是运动员灵敏表现的关键，如篮球运动员运球变向、急停等运动技能。此外，不同变向技能对体能的需求也存在差异，如篮球运动员变向时更多地采用低重心、宽站位的姿势，而足球运动员则重心偏高。

变向、变速动作本身就是一项复杂的运动技能，包括双脚站位的合理性，手臂的摆动，重心高、低、前、后的控制，头、眼的指向作用，第一步迈出的技巧，等等。运动员应通过技能学习，建立条件反射，并形成变向的自动化，即形成身体的本能运动。变向时如果还要进行有意识的动作思考，则会大大影响动作效果。

（五）速度

灵敏被称为"聪明的速度"。变向的速度既是速度的重要表现，也是灵敏的重要表现。也有专家、学者把程序化灵敏称为多向速度。灵敏需要快速变向运动的能力，所以速度对灵敏的影响是显而易见的。

跑得比对手快的运动员在灵敏方面更有优势，运动员的速度受到大多数竞技项目的重视。在大多数竞技运动中，运动员很少进行超过30 m的直线冲刺，而是做出更多改变方向的动作，除非是100 m短跑运动员。教练员和运动员如果把更多的时间和精力投入到长距离直线速度上，可能不会产生最佳的运动表现。把注意力集中在加速能力训练上更有意义，因为大多数竞技运动需要运动员从静止状态到加速或动作之间快速地转换，因此，冲刺能力是快速、高效改变方向的关键。

（六）爆发力与反应力量

灵敏受到最大力量的影响，但爆发力对灵敏的影响比最大力量更重要。在大多数运动竞赛环境中，运动员在高速运动时并不能达到最大力量，而更多的是需要短时间内爆发出较高力量。爆发式运动受到特定的时间限制，如冲刺和改变方向需要力量快速地提升，以产生快速运动。

反应力量包含拉长-缩短周期，对爆发式运动的功率输出和运动效率有着深远的影响。反应力量与运动员的最大力量水平相关性较低，但是可以通过超等长练习得到提高，进而提高速度和灵敏。同时，超等长练习的动作与变向动作的发力特征相似，都要求运动员能够产生较高的弹力，获得较大的地面反作用力。因此，反应力量是较好的灵敏预测指标，也是一个与改变方向速度相关性较高的指标。

灵敏训练计划中加入爆发力和反应力量训练，可以使运动员获得更大的地面反作用力，从而实现快速变向、变速。

（七）关节稳定性与平衡

关节稳定性是一个重要的但往往被忽视的因素。良好的躯干和下肢关节的稳定性有助于灵敏运动中的有效力量发挥效益。例如，在变向过程中，当脚接触到地面时，来自地面的反作用力通过腿部、臀部和躯干向上传递。如果支撑腿和躯干的肌肉无法保持关节的稳定，更多的力将在该部位被缓冲或损失掉，从而减缓从离心运动到向心运动的转换速度，并导致低效的运动表现，甚至会增加运动损伤的风险。良好的平衡能力是灵敏的基础，有助于运动员在运动中更好地控制重心，使动作更流畅、更协调。

（八）人体测量学因素

人体测量学因素主要包括运动员的身高、体重及肢体比例，对灵敏有着一定的影响。身高较高的运动员由于较大的转动力矩和高重心的移动控制，在变向时是不占优势的。腿长被认为与篮球特定的灵敏呈负相关，因为其要通过降低重心来改变方向，需要更多的时间。此外，较大的体重也是变向的阻碍，要达到快速变向，就需要更大的力量。

三、灵敏的运动技巧

灵敏能力是一项可以学习的技能，并且可以通过训练来提高。灵敏训练应该像运动项目中的其他运动技能一样，被视为学习、训练的一部分。在学习、训练传统的运动技能时（如踢球），遵从从简单的动作逐步推进到高级、复杂和"开放"的技能学习，并应考虑到灵敏的运动技能属性，所以灵敏训练也应注意运动技巧的把握，以获得最佳的训练效果。

（一）视觉的指向

视觉的指向是指运动时不管运动方向如何，头部都要保持中立位，眼睛看向运动方向。转动头部并形成视觉指向是变向（如向左、向右）或动作过渡（急起、急停）的第一步。如果在转动头部之前，首先转动肩部或臀部，这将导致运动路线的偏离，进而导致运动效率的下降和速度的降低。姿势反射或运动链上张力扩散可以解释头部位置影响躯干、下肢肌肉发力的效率。例如，头部后伸，不利于下肢伸肌肌群的发力。

头部位置根据专项需要，应该充分运用视觉的指向作用。不能看向前方而要关注队友、球或对手的位置时（如足球、篮球运动中的侧身跑）例外。另外，通过观察运动员的头部运动，可以判断其移动技术是否正确。

（二）脚步技术

运动员在完成侧向或前后移动时，必须借助地面反作用力的推动，脚步动作质量的高低直接影响着蹬地反作用力的大小。运动员只有通过支撑阶段，将躯干和髋部重新调整到所要运动的方向上，才能充分地蹬地，获得更大的反作用力。无论从静止还是运动状态中起动，只用脚尖蹬地是不可取的，只有使脚掌尽可能多地接触地面才能产生更大的力量。在预备姿势中，应注意避免身体重心落在脚跟上，尽量将身体重心移至前脚掌，这样有利于髋、膝、踝的充分蹬伸。在变向的开始和结束时，应把身体重心降得更低，完成侧向移动保持低重心是十分关键的。另外，在变向移动中，身体腾空的时间要尽可能短，应减少过度地向上方移动。这就要求踝、膝、髋、躯干和肩部形成良好的关节排列，身体侧倾，外侧脚保持在重心之外，并指向运动的方向，这样既可避免过度腾空，又利于获得更大的地面反作用力。

（三）手臂的摆动

在变向和动作过渡时，运动员必须在新的运动形式或运动路线上获得较高的加速度，因此手臂运动非常关键。减少手臂摆动力量或手臂不能有效地摆动会降低快速改变方向的能力。手臂弯曲约90°，有助于产生更大的力和形成更具爆发力的动作。此外，向前加速一般要求较大的摆臂幅度，变向时外侧手臂的幅度要大于内侧的幅度。协调、有力的手臂运动配合合理的步法可以使运动员获得更大的地面反作用力，重新获得较高的速度。不充分或不合理的手臂运动将导致速度或效率的降低。

第二节 灵敏训练方法

一、灵敏训练

灵敏训练包括两个主要的训练体系。一是灵敏基础能力训练。相对力量、线性速度、运动协调、平衡、变向技巧是灵敏的基础能力，这些能力都在不同程度上影响着运动员的灵敏。设计单一基础能力训练计划的前提是体能教练员对运动员相关基础能力进行科学、客观地评估。二是程序化灵敏训练和随机灵敏训练。程序化灵敏训练和随机灵敏训练在提高灵敏整体性表现的同时，可以有效地整合灵敏基础能力，使其得到更有效的改善。程序化灵敏训练主要指既定的变换方向练习，随机灵敏训练包括一般刺激的灵敏训练和专项刺激的灵敏训练。

（一）程序化灵敏训练

程序化灵敏也称闭合式技能、变向速度、预先计划的灵敏，是指运动员在预知的运动情景下表现出的变速、变向、变换动作的能力。程序化灵敏练习具有自动反应特性，几乎没有时间和空间的不确定性，即不确定性是有限的，不存在自发性动作。程序化灵敏训练被视为灵敏训练的基础（如"之"字形跑步、T形跑、六边形跳等）。运动员在预先设定好的运动模式下，程序化灵敏测试成绩优于对手，而在包含外部刺激作出反应的随机灵敏测试中表现一般的情况并不少见。这进一步说明，程序化灵敏练习与具有时间和空间不确定性的随机灵敏练习相比，在认知成分上存在显著差异。

进行程序化灵敏练习时，运动员在开始练习前已经清楚练习的动作、路线、形式、顺序等，因而在练习开始后不需要对下一个动作进行思考与判断。这有利于运动员全力完成练习，以获得更快的速度。通过重复的程序化灵敏练习，大脑会以循序渐进的方式快速学习，然后储存运动的感知信息，使运动员掌握良好的变向技巧，进而提高变向速度。例如，采用灵敏塔/锥和灵敏绳梯设计的多样化、程序化的灵敏练习，运动员一旦掌握这些练习，就能高质量地完成，运动成绩会得到改善，其速度、爆发力和身体控制能力也会得到提高。

程序化灵敏练习虽然要求在较高的速度下进行，但在学习的过程中，运动员必须控制好速度以保证正确、合理的技术动作。例如，在围绕"之"字形或T形标志桶跑动、跳跃或滑步等训练中，运动员必须保证正确的动作技术。

（二）随机灵敏训练

随机灵敏也称开放式技能、反应性灵敏、非预先计划的灵敏，是指运动员在未知的随机变化的运动情境下，表现出的观察与决策能力以及变速、变向、变换动作的能力。随机灵敏具有时间和空间的不确定性。例如，喊号追逐跑，看手势完成快速的变速、变向、变换动作的练习。这些练习要求运动员对周围环境的感官刺激作出反应，且这种反应不是自动的或预先排练过的反应。

随机灵敏是一种更加符合专项运动需求的能力，是灵敏中最重要且是最难掌握的能力。运动员在未知的运动形式下，练习往往辅以视觉和听觉信号，让运动员根据不同的信号对运动形式作出瞬间的判断，使训练的场景更加接近实际比赛情景。

随机灵敏练习主要分为四类：①躲闪、追逐练习，如把两个人用一根绳子拴住，然后进行躲闪练习；②抛接练习，如不规则球的抛接；③口令、手势练习，如跳起落地后听从教练员提出的未知运动形式；④专项刺激，采用专项技能实现一对一攻防或小场地训练。随机灵敏训练富有挑战性、趣味性和刺激性，练习变化多样，教练员应避免使练习变得枯燥乏味。

值得注意的是，运动员注意力是灵敏训练的重要限制因素。程序化灵敏训练不可避免地会使运动员把注意力集中到自身的动作上，如脚的位置、臀部的高度是否适宜等。这就是为什么体能教练员会发现运动员在程序化灵敏训练时眼睛通常会盯着地面，这种"目光"对真正比赛中所需要灵敏的发展非常不利。相反，在随机灵敏训练时，运动员注意力的焦点在身体之外，在必要的情况下完成动作选择的决策，而不是规定好如何做。运动员必须学会让自己的感知指导自己的动作选择，提升在特定情景下动作的有效性。

（三）灵敏训练进阶

英国著名体能教练员伊恩·杰弗里斯（Ian Jeffreys）在 *Game Speed* 一书中提出了一个典型的从程序化灵敏到随机灵敏的训练进程，教练员在灵敏训练的进程中应不断增加感知-认知训练的元素。在杰弗里斯的灵敏训练计划中，技术层面上的高效动作是第一位的，感知-认知训练元素是在后期加入的，属于一个更高级的发展阶段（图6-1）。他提示教练员在进入更复杂的情况之前，运动员应该花足够的时间来"建立"灵敏运动的基本运动模式，不要过早地过渡到该阶段。任何一个动作效率低下都会影响整个发展阶段，并导致训练效果大打折扣。

图6-1 灵敏训练进阶图

二、灵敏训练注意的问题

第一，灵敏要从儿童开始抓起。灵敏素质的生理学基础是在中枢神经系统指挥下，将身体各种运动能力综合地表现出来。儿童阶段具有较优越发展神经系统的条件，如7～12岁的儿童具有良好的反应能力，6～12岁的儿童节奏感较好，7～11岁的儿童具有良好的空间定向能力等。这些都为发展灵敏素质提供了良好的基础。女性进入青春期，由于体重增加以及激素分泌水平的变化，会影响灵敏的表现和提升。

第二，灵敏训练应根据运动项目的需求，采用形式多样的练习手段，既要保持练习的目的性、专项性，又要提升练习的趣味性。

第三，灵敏训练要求运动员具有充沛的体力、饱满的精神，同速度训练一样，一般安排在训练课的前半部分。在疲劳的情况下进行灵敏训练，既无法保证练习质量，又容易出现运动损伤。

第四，灵敏训练强调变向技术动作的规范性和实用性，避免低质量、低效率的重复训练。

三、灵敏素质的测试

灵敏素质是运动员体能与技能整体表现的重要决定因素之一，尤其在一些团队项目中更是一个极其重要的能力，应该定期监测和评估。

灵敏素质的测试绝不是排列几个灵敏锥和手拿秒表计时那么简单。测试方案必须明确专项的灵敏需求、移动的距离和采取的动作，进而为体能教练员和运动员提供更多更有价值的信息。

灵敏素质的测试有以下意义。

第一，预测灵敏运动潜力。体能教练员经常使用特定专项运动的场地测试，以预测运动员未来在本专项运动中灵敏的潜力。因此，选择灵敏测试应该模仿专项运动模式、肌肉群和能量系统。

第二，发现优势和劣势。确定变向能力和感知、决策技能的优势与不足，体能教练员可以更有针对性地设计训练计划。此外，周期性测试可以为运动员和体能教练员进一步提供有价值的信息，进而评价训练效果。

第三，比较运动员的灵敏表现水平。收集测试数据可以帮助运动员更好地了解自身的灵敏表现水平与其他运动员的差距。

第四，提高训练动机和目标设定。测试可以帮助体能教练员和运动员设定专项的、可测量的、现实的目标来提高灵敏训练动机。同时，体能教练员和运动员可以借助定期的有价值的测试信息，设计和修订训练计划以实现特定的训练目标。

（一）程序化/变向速度灵敏测试

程序化/变向速度灵敏测试是让运动员完成预先设计好的路线和动作，测试运动员完成变速、变向和变换动作的能力。若测试缺乏外部刺激，则无法反映运动员的反应能力，而是侧重反映运动员改变方向的速度能力。程序化灵敏测试根据移动特征，分为跑动测试和跳的测试。T形跑测试、伊利诺斯灵敏测试、5-0-5灵敏测试等在需要跑动的运动项目（足球、篮球等）中经常被采用；六边跳测试和综合性障碍跳测试，在没有跑动的、近距离变向的运动项目（跆拳道、拳击等）中经常被采用。有研究表明，程序化灵敏测试与反应灵敏测试之间的相关性相对较低，说明认知、决策能力与改变方向速度能力是相对独立的两种不同的能力，因此进行独立评估和训练是非常必要的。虽然程序化灵敏测试无法全面衡量运动员真正的灵敏，但仍然在身体能力层面上可以反映运动员的变向能力，是灵敏测试中不可或缺的重要构成。

（二）随机/反应灵敏测试

随机/反应灵敏测试是测试运动员灵敏性的高级测试，也是与竞技专项运动结合最紧密的测试。因此，研究人员积极开发不同类型随机灵敏测试方法，并针对反应灵敏测试的有效性和可靠性做了大量尝试性探索，如橄榄球、网球、篮球、手球、五人制足球、走走停停、澳式足球等项目的反应灵敏测试。

意大利学者菲奥里利（Fiorilli）认识到控球在足球专项灵敏表现中的重要性，修订了最初的Y形测试，同时增加了控球操作，并引入了"技术指数"的概念，即在有球和无球情况下运动员灵敏表现的差异。除了特定的"控球操作技术"外，测试还应考虑赛场上运动的特殊性。例如，足球运动员经常需要在走走停停的动作中反复改变方向。最初的Y形测试由于缺乏"零速度"（间断的运行），所以产生不同的预测因素。手球专项灵敏测试中含有向前跑、横向移动、向后跑以及走走停停的动作，被证明是评估手球专项运动员防守表现的可靠、有效的工具。新设计的篮球专项反应灵敏测试加入简单的控球技术，这使运动员能够模拟真实比赛的反应灵敏表现，成为表现水平的最佳预测工具。由此看出，专项灵敏测试概念在团队运动项目中得到广泛认可。

新型的反应灵敏测试方法不断被开发和利用，其有效性和可靠性得到验证，但测试仍然存在一些不确定性。

第一，如果使用的是灯光或声音刺激而不是视频，则难以准确地衡量运动员对专项运动刺激（对手改变方向）的反应能力。

第二，在测试时，如果只有有限的视频片段，那么运动员会因之前是否看过而出现认知差异，相较于没看过视频片段的运动员，看过的运动员可以更快地作出反应。

第三，如果只是单一类型的刺激，那么将难以反映运动员对其他类型刺激的反应水平。

第四，如果刺激-反应后，运动员只需采用一种步法，也很难说明运动员在训练或比赛中可采用其他动作的能力。以上几个问题，作为体能教练员或科研人员在设计反应灵敏测试时都应该予以重视。

高水平运动员比低水平运动员在反应灵敏测试中表现得更好。这表明，如果运动员希望进一步提高运动水平和竞争力，提高反应性灵敏非常重要。此外，与反应灵敏测试不同的是，高水平运动员在变向能力/变向速度上的表现并不比低水平运动员好。这进一步说明变向能力/变向速度对运动员来说可能不如反应性灵敏对专项表现的反映程度大。由于专项的专门需求，专项灵敏测试（旨在评估不同类型运动项目敏捷性表现）的开发也成为重要的发展趋势，即结合运动员的体能和技术进行综合评估，为灵敏训练的可选择性发展提供了新的思路。

参考文献

[1] FIORILLI G, IULIANO E, MITROTASIOS M, et al. Are change of direction speed and reactive agility useful for determining the optimal field position for young soccer players?[J]. Journal of sports science & medicine, 2017, 16(2): 247.

[2] JEFFREYS I. Motor learning-applications for agility, part 1[J]. Strength and conditioning journal, 2006, 28(5): 72.

第七章
柔韧性训练原理与方法

柔韧性训练原理与方法

第一节 柔韧性训练基本原理

一、柔韧性及相关概念

（一）柔韧性

柔韧性是指肢体在正常范围内的最大活动幅度的能力。正常范围是指不对肌肉、肌腱产生过度压力的范围。活动度是反映柔韧性的核心指标。一般来说，活动度主要受到关节和肌肉两个解剖实体的限制。关节的限制包括关节类型和围绕关节的关节囊韧带结构。肌肉的限制则是肌肉的力学特性，提供以肌肉的黏弹性与筋膜组织的塑性为主的被动张力和肌肉收缩产生的主动张力。

柔韧性是参与运动肢体所涉及的每个关节的灵活性和参与运动的肌肉、筋膜的伸展能力的整体表现。因此，改善关节灵活性和提升肌肉、筋膜的伸展能力是柔韧性训练的两条重要途径。在竞技体育中，运动员在完成大量的、全身性的多关节运动时，肢体运动幅度的增加对于运动表现和损伤预防都有积极作用。

在体育学、运动医学和健康科学中，柔韧性最初、最简单的定义是指一个或一组关节的活动幅度。随后，柔韧性的概念在动作速度、正常范围、平稳运动、关节与肢体部位等方面得到了强调。柔韧性是伸展能力而不单单是指活动幅度，柔韧性成为一种运动能力，而不只是一个反映活动度的变量。虽然柔韧性的定义至今仍未统一，但其内涵的不断丰富促进了人们对柔韧性的认知。

（二）灵活性

灵活性也称关节灵活性，特指关节的活动幅度，活动度是反映灵活性的重要指标。影响灵活性的生物学因素与柔韧性相似，包括关节的形状、韧带的松弛度、肌肉张力和紧张度。不同个体、不同关节的灵活性的影响因素也存在差异。从动力链的角度来看，参与运动的每个关节的灵活性是肢体运动幅度的结构性基础。如果一个关节的灵活性受限，将影响整个肢体的运动幅度，甚至出现关节之间的运动代偿（相对柔韧性），如赛艇运动员髋关节屈伸灵活性受限，则其背部屈曲增加予以代偿。

值得注意的是，虽然灵活性和柔韧性是两个不同的概念，但是两个概念联系紧密。在反映肢体多关节运动时，柔韧性既包含关节灵活性，又包括跨过关节的肌腱、肌肉的伸展能力。而在反映肢体单关节运动时，柔韧性与灵活性两个概念是等同的。在柔韧性的训练实践中，体能教练员仅仅采用拉伸练习是不全面的，因为影响柔韧性的因素不仅仅是肌肉和筋膜组织的伸展性，关节囊及周围组织的紧张与放松的状态也是重要的影响因素，因此，仅仅凭借拉伸练习发展柔韧性是有局限性的。

（三）过度灵活

过度灵活是指由于运动导致的韧带松弛、关节活动度超出正常活动范围的现象。过度灵活会导致疼痛、频繁的关节和韧带损伤（脱位和扭伤）、关节和肌肉僵硬、较差的平衡能力等症状，又称关节过度灵活综合征。有的过度灵活会有不适症状，而有的则无不适症状。过度灵活在女性和儿童中出现较多，体操、艺术体操等难美性项群的运动员较其他项目的运动员出现较多。运动导致过度灵活的因素很多，如错误的动作模式、关节损伤、反复过度拉伸和不科学的训练等。

拉伸会让肌肉变长，但是不会永久性地拉长，肌肉就像一根皮筋，长久拉长的皮筋弹性就会下降。过度拉伸容易导致关节过度灵活。当肌肉达到绝对最大长度，进一步拉伸肌肉只会拉伸肌腱和韧带。韧带拉伸超过正常长度的6%时就会被撕裂。即使被拉长的韧带和肌腱没有撕裂，也会出现关节松动或关节稳定性下降。体能教练员在灵活性和稳定性之间需要权衡。过度灵活和灵活性不足皆是不利的，活动度过大会导致关节松弛、不稳定，最终会增加损伤风险。

（四）绝对柔韧性与相对柔韧性

绝对柔韧性是指肢体实际达到最大活动幅度的伸展能力，如坐位体前屈向前触够的幅度。相对柔韧性是指相近的肢体/关节之间柔韧性的差异。为了达到某一特定的运动范围，身体会在阻力最小的点产生移动，阻力最小的点是/关节柔韧性最高的区域，相对柔韧性正是基于以上假设提出的。相对柔韧性更像一个负面的概念，反映由于肢体/关节柔韧性的差异而带来的运动代偿现象。运动员相对柔韧性高的肢体/关节在运动中容易出现代偿现象。背部是一个相对柔韧性比较高的部位，因此也是容易出现劳损的部位。例如，赛艇运动员前屈到最远端拉桨的位置时往往会出现背部相对柔韧性代偿。拉桨动作一般要求手要超过脚，如果运动员的臀部非常紧，不能充分向前屈曲，就必须移动其他部位来弥补髋关节灵活性的不足，最常见的代偿动作是弯曲脊柱（腰椎、胸椎）。由于背部有更高的相对柔韧性，因此，弯曲脊柱有助于整体运动范围的增加。然而，这种代偿对于背部是有害的，有可能导致腰椎和胸椎的功能障碍或疼痛。

在运动中，肢体的柔韧性受限（如受伤的肌肉、骨骼、关节囊、肌腱或韧带等）会导致邻近肢体的运动幅度加大，活动频率更高，以实现更大的整体活动幅度和运动功能。这看上去是一个很正常的现象，但它可能导致病理变化或损伤。相对柔韧性受限可以解释为由于相邻关节僵硬而出现的关节应变和因应变而产生的过用性损伤（如拉伤、扭伤等）。腰椎劳损往往与过紧的股后肌群限制髋部运动相关联。值得注意的是，由于相对柔韧性的存在，运动员进行柔韧性测试时，不仅要测试绝对柔韧性，还要进行各个单关节灵活性的检测。

（五）静态柔韧性与动态柔韧性

静态柔韧性是指肢体在相对静止的状态下保持一定活动幅度的能力。静态柔韧性根据有无协助，可分为主动静态柔韧性和被动静态柔韧性两类。主动静态柔韧性是指无人协助，靠自身完成的活动度。被动静态柔韧性是指由其他人或器械协助完成的活动度。此外，主动柔韧性和被动柔韧性与主动活动度、被动活动度相对应。

体能教练员和运动员理解被动柔韧性和主动柔韧性之间的关系，可以为柔韧性训练提供参考。通过被动柔韧性和主动柔韧性的差异可以反映运动员主动柔韧性的潜在增量。主动柔韧性的潜在增量是用最大被动柔韧性减去最大主动柔韧性来计算的，称为柔韧性赤字。柔韧性赤字越大，增加主动柔韧性的潜力就越大。值得注意的是，较大的柔韧性赤字往往会增加受伤的可能性。

动态柔韧性是指肢体在运动中达到一定活动幅度的能力。对于运动员而言，动态柔韧性的功能性更高，有助于提升专项运动表现。

静态柔韧性是动态柔韧性的基础，良好的动态柔韧性离不开良好的静态柔韧性。

二、柔韧性训练的意义

柔韧性的提高可以提升运动表现，还可以降低训练和比赛中的受伤风险。然而，也有一些人质疑，认为拉伸的即时效应会使运动表现降低，且不会使损伤风险降低。但是柔韧性训练的长期效应对于运动表现和预防损伤是有积极作用的。

（一）动作质量的基础

良好的柔韧性既反映关节主动活动的幅度，也反映人体完成动作的幅度（动作质量的重要变量）。柔韧性和稳定性是影响人体动作质量的两大关键因素。人体关节在运动中的稳定程度［关节位置（单关节）和排列（多关节）的维持能力］、关节的灵活性以及周围肌肉的伸展能力的提高，有助于关节排列处于正常的力线位置和肌肉紧张度的改善。动作质量的提升对于预防运动损伤、提升动量传递效率有着积极的意义。

（二）运动表现及技术的学习

柔韧性训练可促进专项技术动作的学习，使技术动作更加轻巧灵活、准确、协调，并展现出优美感。大多竞技体育项目专项技术为全身性动作，其复杂性特征对全身各关节的灵活性要求都很高，尤其是难美性项目。运动员应该全面提高柔韧性，使身体的各个部分在运动时都不需要相邻环节代偿来改变技术或动作，做到各司其职。例如，对短跑运动员来说，下肢柔韧性不仅能保证正确跑步时的动作幅度，还对步长和步频都会产生较大的影响。如果柔韧性不佳，身体环节的运动就会受到限制，往往在身体其他部位（如腰部）会产生代偿动作（相对柔韧性），这种代偿动作无论从短期或长远来看都是有害的。

（三）力量和速度的发挥

如果关节（踝关节、髋关节、肩关节）周围的柔韧性得到改善，身体各部位活动的幅度加大，能产生更大的力量和速度。良好的柔韧性还能提高快速运动中的身体控制能力，使力量和速度的发挥更有效。

有一种观点认为，力量提高会对柔韧性产生消极作用，理由是力量训练使肌肉变得肥大、僵硬、紧张度提升，伸展能力下降。这种观点是不全面的，只有当局部肌肉过度肥大时，才会影响到活动幅度。虽然力量训练可能造成肌肉的过度肥大，但是保持系统的柔韧性训练有助于肌肉肥大与活动幅度两者之间的平衡发展，使活动幅度不会受到限制。此外，大幅度的抗阻力量练习在一定程度上也可以提高柔韧性。

（四）良好的身体姿态

柔韧性的改善使得肢体能够很好地在适宜的范围内运动。肌肉的张力和长度保持平衡，可以避免出现肌肉的代偿，有助于形成良好的身体姿态。柔韧性训练是改善身体姿态和对称性的有效方式之一。例如，圆肩可能与胸肌的柔韧性不好以及肩胛回缩肌群力量不足有关，可以通过拉长已经短缩的结缔组织和肌肉以及增强薄弱肌肉的力量得到缓解。

（五）预防运动损伤

拉伸可以提高运动表现并降低运动损伤的风险。长期系统的拉伸练习，可使运动员的肌肉伸展能力/弹性增强，肌腱、筋膜组织的韧性提高，大大减少运动员在剧烈运动中发生肌肉拉伤、肌腱扭伤或肌肉疲劳引起的其他损伤的风险。运动训练和比赛之前进行拉伸运动，可以降低损伤风险。研究表明，降低被动刚度以及提高肌肉的缓冲能力，是降低损伤风险的重要因素。拉伸的即时效应包括能够通过黏展性应力松弛降低肌肉-肌腱单元的被动刚度，使肌肉应力时的损伤风险降低。在运动前采用拉伸练习的合理性得到普遍认同。

三、柔韧性的影响因素

（一）关节类型

关节结构决定其活动范围（自由度）。球窝关节（如髋关节、肩关节）在所有关节中活动范围最大，可以在任何解剖平面活动。手腕关节是椭圆关节（卵形关节头、椭圆形关节窝），其活动范围比髋、肩关节都小，只能在矢状面、额状面上运动。膝关节属滑车关节，只能在矢状面上运动，其活动范围最小。虽然关节类型是柔韧性训练的非可控因素，但是柔韧性的发展应限制在关节结构所允许的范围之内，如果超过这个范围将会造成关节损伤以及关节稳定性的下降。

（二）肌肉及结缔组织

肌肉及肌腱、韧带、筋膜、皮肤等结缔组织以及关节囊都是关节活动幅度的限制因素。结缔组织的弹性（被动拉长后回到原来长度的能力）和塑性（组织在被动拉伸后维持新的长度的能力）是影响关节活动范围的重要因素。有研究表明，拉伸运动可以通过利用结缔组织的塑性对柔韧性产生积极作用。

肌肉具有弹性，拉伸肌肉可增加肌肉对拉伸的耐受度，由于受伤而留下疤痕的肌肉组织弹性下降，会影响肌肉的弹性。此外，肌纤维化/退化的肌肉组织会被纤维结缔组织替代，可能会使胶原蛋白（构成结缔组织的主要成分）增加。胶原蛋白可塑性非常低，这就意味着，胶原蛋白数量的增加会增加组织的硬度，进一步影响伸展能力。

关节囊和韧带在被动地固定、支撑关节的同时，又要保障各部位的主动运动。韧带弹性小，塑性强，足部、膝部、脊柱的一些韧带表现尤为明显，因此练习者在进行柔韧性练习时不应拉伸这些韧带，而应该加以呵护。韧带中有大量敏感的神经末梢，会及时地向中枢神经传递拉伸信号，过度拉伸韧带会导致韧带松弛、关节不稳，同时神经末梢会"延迟提醒"关节即将面临的损伤风险。然而，一些韧带（如髋前部的髂股韧带、耻股韧带）经常产生"皱褶"，需要做"去皱"拉伸的练习，使韧带恢复原有长度。

肌腱虽然也具有一定的弹性，但是其韧性大、塑性强，几乎很难伸展。柔韧性训练引起的关节活动度增加与肌腱刚度降低有关。然而，只有有限的证据表明柔韧性训练导致肌腱刚度降低。另外，皮肤具有一定的弹性，但对柔韧性的作用有限。

值得注意的是，虽然表7-1给出了肌肉及不同结缔组织对柔韧性的影响程度，但是，体能教练员应当认识到肌肉及不同结缔组织对柔韧性的影响程度不是固定不变的，应根据具体关节、运动员的专项需求及实际情况具体分析，否则训练可能会导致过度拉伸和损伤风险。

表7-1 肌肉及不同结缔组织对柔韧性的影响

肌肉及结缔组织	影响程度/%
韧带	47
肌肉	41
肌腱	10
皮肤	2

（三）肌肉紧张度与神经兴奋及抑制

肌肉的紧张度是影响柔韧性的重要因素。神经系统兴奋与抑制过程转换能力强，则支配肌肉收缩与放松的能力强，柔韧性好，反之则差。一项有趣的研究发现，当给一个人注射麻醉剂后，其神经系统会进入"休眠模式"，肌肉的紧张度下降，这时的拉伸几乎会没有阻碍。由此看出，分布于各种软组织中的感受器（如肌肉中的肌梭和腱器官以及关节囊中的疼痛感受器）是阻碍拉伸的重要因素。因此，在拉伸时，运动员被拉伸部位应当处于相对放松的状态。需要注意的是，组织中感受器的兴奋阈值是可训的。例如，通过柔韧性训练，肌梭的兴奋阈值会升高，而腱器官和疼痛感受器的兴奋阈值会降低，肌肉的紧张度会降低。

拉伸感知的改变对拉伸幅度的增加起着重要作用。自主抑制、交互抑制、注意力转移以及呼吸等生理学机制被用到柔韧性训练方法中，目的是使被拉伸肌肉的紧张度降低或更放松，进一步增加拉伸的幅度。本体感觉神经肌肉促进法（PNF）、主动分离式拉伸（AIS）等利用神经机制改善拉伸感知的拉伸技术，其效果比传统拉伸（静态拉伸）更好。

（四）拉伸耐受力

神经末梢分布在整个肌肉、肌腱中，拉伸时产生不舒服的牵拉感将限制进一步牵拉，以防止拉伤。这恰恰说明，拉伸其实是提升神经耐受力，让神经系统处于"休眠模式"（抑制状态）。研究发现，经过6周的静态拉伸训练，柔韧性有改善，但是肌肉、肌腱的长度没有变化，3～4周的静态拉伸训练，肌肉的被动刚度没有变化。柔韧性的改善归因于拉伸耐受性的增加，而不是肌肉长度的增加或肌肉被动刚度的降低。

人体拉伸的耐受力是可以通过规律性的拉伸练习得到加强的。因此，拉伸成为柔韧性训练的重要方式。

（五）双关节肌

双关节肌是指跨过两个关节的肌肉，并在两个关节上产生运动，如股后肌群具有伸髋、屈膝或两个关节的旋转功能。单关节肌只跨过一个关节，并在此关节上产生动作，因此，其神经控制及肌肉功能相对简单。

双关节肌在运动中会产生"主动不足"或"被动不足"的现象。例如，直腿时屈髋比屈小腿时屈髋的幅度要小，屈髋时比伸髋时屈膝的力量要大。这两个例子反映了股后肌群和股直肌等双关节肌在柔韧性和力量方面的功能特征。因此，练习者提高双关节肌的柔韧性，应当在关节相反功能的位置上进行拉伸，如股后肌群的拉伸应该在屈髋、伸膝的姿势下完成。

从生物力学的视角看，双关节肌运动的同步性是一个复杂的本体感觉和力学问题，因此，在快速收缩用力的运动中有较高的损伤风险。

（六）关节的稳定性

稳定性的关键是灵活性。灵活性是肢体稳定下的灵活性，是稳定性的基础。离开灵活性谈稳定性是没有意义的，当灵活性和稳定性同时出现问题时，灵活性要优先于稳定性受到干预。也就是说，灵活性差的关节，其相邻关节的稳定性不会有最佳的表现。

值得注意的是，灵活性和稳定性是相互作用的。稳定性不佳也会使灵活性下降。关节稳定性被定义为保持或控制关节运动或位置的能力，是通过周围组织和神经-肌肉系统的协调行动来实现的。肌肉能否维持结构的内稳态，关键在于位于关节两侧的肌肉张力和长度能否平衡。如果关节稳定性下降，必然导致关节两侧肌肉紧张度的变化，进而影响关节的灵活性。

活动中的关节需要相邻关节保持相对稳定。远端关节的灵活性往往需要身体近端做稳定支撑，以保持最佳关节共轴性，这样肌肉才能更加协调和放松。例如，练习者做闭链动作杠铃深蹲时，如果近端核心区失活与相邻关节（膝关节）的稳定性下降，将会限制深蹲幅度。又如，开链动作肩上举，需要肩胛骨贴在胸壁上保持相对的稳定，手臂才能更轻松地举过头顶。由此，关节本身除具备足够的灵活性外，还需有身体近端（核心区、肩胛肌肉的激活）、相邻关节的稳定支撑。

（七）相邻关节假说

相邻关节假说是由美国著名体能训练专家迈克·鲍伊尔（Michael Boyle）和功能性动作筛查（FMS）的发明者格雷·库克（Gray Cook）共同提出的。该假说认为，人体是由不同的关节或关节复合体（我们形象地称之为"节段"）排列而成的，其中每个关节都具有特定的功能和特点（负责关节的稳定性和灵活性），通常负责稳定性的关节与负责灵活性的关节依次相连（图7-1）。

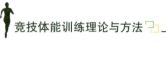

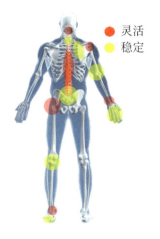

图7-1　相邻关节的功能

良好的灵活性和稳定性是人体高效运动的基础。例如，膝关节、腰椎和肩胛关节是以稳定性为主的关节，而脚踝、髋关节、胸椎和盂肱关节则是以灵活性为主的关节。当某个以灵活性或稳定性为主的关节出现功能障碍时，其相邻的关节就会产生灵活性或稳定性的代偿。例如，负责稳定的关节稳定性下降，会造成关节周围的肌肉产生过度的肌紧张，相邻关节将形成稳定性代偿，进而导致相邻关节的灵活性下降。同理，灵活性下降的关节又会导致负责稳定的相邻关节形成灵活性代偿，导致相邻关节的稳定性下降。

（八）抗阻训练

肌肉的过度肥大会降低柔韧性，因而形成了抗阻训练会降低一定的柔韧性的观点。这个观点是一种对抗阻训练和柔韧性的误解。在正确的指导下，抗阻训练并不会降低灵活性。在完整的关节活动度内进行抗阻训练可以提高柔韧性。这些研究结果并不是说明抗阻训练可以取代柔韧性训练来增加关节活动度，而是有助于消除"抗阻训练对柔韧性产生负面效应"的误解。抗阻练习的动作幅度以及肌肉发展的不平衡会对柔韧性造成负面影响，所以进行抗阻训练时应强调主动肌群和拮抗肌群全面发展，练习幅度应采用全幅度，并进行训练后的拉伸。

（九）肌肉体积与皮下脂肪

关节周围组织的体积，尤其是肌肉和脂肪组织的体积是限制柔韧性的重要因素，如过度肥大的肱二头肌会限制肘关节的弯曲。因此在力量训练时，尽量不要过度发展单一肌肉，同时注意配合柔韧性练习，避免出现因肌肉体积的增加而导致柔韧性下降的现象。此外，皮下脂肪的厚度会阻碍关节的活动幅度，腹部过多的脂肪则会影响髋关节的前屈，所以合理控制身体成分也是改善柔韧性的一个重要内容。

（十）年龄及性别

柔韧性已被证明随着年龄的增长而降低。在青春期后，柔韧性随着年龄的增长有下降趋势。在10岁以前，人体对柔韧性训练较敏感，因此10岁以前应接受相应的训练，但之后也不要忽视柔韧性的发展。柔韧性的发展应该是越早越好。肌肉长度的降低与衰老有关。随着年龄的增长，人体还会面临肌纤维化的问题。青少年肌肉每单位长度被动张力的增长率比成年人要低，其原因可能是身体解剖结构和肌肉力量的差异以及运动参与度的不同。

柔韧性具有性别差异性，女性往往比男性更好。男性的肌纤维稍粗、横截面积大、收缩力较大、全部肌纤维的3/4强而有力，女性的肌纤维细长、横截面积小、只有1/2的肌纤维强而有力，这些生理解剖特点决定了女性的关节活动度好于男性。

（十一）温度

肌肉温度升高，黏滞性降低，弹性和伸展性提高。研究发现，肌肉温度从25℃升高到40℃会显著降低肌肉的刚度和拉伸强度，有助于增加柔韧性和关节活动度。肌肉及结缔组织温度低会降低拉伸效果，同时更容易出现因过度拉伸而导致的运动损伤。运动员经常通过提高肌肉温度来增加柔韧性并降低受伤风险，如采用慢跑结合静态拉伸或动态拉伸来提高肌肉温度和柔韧性。

外部加热方式（如热敷、透热和超声波等）加热肌肉及结缔组织可产生即时的柔韧性提高。外部加热在康复计划中是有好处的，但训练中运动员花15～20 min加热肌肉是不切实际的。进行适当的热身和低强度的重复运动（如蹬功率自行车）似乎比外部的加热方式更实用和有效。外界环境的温度会影响到肌肉的温度，当外界温度低时，准备活动要充分，避免由于柔韧性不足导致肌肉拉伤。

值得注意的是，柔韧性的表现是与特定动作的完成情况分不开的，动作完成所涉及的因素（如力量、平衡、协调、身体的控制等）都可能影响柔韧性。

四、柔韧性的评估

柔韧性的强弱是与特定动作（多样化的动作）、参与的特定关节（不同类型的关节）和参与运动的关节周围结缔组织分不开的，因此，目前仍没有一个反映整体柔韧性的测试方法。

在竞技体育中，柔韧性测量主要通过角度和移动距离评估肢体多关节运动的幅度。坐位体前屈测试通过躯干屈曲和上肢的触够，反映了竖脊肌和股后肌群整个身体后链的伸展能力。此外，测量肩关节活动幅度时，可采用手持木棒的转肩测试测量两拇指的间距，间距越小，柔韧性越好。

单关节的灵活性测试也是非常有必要的。因为人体在多关节运动中，各个关节之间的灵活性可以相互代偿（相对柔韧性），虽然整体表现良好，但是不代表每个关节的灵活性都良好。在临床康复中，柔韧性测试主要评估单关节的关节活动度，常采用关节活动尺（直尺、皮尺、量角器），得到关节主动和被动活动的角度。在损伤发生后局部结缔组织发生挛缩、术后关节周围软组织充血水肿造成局部结缔组织粘连、长时间卧床等因素都使关节活动度下降。通过测量关节活动度，可以评价不同阶段运动康复情况，如髋关节的内旋、外旋测试，胸椎灵活性测试、肩关节的灵活性测试等。

此外，体能教练员应当掌握常用关节灵活性和小腿三头肌、股四头肌、股后肌群、臀肌、屈髋肌群（股直肌、髂腰肌）及髂胫束等主要肌群的柔韧性测试方法（表7-2）。

表7-2 常用关节灵活性和主要肌群柔韧性测试方法

常用关节灵活性和主要肌群柔韧性	测试动作描述	标准
躯干伸展能力	俯卧，双手撑在地板上，间距与肩同宽。试着推举上半身，但必须保持髋部与地板接触。观察肘部完全伸直时，髋部与地板的距离	优秀：髋部可以与地板接触； 一般：小于5 cm； 不足：大于5 cm
胸椎灵活性	侧卧，屈髋屈膝，双手抱头旋转躯干。观察肘关节能否碰到地板	良好：肘关节触地板； 不足：肘关节悬空
肩关节灵活性	双手握拳，双臂（一臂由上向下，另一臂由下向上）于背后触够	优秀：1掌之内； 一般：1～1.5掌； 不足：大于1.5掌
	仰卧，膝关节舒服地弯曲，脚平放在地板上，脊椎中立，尽可能屈曲双臂高举过头顶，平放于地板上	正常：手臂可以平放在地板上； 不足：手臂无法平放在地板上
小腿三头肌柔韧性	后腿跪地；前腿屈膝，全脚掌着地，在脚跟不抬起的情况下膝关节大幅度前移。木棒垂直接触膝盖，测量膝盖与脚尖的距离	良好：大于10 cm； 不足：小于10 cm
	背、臀、脚跟紧贴墙壁站立，抬起一侧脚掌。观察脚掌抬高的高度。双脚交替测试	正常：大于2.5 cm； 不足：低于2.5 cm
股后肌群柔韧性	仰卧，踝背屈，直腿上抬最大幅度。脚踝与地面的垂线位置反映大腿伸展能力（同FMS的主动直腿上抬测试）	优秀：超过大腿中间位置； 一般：在大腿中间位置与膝关节之间； 不足：膝关节以下
股四头肌柔韧性	俯卧，双腿并拢伸直，右手轻柔地拉右脚踝，向右臀部靠拢。双腿交替测试	正常：脚跟可轻松触到臀部； 不足：脚跟触不到臀部
	俯卧，屈膝，测量，在腿部不用力的情况下，脚跟与臀部的距离	正常：小于10 cm； 不足：大于10 cm
屈髋肌群（股直肌、髂腰肌）柔韧性	仰卧，双手抱膝尽可能把膝关节拉到胸口，保持下背部压在地板上。伸展右腿并试着将右膝压向地板。双腿交替测试	正常：大腿可以触到地板； 不足：大腿不能接触地板
髂胫束柔韧性	侧卧，双腿微屈，上侧腿外展前伸，然后下落，观察上侧腿，能否与地板接触	正常：可接触地板； 不足：无法接触地板
臀肌柔韧性	坐姿，跷二郎腿。观察两侧大腿能否重叠	正常：大腿可完全重叠； 不足：大腿无法重叠

第二节　柔韧性训练方法

一、柔韧性训练的机制

（一）蠕变

蠕变也称潜变，是一个材料力学的概念，指在应力作用下固体材料发生缓慢且永久的塑性变形。不像脆性断裂，蠕变并不会随着应力作用而突然出现，相反，其形变会在长时间的应力作用下积累。

蠕变是可伸展的软组织的共同性质。人体软组织（如皮肤、肌肉、神经、血管、肌腱等）和韧带的力学特点相似，除了具有弹性固体材料的某些基本性质外，还体现出蠕变、应力松弛等黏性材料的力学特性。由于黏性材料随着时间的推移失去了抵抗拉伸的能力，肌肉、肌腱、韧带的长度慢慢增加，这种特性被称为MTU的蠕变。蠕变会导致胶原纤维重新排列、被动扭矩和肌肉的僵硬程度增加。肌肉蠕变的长度是有限的，随着拉伸的进行，应力松弛会发生，持续很短时间的被动扭矩和肌肉僵硬也会减少。这是一种保护机制，可以防止肌肉撕裂，并保持肌肉肌节收缩单位之间的适当关系。

蠕变的结果就是肌肉和结缔组织（肌腱、筋膜、韧带等）的特质（黏弹性，即表现出黏性材料和弹性材料的性质）发生变化。机械式蠕变是指由于长期的恒定负荷，组织的伸展超过其固有的伸展能力，会出现一种"应力松弛"的现象。用一个形象的比喻来表述蠕变：握拳在塑料袋里慢慢向前推，如果力量缓慢且持久，袋子不会立即破裂，而是在恒定负荷下随着时间的推移不断被撑开。含胸驼背地静坐20 min，就会使得脊柱的韧带更加松弛。一旦从人体结缔组织中去除应力，组织就会恢复到原来的形式，蠕变的组织可以在2 min内恢复大约50%的关节刚度。这也是久坐后不应立即做高强度运动的原因之一。

（二）闭锁延长和闭锁缩短

人体的肌腱、韧带与筋膜组织属于致密结缔组织，具有一定的可塑性。因此，在长时间、外部应力的作用下，这些组织逐渐变长或变短的蠕变现象较明显。而肌肉的黏弹性高，可塑性低，所以蠕变的现象相对不太明显。

《解剖列车——徒手与动作治疗的肌筋膜经线》的作者托马斯·梅尔斯（Thomas·Myers）提出闭锁延长和闭锁缩短两个概念。闭锁延长是指保持在比自身有效长度更长的肌肉紧张状态，在物理疗法中称为"离心性负荷"。例如，在长时间静坐后，腰背部肌肉由于重力作用会逐渐被拉长。在闭锁延长的组织中，能够看到胶原蛋白含量的增加。闭锁延长发生在上背部、下背部、臀部和股后肌群，这也是从泡沫轴滚动中受益最大的区域。

闭锁缩短是指保持在比自身有效长度更短的肌肉紧张状态，在物理疗法中称为"向心性负荷"。例如，在激烈的竞技运动中，运动员腰部肌肉不断地为保持腰部稳定而承受向心性负荷，则出现逐渐缩短、变紧的现象。

采用泡沫轴滚动是对抗蠕变的有效方法。通过泡沫轴滚动，软组织可以更好地恢复到正常的长度。值得注意的是，在处理闭锁延长和闭锁缩短的软组织时，处理的方法应当是不同的。闭锁缩短的软组织采用滚动和拉伸相结合效果会更好，而闭锁延长的软组织用滚动就可以了。

（三）弹性、塑性

弹性是指经过被动牵拉后，组织能够恢复原来长度的能力，如肌肉自身具有良好的弹性。塑性是指在被动牵拉下，组织能够变长，并且在外力消失后仍能维持原效果的能力，是易于成形或模制的品质，如肌腱、韧带和筋膜组织具有一定的塑性。弹性和塑性都是物质的一种物理性质，二者的主要区别在于弹性引起物质的可逆变形，而塑性引起物质的不可逆变形（图7-2）。

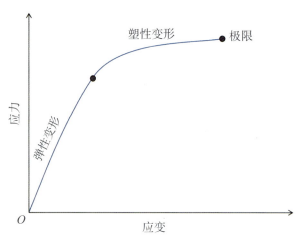

图7-2　肌肉和结缔组织的变形特征

结缔组织由胶原纤维、弹性纤维和基质组成，具有塑性、黏滞性和弹性。弹性成分具有恢复弹性变形的特性，而胶原纤维成分会产生永久性的塑性变形。肌肉的弹性纤维含量高，弹性大，塑性低。而韧带和肌腱的胶原纤维含量高，因此塑性较高。拉伸提高柔韧性的主要作用在肌肉。韧带和肌腱弹性较差，塑性高，伸展性差，且肌腱在高强度下运动时，易出现断裂，韧带拉伸则容易出现过度松弛而导致关节不稳。

影响肌肉和结缔组织塑性和弹性的因素包括：施加力的总量、力的持续时间和组织的温度。力小且温度高时，肌肉和结缔组织出现损伤的概率是最小的；当力大且温度低时，出现损伤的概率就大大增加了。因此，对温度较高的组织进行缓慢的牵拉练习，每次牵拉保持一定的持续时间，是提高柔韧性最好、最安全的方法。

（四）牵张反射

牵张反射是指当肌肉被牵拉时肌梭变长，从而激活神经末梢和相关的感觉神经元，把神经冲动传递到脊髓内的运动神经元，支配被牵拉的肌肉反射性地收缩的生理现象。同时，感觉神经元的神经冲动也会传递到脊髓内的抑制神经元，并支配拮抗肌放松。牵张反射是机体的自我保护性机制，能够避免肌肉的长度超过极限。

牵张反射包括腱反射（快速）和肌紧张（慢速）两种。腱反射是对肌肉长度的快速增加产生的反应（如弹振式拉伸）。肌紧张则是当肌肉被缓慢拉伸并保持在某个位置时（如在静态拉伸和PNF拉伸期间）阻止被拉长而产生的反应。对于不同类型的拉伸，牵张反射的作用存在差异。静态拉伸和PNF练习肌肉拉伸的速度较慢，受牵张反射的影响较小，其拉伸效果的差异可能与牵张反射无关。弹振式拉伸受牵张反射的影响较大，并且与肌肉拉长的速度成正比。因此，柔韧性训练应该使用引起最小牵张反射的练习形式；热身应该采用动态拉伸练习，牵张反射引起的肌肉激活可能是有益的。

（五）自主抑制

自主抑制是机体的一种自我保护机制，是指当肌肉张力超过高尔基腱器的兴奋阈值时，高尔基腱器产生兴奋并将冲动传递给中枢神经系统，抑制运动神经元的活性，反射性地引起肌肉放松的生理现象。

自主抑制机制是静态拉伸和PNF拉伸的生理机制之一。高尔基腱器位于肌纤维的末端和肌腱中，既能感受肌肉张力的变化，又能感受肌肉长度的变化。当肌肉收缩时，肌腱张力增加；当肌肉被拉长时，肌腱被牵拉张力增加。高尔基腱器上的感受神经末梢受压而向小脑传送神经冲动，小脑对传入的冲动作出对长度和张力的反应，小脑传出的运动神经冲动促使肌肉出现反射性的放松。

（六）交互抑制

交互抑制是指当支配某一肌肉的运动神经元兴奋时，支配其拮抗肌的神经元就会受到这种兴奋的抑制，因而出现肌肉反射性放松的生理现象。简单地讲，交互抑制是一种由于主动肌收缩而诱导拮抗肌放松的机制。所有肌肉收缩都有交互抑制，如肱二头肌收缩使肘关节屈，拮抗肌（肘关节伸肌）的运动神经出现抑制。交互抑制同自主抑制一样，都是人体的一种自我保护机制，其能避免因张力的增加而导致肌肉损伤。

自主抑制和交互抑制都能够使被拉伸肌肉主动放松，进而提升拉伸效果。PNF技术和肌肉能量技术都利用了这两种生理机制。PNF技术依据这两种机制的单独或联合使用，形成了多种不同的拉伸技术。主动分离式拉伸技术利用了交互抑制，而自我筋膜放松技术和按压式拉伸技术则利用了自主抑制。

二、静态拉伸

静态拉伸是一种缓慢而持续的拉伸方法，移动关节至某一位置直到目标肌群出现不适感，保持静止维持一定的时间。静态拉伸分为主动式静态拉伸和被动式静态拉伸两类。主动式静态拉伸是指通过运动员主动施力来增加拉伸强度。被动式静态拉伸则是指运动员借助外物或者搭档来完成拉伸动作。这两个概念与主动、被动静态柔韧性具有对应关系。

静态拉伸是最常见、最简单的柔韧性练习类型，能够增加关节活动度的即时适应和慢性适应。此外，静态拉伸能够降低肌肉紧张，改善姿态，加速局部血液循环。静态拉伸具有操作简便和损伤风险低的优点，运动员可以独立完成几乎全身肌群的拉伸，拉伸动作缓慢，牵张反射不明显，若操作得当，几乎没有损伤风险。

从力学的角度来看，静态拉伸可以使肌肉–肌腱刚度降低和应力松弛，进而降低肌肉的黏弹性。黏弹性的变化取决于拉伸的时间。有研究表明，人体肌肉的黏弹性在静态拉伸7.5 min（5×90 s）后发生即时下降，而在2.25 min（3×45 s）的拉伸后则没有变化。从神经生理学的角度来看，静态拉伸能够降低运动神经元的兴奋性，使肌肉放松，这主要是利用了高尔基腱器的自主抑制原理。此外，神经耐受性作为静态拉伸的慢性适应，是提高柔韧性的重要因素。

静态拉伸所形成的放松肌肉的即时效应，会对爆发力、反应时产生不良影响，因此一般不建议在赛前单独使用。然而，对于柔韧性要求较高的竞技项目或当运动损伤及肌肉紧张等导致关节活动幅度不足时，运动员可以在热身活动中加入静态拉伸练习，来增加关节活动幅度。

值得注意的是，在热身活动中，静态拉伸结合动态拉伸可以消除静态拉伸的即时不良反应，也可满足比赛对柔韧性的需求。在放松活动中，静态拉伸既能提高肌肉伸展能力（体温升高，肌肉黏滞性下降），又能实现对肌肉的梳理和降低延迟性肌肉酸痛的程度。

三、弹振式拉伸

弹振式拉伸又称冲击式拉伸，是指肌肉主动用力收缩，利用运动肢体的动量来牵拉肢体产生快速摆动和弹振，从而增加运动幅度的拉伸方法。弹振式拉伸能够刺激关节神经系统的活动，增强肌肉的运动能力，使肌肉快速、有力地大幅度运动，为接下来的高强度运动做好准备。

弹振式拉伸与大多数竞技体育活动的动作特性相似，因此更适用于运动员。弹振式拉伸是安全、有效的热身组成部分，尤其对于某些冲击式运动更加有效。弹振式拉伸可以提高垂直跳跃的表现，同时在改善关节活动度方面与静态拉伸具有同等效益。一项运动医学研究证明了弹振式拉伸可以提高股后肌群的柔韧性，对股后肌群紧绷的人很有帮助。

很多人经常把动态拉伸和弹振式拉伸混为一谈。虽然这两种伸展方法都属于动力性的拉伸练习，但动态拉伸不会使肌肉和肌腱的拉伸超出正常运动范围，也不涉及突然的、冲击式的动作；而弹振式拉伸是突然的和可控性差的。因此，对于大众健身人群，体能教练员经常建议使用动态拉伸而不是弹振式拉伸。

弹振式拉伸较其他拉伸方式更容易诱发牵张反射。牵张反射将进一步增加肌肉-肌腱单元内的张力和张力生成速率，产生的肌肉张力相当于静态拉伸的2倍，因而容易引起肌肉酸痛，甚至增加肌肉损伤的风险。在运动员已经出现运动损伤的情况下，牵张反射尤其明显。

使用弹振式拉伸时，用力不宜过猛，幅度一定要由小到大，先做几次小幅度的，然后再加大幅度。只要使用得当，弹振式拉伸不失为一种有特色的拉伸技术。下面推荐一种比较安全的弹振式拉伸训练方案：①先进行静态拉伸；②在较小的关节活动范围内缓慢进行弹振式动作；③进阶至全关节活动范围的缓慢的弹振式动作；④进阶至快速、活动度较小的弹振式动作；⑤最后进阶至快速、全关节活动范围的弹振式动作。由于在整个拉伸过程中，动作控制和关节活动度由运动员把握，且无外力干预，通过这种进阶方案，肌肉和肌腱能够逐渐适应弹振式的动作，从而降低损伤风险。

四、动态拉伸

动态拉伸（dynamic stretch）是近年来兴起的一种拉伸方法，在准备活动中被广泛使用。动态拉伸是指利用运动的速度、动量和肌肉主动用力以及全身性、功能性的动作，来改善动态柔韧性的拉伸方法或热身方法。动态拉伸是一种功能性拉伸，其旨在通过采用一系列整体性练习和与专项相关的动作进行拉伸，使身体为后面的运动做好准备。动态拉伸的特点是动作缓慢、控制性较强、活动度较大、全身性练习和具有专项特色。

（一）动态拉伸与静态拉伸

动态拉伸在改善动态柔韧性和提高肌肉温度方面比静态拉伸或PNF拉伸更好，而在改善静态柔韧性方面动态拉伸不如静态拉伸和PNF拉伸。

在动态拉伸时，肢体在末端位置不需要长时间保持，肌肉处于激活状态，有助于体温的升高。肌肉和结缔组织（肌腱等）在被加热和拉伸后，能够更好地对可能会导致损伤的力作出反应。动态拉伸涉及的专项动作及全身性练习有助于改善动态柔韧性，可以发展专项所需的动作模式以及关节活动度，对于改善运动员的灵活性、稳定性和平衡性也有积极作用。因此，动态拉伸成为准备活动的重要练习方式之一。练习前的热身如果以静态拉伸为主，机体核心区温度升高的幅度很小，这导致肌肉并没有为随后的训练做好充分的准备。运动后，运动员需要降低体温并对肌肉进行梳理，静态拉伸则成为放松活动的首选。

（二）动态拉伸与弹振式拉伸

动态拉伸与弹振式拉伸都可以反映运动员的动态柔韧性，但在动作形式和练习效果方面存在较大差异。动态拉伸更倾向于融合更多的专项动作，而没有弹振式拉伸的快速、反弹式运动形式，并且动作具有可控性，因此，动态拉伸可以避免出现肌纤维损伤等负面效果。动态拉伸的关节活动度小于弹振式拉伸，但能够提高运动员在整个关节活动范围内的主动控制以及在动作终末端的保持能力。弹振式拉伸对于动作速度较快、冲击性较强的运动项目有着积极的促进作用。

（三）动态拉伸练习设计

动态拉伸练习应结合专项动作来设计。动态拉伸在模拟专项技术时，应关注拉伸动作中所涉及的关键技术元素，以使重要的技术动作得到强化。例如，如果在准备活动中安排抱膝练习，除了要强调正确的身体姿势外，还应关注各个关节的位置，如抬起的脚踝应保持背屈位。需要注意的是，动态拉伸在体现动作技术专项性的同时，应保证动作质量，不能以破坏正确的技术动作为代价。

动态拉伸能否提升运动员专项训练和比赛运动表现的关键在于练习的动作、幅度与专项动作是否具有相似性。例如，行进间抱膝这一拉伸练习，模拟的就是短跑运动员高抬腿的动作。本质上，动态拉伸也可被理解为专项所需的主动柔韧性练习，因为它将重点放在专项运动所需要的动作上，而非单独的某块肌肉上。

动态拉伸练习的设计应体现练习形式的多样化。运动员进行动态拉伸时，既可以在原地重复进行（如原地做10次弓箭步），也可以在行进间重复进行（如弓箭步走15 m）。

动态拉伸练习应遵循渐进的原则，每个练习应由慢到快，逐步提高动作幅度和速度，并过渡到更高级的动作。例如，运动员在进行15 m行进间抱膝练习时，刚开始以走路形式进行，之后逐渐过渡到垫步进行，渐进的方式有助于同时提高速度和关节活动度。当在准备活动中进行动态拉伸时，时间控制在10～15 min为宜。动态柔韧性热身的强度应根据运动员的水平而变化，不应导致过度疲劳。

五、PNF拉伸

（一）PNF拉伸释义

PNF（proprioceptive neuromuscular facilitation）是一种通过刺激本体感受器的抑制和反射来促进神经元兴奋性，主动放松肌肉的神经-肌肉机制的拉伸方法。国内通常翻译为本体感觉神经肌肉促进法。PNF拉伸是利用肌梭的牵张反射和高尔基腱器的自主抑制、交互抑制的神经-肌肉生理学机制，形成具有促进作用的拉伸模式以及蠕变、应力松弛的材料力学机制，从而为增加关节活动度提供潜在的优势。

PNF拉伸的理念是所有人（包括受伤人群）都有柔韧性开发潜力。赫尔曼·卡巴特

（Herman Kabat）在20世纪40年代末和50年代初研发了PNF技术，并将其用于神经肌肉康复训练，旨在使过度活跃或者张力过大的肌群得到放松。

PNF拉伸对柔韧性的提升效果明显，是柔韧性训练的首选，后来被运用到运动训练领域。PNF拉伸理论上可以用于所有肌群的拉伸，但是由于该技术需要搭档的配合，对操作人员的经验和技术都有较高的要求，因此从便利性和安全性考虑，PNF拉伸常用于人体大肌群的柔韧性改善。PNF拉伸还可以提高肌肉的表现。研究表明，如果在运动后或不运动时进行PNF拉伸，会提高肌肉运动能力。

在运动训练或比赛前不应采用PNF拉伸，原因主要有两个：一是会降低肌肉力量、功率输出、肌电活动、垂直跳跃高度和反应时间，这可能是因为肌肉过度伸展，超出了承受能力，导致过度伸展后的抑制；二是掩盖身体保护机制所发出的信号，增加受伤风险。PNF拉伸已被证明具有止痛作用，导致疼痛阈值增加，而被动肌腱刚度没有改变。如果PNF拉伸仅仅是因为对疼痛有更强的耐受性而导致更大的活动度，在运动前应该谨慎使用。需要注意的是，PNF拉伸较静态拉伸可能更容易导致过度拉伸，因此，使用PNF拉伸需要拉伸技巧以及经验较丰富的搭档配合完成。

（二）PNF拉伸的类型

PNF拉伸的类型较多，这些拉伸类型主要由肌肉收缩形成（等长收缩和等张收缩）、收缩的肌肉（主动肌和拮抗肌）以及有无放松三个变量组合而成（表7-3）。

表7-3　PNF拉伸类型以及操作步骤

PNF拉伸类型	操作步骤
重复收缩技术	①拮抗肌离心收缩；②主动肌向心收缩；③主动肌等长收缩
节奏启动	①拮抗肌被动拉伸；②主动-辅助主动肌收缩；③主动肌向心收缩；④主动-对抗主动肌向心收缩
节奏稳定	①主动肌等长收缩；②拮抗肌等长收缩
缓慢反转	①拮抗肌向心收缩；②主动肌向心收缩
缓慢逆转保持	①拮抗肌向心收缩；②拮抗肌等长收缩；③主动肌向心收缩；④主动肌等长收缩
缓慢逆转保持-放松	①拮抗肌向心收缩；②拮抗肌等长收缩；③放松；④主动肌向心收缩；⑤放松
主动肌反转	①主动肌向心收缩；②主动肌离心收缩；③放松；④主动肌离心收缩
保持-放松	①拮抗肌等长收缩；②放松；③被动拉伸拮抗肌
收缩-放松	①拮抗肌向心收缩；②放松；③被动拉伸拮抗肌
保持-放松-主动肌收缩	①拮抗肌等长收缩；②放松；③被动拉伸拮抗肌的同时主动肌向心收缩

以下以激活髋屈肌群从而使腘绳肌放松为例说明PNF拉伸的三种典型技术。

1.保持-放松技术

首先，对运动员的腘绳肌进行被动式静态拉伸10 s，之后搭档发力使运动员继续屈髋，同时告知运动员与其对抗并保持住当前的姿势，维持6 s。需要指出的是，为避免受伤，此处用力应以运动员为主导，力度控制在其腘绳肌最大收缩用力的60%~70%即可。然后运动员放松，同时搭档再次对运动员的腘绳肌进行被动式静态拉伸30 s。

该拉伸技术主要利用的是自主抑制原理。在保持阶段，腘绳肌维持等长收缩6 s，高尔基腱器就会被激活，从而抑制其梭内肌的活性，使腘绳肌放松，进一步增加了拉伸幅度。

2.收缩-放松技术

首先，对运动员的腘绳肌进行被动式静态拉伸10 s，之后运动员屈膝或伸髋主动收缩腘绳肌，同时搭档发力与其对抗，所用力度要略小于运动员，目的是目标肌群能够在全关节范围内进行向心收缩，维持6 s。然后运动员放松，同时搭档再次对运动员的腘绳肌进行被动式静态拉伸30 s。该拉伸技术利用的原理与保持-放松技术一致，只是在动作操作上有所区分。

3.主动肌收缩时执行保持-放松技术

主动肌收缩时执行保持-放松与保持-放松的操作过程的唯一的区别就是，在第三步被动拉伸时，运动员与搭档同向发力，即在本例中，运动员主动收缩髋屈肌群，进一步增大拉伸幅度。该技术同时利用了自主抑制和交互抑制，因此在三种PNF拉伸技术中最为有效。

以上三种拉伸技术的第一步都是10 s的预拉伸，目的是放松目标肌群。第二步和第三步的操作方法各不相同，其各自命名也源于此。

（三）PNF拉伸变量及要点

在进行PNF拉伸时需要考虑拉伸对抗强度、收缩保持时间、重复次数和训练频率等训练变量（表7-4）。PNF拉伸不应在100%最大随意等长收缩的条件下进行，因为高强度收缩可能会引起肌肉损伤或酸痛。0~60%的最大随意等长收缩会降低这些风险。在拉伸过程中，收缩保持时间过长会导致肌肉紧张而无法放松，进而影响拉伸效果。

表7-4　PNF拉伸变量及要点

变量	要点
对抗强度	20%~60%最大随意等长收缩
收缩保持时间	3~10 s，6 s最佳
重复次数	4次
训练频率	2次/周

六、主动分离式拉伸

（一）主动分离式拉伸释义

主动分离式拉伸是指针对特定肌肉或肌群使用主动肌收缩使得拮抗肌主动放松的拉伸方法。它通过增加被拉伸肌肉对侧肌肉的运动神经元的兴奋性，对被拉伸的肌肉产生交互抑制，使被拉伸的肌肉更放松。以股后肌群主动分离式拉伸为例，其具体操作如下：①仰卧，股四头肌伸展膝；②增加股二头肌的长度；③股四头肌的收缩引起腘绳肌交互抑制（减少神经冲动和肌肉肌梭的兴奋），从而使其拉长。

肌肉生理学认为肌肉在主动状态下伸展效果最好。神经肌肉系统在运动时表现出双重功能，一些肌肉得到的信息是收缩，而另一些肌肉得到的信息是拉伸。主动分离式拉伸利用一侧肌肉收缩，使得拮抗肌主动放松，主动地配合收缩的肌群完成运动，而不是被动地拉伸（如橡皮筋的拉伸）。主动分离式拉伸利用了神经系统与被拉伸的目标肌群主动放松，而不是仅仅依靠机械拉伸。

拉伸是专门针对特定单个肌肉或肌群设计的。运动的专门性带来肌肉、肌群参与的专门性，这是为何要分离相应肌肉或肌群的理论前提。运动代偿是人体运动的重要特征，代偿模式会导致肌肉功能分化，甚至影响关节活动功能。分离/孤立拉伸就是修复代偿模式的重要体现，有益于肌肉功能的改善。

主动分离式拉伸技术的设计初衷是对患者进行术后康复训练。在主动分离式拉伸系统中使用了"沃尔夫定律"的概念，描述了骨质随着受力状态变化而生长、吸收和重建的现象。骨折患者在接受石膏或夹板固定时，骨愈合就已经开始了。在固定后，适当的运动范围和压力可以帮助提高骨骼的整体强度，有助于骨骼快速重建。

（二）主动分离式拉伸的优势

下面以股后肌群的主动分离式拉伸为例进行介绍：①拉伸部位精准。传统的股后肌群拉伸不仅需要目标肌群参与，还需要腓肠肌、臀肌和背肌参与。而主动分离式拉伸是通过利用"被动不足"做到对股后肌群的拉伸。②利用交互抑制提升拉伸效果。在使用主动分离式拉伸时因为要主动收缩股四头肌，产生交互抑制，股后肌群受到抑制，因而放松更充分。有研究表明，主动分离式拉伸对于肌肉深层筋膜的刺激作用更大。③保持时间不超过2 s。主动分离式拉伸拉伸到最远端时，保持1~2 s。如果肌肉被拉伸得太长（拉伸的耐受力）、太快（牵张反射）、太久（超过2 s），会有一个自然的反弹回缩动作，以防止撕裂。④重复收缩肌肉的拉伸过程，增加血液与氧的输送量，并且重复性等张收缩比等长收缩血液循环更快，能使更多的血液、氧、营养物质输送到拉伸区域，有助于肌肉的快速恢复。⑤呼吸配合。采用主动分离式拉伸时，在拉伸到最远端的过程中呼气。呼气可以反射性地引起肢体的放松，使拉伸更有效。⑥主动分离式拉伸的拉伸动作更加柔和。每次拉伸的力度略大于来自肌肉的阻力即可，肌肉能够逐渐平稳地适应拉伸过程，因此，可以避免因过度拉伸而导致的牵张反射造成的损伤风险。

主动分离式拉伸被广泛应用于竞技体育中，许多世界级的运动员（如博尔特）都从中受益。主动分离式拉伸既可以在高强度训练或比赛的热身或放松活动中使用，也可以单独用于柔韧性训练。

（三）主动分离式拉伸的练习要点

以拉伸腘绳肌为例介绍主动分离式拉伸的主要操作步骤：①仰卧于垫子上，非拉伸侧腿伸直或屈膝，拉伸侧腿屈髋（大腿与地面垂直）、屈膝（＜90°），并将绳子缠绕于该侧脚的脚掌上。②主动收缩拉伸侧腿的股四头肌，做伸膝动作，伸膝过程中保持髋关节和踝关节的角度不变（目的是孤立腘绳肌，仅让其参与拉伸）。③在膝关节伸展的末端牵拉绳子，力度以感受到轻微不适即可，保持1.5～2 s。④回到起始位置，重复进行练习。

要点：①动作柔和；②重复完成上述动作多次（一般8～10次不等）；③拉伸阶段呼气，恢复阶段吸气。

主动分离式拉伸通常由运动员独立完成，可以借助绳子、弹力带等工具加强拉伸效果，也可以由搭档配合完成。

七、自我筋膜放松

自我筋膜放松（self-myofascial release，SMR）是指通过外部压力（如泡沫轴、筋膜球，以及按摩棒等工具）刺激致密的、活动受限的筋膜以及下部的肌肉，以减轻该部分组织的紧张度并改善柔韧性的一种技术。该技术是运动训练和健康、健身活动中相对普遍和实操性很强的发展柔韧性的技术。根据筋膜松解和缺血性按压的相关研究，使用自我筋膜放松发展柔韧性的基本原理已经得到证实。自我筋膜放松的生理机制是分布于筋膜以及肌腱中的高尔基腱器在感受到外部压力时能够被激活从而产生自主抑制，以放松目标肌群。也有研究认为，在筋膜中存在的鲁菲尼小体等其他感受器和高尔基腱器共同作用产生自主抑制。

（一）筋膜

筋膜由特化的结缔组织构成，通常分为浅筋膜、深筋膜、浆膜下筋膜三大类。浅筋膜位于皮下，又称皮下筋膜，由疏松结缔组织构成，其内含有脂肪、浅静脉、皮下神经以及浅淋巴结和淋巴管等。深筋膜位于浅筋膜深面，又称固有筋膜，由致密结缔组织构成，遍布全身且互相连续。深筋膜包绕肌肉、骨骼、神经、血管等。浆膜下筋膜又称内脏筋膜，主要包绕部分内脏器官，如心脏的心包膜、肺的胸膜等。而我们常说的筋膜主要是指深筋膜。对于人体的运动系统而言，筋膜的作用主要是覆盖并支持身体结构，维持机体稳定和整体张力。例如，肱二头肌周围包绕的筋膜，不仅使该肌群稳定地固定在肱骨前侧，还让所有肌纤维沿肱骨纵向排列，这样屈肘时就会产生更高的用力效率。

当放松的肌肉受力拉长时，牵拉的大部分阻力来自肌腱和包绕肌肉内及肌肉外的筋膜，而不是来自肌纤维。筋膜在正常状态下处于放松状态，形态类似于波浪形，可以不受限制地伸展和运动。但是筋膜一旦出现损伤，就会丧失韧性，形成致密结构（筋膜粘连），导致自身活动受限，并反作用于与筋膜相连的肌组织，引起肌肉的过度紧张。

（二）扳机点

扳机点是指肌肉和筋膜损伤导致出现粘连，并形成一种脆弱、弹性较小的肌肉结节。人体的肌肉被筋膜所包裹，当筋膜的局部区域出现张力异常或微损伤时，将会产生炎症，炎症会导致肌肉及筋膜粘连，形成瘢痕组织/扳机点（图7-3）。扳机点降低了肌肉和筋膜的正常弹性，阻止肌纤维沿着正确的方向移动，还会造成局部区域的放电异常而产生疼痛，导致该区域的肌肉反射性地痉挛和关节活动度的下降。扳机点还会引起机体的相对柔韧性。相对柔韧性是人体动作系统在功能运动模式下寻求最小阻力路径的现象，这是一种代偿模式，可能会引起进一步的软组织损伤，进而使机体产生新的柔韧性问题。因此，解决扳机点是改善柔韧性的关键。

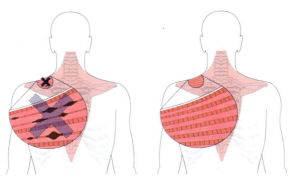

图7-3　扳机点与正常肌肉的特点

由于扳机点组织结构的特殊性，常规拉伸在松解扳机点方面效果并不理想。这是由于出现扳机点的肌肉就像一条"打结"的橡皮筋一样，拉伸较为表浅，对于扳机点的作用有限，因此需要利用泡沫轴等工具对"打结处"进行着重的按压或滚动松解。除了自我筋膜放松技术外，目前针对扳机点的康复治疗手段还有喷雾-拉牵技术、肌肉能量技术、缺血性按压以及针刺疗法。

（三）自我筋膜放松工具的使用

自我筋膜放松工具有很多，常见的主要有泡沫轴、筋膜球、按摩棒、筋膜刀、筋膜枪等，其中以泡沫轴、筋膜球的使用最为广泛，筋膜枪也是近几年比较流行的筋膜放松工具。针对身体不同的位置使用不同的工具，以此达到自我筋膜放松效果最大化。此外，震动和深层击打工具（震动泡沫轴、筋膜枪）可以从软组织放松区域向外扩散，从而达到更好的松解效果。

泡沫轴是一种较常见的自我筋膜放松练习器械。泡沫轴滚动是通过自身体重与泡沫轴接触和滚动所产生的反作用力作用于肌肉、筋膜，借助紧张–放松过程中的自主抑制机制，促使肌肉进行自主放松的自我筋膜放松方法。使用者对肌肉酸痛点或者肌肉紧张部位反复施加压力，在滚动过程中，肌肉反复与泡沫轴进行摩擦产生热量，肌肉温度升高，黏滞性降低，肌肉更具功能性。在肌肉疼痛感剧烈的地方，使用者则需在扳机点处停留30 s或更长时间，直至疼痛感消除或有所缓解。

选择自我筋膜放松工具的一般原则有以下几点。

第一，根据个人的疼痛耐受力选择。耐受力好的可以选择材质较硬的、尺寸较小的工具。耐受力差的可以选择材质较软、尺寸较大的工具。适宜的硬度可以避免因硬度过大而造成肌肉的应激反应，从而避免加剧被放松肌肉的紧张程度。

第二，根据放松部位选择。不同的工具拥有独特的功能。例如，通常使用泡沫轴放松股四头肌、臀大肌以及髂胫束等大肌肉群或结缔组织；使用筋膜球放松三角肌和肩袖肌群等小肌肉群；而花生球由于其特殊的结构，常用于放松脊柱附近的竖脊肌，可以有效地避免脊柱直接受力。

第三，根据松解目的选择。松解表层，可采用软材质、大直径的工具。松解深层则选择硬质、直径小的工具。另外，支撑面的硬度也是需要考虑的变量，如硬度小的泡沫轴应在坚硬的支撑面上使用。

（四）自我筋膜放松的应用要点

自我筋膜放松是矫正性训练连续体第一阶段中的主要抑制技术，主要用于减小肌张力或降低身体中神经肌肉筋膜组织的过度活跃状态。目前没有相关证据证明不能每天进行自我筋膜放松，但针对目标区域或目标肌群每次做一组就够了。自我筋膜放松的参考变量、要点及注意事项见表7-5。

表7-5　自我筋膜放松的参考变量、要点及注意事项

参考变量	要点	注意事项
松解工具	根据松解目的、放松部位、个人偏好进行使用	使过度活跃的软组织得到抑制，并非过度激活
松解位置	确定松解软组织的起止点，在放松过程中找到酸痛位置	全幅度放松，针对扳机点着重松解
姿势	确定合理的姿势和关节排列	身体要放松，软组织紧张不利于深度按压；肚脐向脊柱收缩，保证核心区稳定性
时间	30～90 s（酸感30 s，酸痛感降低90 s）或滚动10次左右	滚动到组织放松或疼痛感减弱或者消失为止

续表

参考变量	要点	注意事项
滚动力度	可承受范围内（力度大影响筋膜深层，力度小影响筋膜表层）	可以通过调整四肢改变放松位置的压力，可以利用呼吸技巧进行辅助
动作速度	缓慢滚动	快速滚动有可能会进一步激活软组织，而无法做到抑制过度活跃的软组织
呼吸	保持正常呼吸，不要憋气	憋气无法使软组织放松，不利于松解

八、肌肉能量技术

肌肉能量技术（muscle energy technique，MET)是一种被广泛应用于骨科疾病治疗的技术，它利用肌肉自身的能量，以温和的等长收缩形式，通过自主抑制或交互抑制来放松，并伸展肌肉。伤病者根据要求积极地使用肌肉，从一个精确控制的位置，在一个特定的方向上，对抗一个明显的反作用力。肌肉能量技术的神经生理学基础与PNF相同。肌肉能量技术在许多方面与PNF的收缩-放松、保持-放松和主动肌反转方法相似，但也有不同。首先是对抗的力较小。伤病者在对抗操作者时使用的力量要小，不应超过伤病者肌肉最大收缩的20%或25%。也有专家建议：在处理大肌肉时（臀部）可以使用公斤级的力量，但当处理较弱和较小的肌肉时只能使用克一级的力量。其次是抵抗力量的局部化/定位。这个因素被认为比力的强度更重要。在肌肉能量技术中，定位依赖于操作者对某个特定关节移动或移动阻力触感/触诊的本体感觉，是影响拉伸效果的重要因素。

肌肉能量技术是一种主动的技术，是对自主抑制和交互抑制的利用。如果在肌肉的次最大收缩之后，拉伸的是同一块肌肉，这种肌肉能量技术为自主抑制肌肉能量技术；如果在肌肉的次最大收缩之后，拉伸的是对侧的肌肉，则为交互抑制肌肉能量技术。就拉伸效果而言，肌肉能量技术优于被动的静态拉伸。

九、缺血性按压结合拉伸技术

缺血性按压技术（ischemic compression technique）是指通过按压限制或阻塞身体扳机点部位的血液循环，以便在松开时使局部血流量增加，实现机体恢复的手法治疗技术。缺血性按压技术的要点是对扳机点施加疼痛度可忍受的持续压力，并且随着不适感的减轻，逐渐施加额外的压力。缺血性按压结合拉伸技术是将缺血性按压与拉伸（静态拉伸或PNF拉伸）相结合来降低肌筋膜张力，提高其延展性，改善机体柔韧性的一种组合技术。该技术针对存在扳机点的肌筋膜组织效果显著。缺血性按压和深压按摩技术的生物学原理与筋膜放松相似，都是利用了自主抑制原理对肌筋膜进行放松。

在体能训练领域，运动员可以充分利用筋膜放松技术和拉伸技术相结合来达到减少肌筋膜的扳机点和放松肌筋膜的目的。国外开展的相关研究较早，并证实采用缺血性按压和静态拉伸可以有效地减轻颈部和上背部的扳机点疼痛和敏感程度。在美国国家运动医学会的纠正性训练体系中，运动员也用自我筋膜放松技术和拉伸技术相结合的方式来放松过度紧张的肌筋膜组织，并且该技术已被应用多年，其有效性得到验证。

该技术在实施时分为两个步骤：第一步为按压，运动员使用筋膜放松工具在目标区域内进行压迫放松并缓慢移动寻找扳机点。寻找扳机点的一个简单方法就是根据按压的疼痛程度，当疼痛较为剧烈、尖锐时，往往就是扳机点所在的区域。找到扳机点后，在此区域按压至少30 s或持续至疼痛感明显下降，然后继续寻找下一个扳机点。第二步为拉伸，该阶段建议使用静态拉伸或PNF拉伸。

十、自我关节松动

（一）自我关节松动的释义

关节松动技术源自康复领域，是治疗师用于改善关节功能障碍的手法治疗技术，属于被动运动的范畴。而自我关节松动是指运动员通过使用阻力较大的弹力带对受限关节进行符合凹凸关节运动的分离和牵引，属于主动运动的范畴。该技术利用辅助工具模拟康复治疗的关节松动技术，松解过紧的关节囊及韧带，将关节恢复到原来的位置，增加关节腔隙以及改善关节活动度。

自我关节松动技术改善柔韧性的主要原理：①促进关节液流动，增加关节软骨和软骨盘无血管区域的营养，缓解疼痛，防止关节退变；②抑制脊髓和脑干致痛相应的释放，提高痛阈；③牵拉关节周围的结缔组织，保持或增加其延展性；④增加本体反馈。以上四种因素相互作用，最终可有效地改善柔韧性。

人体关节活动度与关节结构（关节面、关节囊、韧带等）紧密相关。其中，关节囊是一个非常重要的影响因素。关节囊及韧带对关节活动度的影响程度占47%，而肌肉和筋膜占41%。关节囊由致密、坚韧的结缔组织构成，主要起限制、保护关节的作用。关节活动度的下降往往伴随关节囊的僵硬和紧张，还会引起关节内骨相对位置的变化。比如，常见的上交叉综合征，肱骨头的上抬、内旋和前移就与肩关节囊后侧过紧有关，这会减小肩峰下的活动空间，引发肩峰撞击，产生疼痛和肩关节活动度的下降。

解决肩关节囊过紧的问题，仅仅拉伸缩短的胸大肌、胸小肌、背阔肌往往是不够的。因为此时的肱骨头处在关节窝偏前侧的位置。换句话说，肱骨头没有处于正确位置上的拉伸是存在代偿的、无效的。预先利用关节松动技术松解肩关节囊后侧，帮助肱骨头恢复到正确的位置是合理有效的方法。利用外力将关节推回到正确位置是松解关节囊的常用方法。

（二）自我关节松动的操作要点

1. 肩关节囊过紧的自我松动术

一手轻轻握住肱骨头，掌根置于肱骨头的前侧，轻轻地将肱骨头向后方推，同时另一只手握住大臂向外做牵引，该过程重复3～5次。体能教练员可以教运动员利用一些器械和工具达到同样的目的。比如，让运动员仰卧，右手持壶铃，右臂垂直于地面，左手扶住右臂肘部帮助稳定，利用壶铃的重量将肱骨头推向后侧；还可以在大臂的根部增加一根"横向"的弹力带，用以拉伸过紧的关节囊，增大肱骨头与关节盂的腔隙，加强关节松动的效果。

2. 足背屈受限的自我关节松动术

将弹力带挂在脚踝前侧，并固定弹力带的另一端，使其尽可能产生足够大的拉力，迫使距骨向后移动，同时主动进行足背屈的关节运动，最终改善踝关节的足背屈能力。

十一、巫毒带加压技术

（一）巫毒带加压技术的释义

巫毒带加压技术（Tissue Flossing）是由斯塔雷特（Starrett）和科多扎（Cordoza）首先提出的。2017年，德国理疗师斯温·克鲁斯（Sven Kruse）结合运动训练的原则和理论，对传统的血流阻断训练进行了梳理总结，并在临床康复中将其命名为 Flossing，而后引入我国被称为巫毒带。巫毒带加压技术是指使用弹力带缠绕关节或肌肉组织提升其内部压力，同时主动进行关节的转动和肌肉的收缩与伸展。巫毒带可以增加活动范围和运动表现，加速肌肉组织恢复，并减少各种疾病或损伤引起的疼痛。巫毒带加压能够提高受训者的疼痛阈值，不仅能减少疼痛等并发症，也能在无痛的情况下，提高康复训练的效率。

（二）巫毒带加压技术的机制

运动范围增加的可能机制似乎与巫毒带可以刺激筋膜下层的机械感受器，导致被压缩组织的再灌注，从而导致血流增强，或形成筋膜剪切力，从而使筋膜的动作电位恢复有关。缺血再灌注理论是指加压和拆开过程中的体液更换。血液限制性供应先使肌肉缺血，解除后新鲜血液可快速输送到缺血部位，从而改变细胞内生化环境，促进内分泌调节和细胞再修复过程，加快局部新陈代谢。巫毒带加压后能增加组织合成活性，加快细胞恢复过程，促进生长激素和儿茶酚胺分泌，加快局部新陈代谢和损伤及内源性终产物的排出。筋膜剪切力对皮下刺激可以改变结缔组织黏度和组织张力。筋膜间隙中有大量对张力的变化十分敏感的神经末梢，机体可感受被牵拉、负荷、压力及剪切力，受到刺激时会扩张血管，增加血管壁通透性，加速体液渗透，改变黏弹性。

巫毒带加压技术可能产生触变效应，这是一个潜在的机制，人们在泡沫轴滚动、拉伸和按摩中也发现了这种效应。类似于泡沫轴滚动，巫毒带会对处理过的肌肉、皮肤和筋膜造成压力，会对肌肉的粘展度产生影响，导致运动阻力更小。肌筋膜由亲水性蛋白质、液状基底质组成。肌肉过度疲劳、关节压力增加、血液循环减少都会影响肌筋膜的延展性和含水量，而弹性功能下降会增加受伤概率，提高人体疼痛阈值，从而形成扳机点和肌筋膜疼痛。巫毒带加压技术能通过高压与皮肤产生内聚力，再结合运动牵引皮肤与底层筋膜发生动态位移，产生缺血再灌注效应，使血液循环、水化作用和神经传导得到改善；同时能松解筋膜扳机点，提高身体的灵活性和柔韧性。

单就拉伸而言，关节活动范围变化的一个可能机制是软组织的变化（如肌肉硬度或对拉伸、疼痛感知的变化）。使用巫毒带后关节活动范围增加的机制可能与拉伸耐受力的增加有关，而不是肌腱组织刚度的改变。

（三）巫毒带加压技术的应用要点

巫毒带缠绕分为向内侧、向外侧、交叉重叠缠绕等。使用巫毒带时由远心端向近心端缠绕，第1圈为固定点，不施加拉力；第2圈及以后，加压处拉力须达50%（急性期约30%），压力尽量一致，交叠处约占带宽的一半，尾端须将末端缠入最后一圈巫毒带内，缠绕在肢体上的时间控制在1~3 min；同时可配合一些主动的关节运动或肌肉收缩，增加运动范围，以提高增加活动度的效果。建议使用较小的压力，而不是较大的压力，以避免可能的不利影响。缠绕巫毒带会造成机体组织短暂的缺血缺氧以及治疗区域可能会出现红斑、皮肤发白的情况，需要确保血液回流通畅。

第三节　柔韧性训练设计

一、柔韧性连续统一体

柔韧性连续统一体是一个实用性很强的概念。在美国国家运动医学会提出的OPT模型中（图1-2），柔韧性训练分为矫正性柔韧性、主动性柔韧性和功能性柔韧性三种不同的训练类型。这三种类型依次递进，从活动幅度、肌肉平衡入手，过渡到主动运动中的活动幅度，最后到大幅度、快速运动的伸展能力。柔韧性训练和评估应该遵循柔韧连续统一体的思路展开：首先进行矫正性柔韧性训练和评估，然后进行主动性柔韧性训练和评估，最后进行功能性柔韧性训练和诊断（表7-6）。

表7-6　柔韧性连续统一体

柔韧性训练类型	拉伸类型	示例
矫正性柔韧性训练	自我筋膜放松	腓肠肌/比目鱼肌、内收肌、背阔肌
	按压式拉伸	腓肠肌/比目鱼肌、内收肌、背阔肌
	自我关节松动	踝关节、髋关节、肩关节
	静态拉伸	腓肠肌、内收肌、背阔肌
主动性柔韧性训练	自我筋膜放松	内收肌、背阔肌、胸椎
	主动分离式拉伸	仰卧，内收肌主动拉伸；手臂撑在瑞士球上，跪姿背阔肌主动拉伸；对墙胸大肌主动拉伸
	PNF拉伸	内收肌、背阔肌、胸大肌
功能性柔韧性训练	自我筋膜放松	腓肠肌/比目鱼肌、髂胫束、背阔肌
	动态拉伸	蹲起、多平面/方向弓箭步、迷你带行走、实心球举砍
	弹振式拉伸	站立体前屈（根据需要）、前后左右摆腿、扩胸、振臂

矫正性柔韧性训练是为了增加关节活动度，改善肌肉不平衡，纠正不良的关节运动，适用于OPT模型中的第1个阶段。主动性柔韧性训练是为了改善软组织的伸展性和提高神经肌肉的效率，使肌肉为主动运动做好准备，适用于OPT模型的第2～4阶段。功能性柔韧性训练是为了实现最佳的神经肌肉控制，实现完整的、多平面的、全范围的运动或基本上没有代偿性动作（如完成弓箭步或侧屈等动态练习时，关节在整个活动范围内移动），适用于OPT模型最高级的第5阶段。

二、柔韧性训练原则

（一）正确的动作模式

即使一个柔韧性天生良好的个体，也可能在错误的动作模式下表现一般。正确的动作模式是柔韧性训练质量的重要保障。进行柔韧性训练，应科学地选择、设计动作模式，在错误的动作模式下进行拉伸，难以取得很好的训练效果甚至容易出现损伤，最常见的动作模式问题是关节位置不当。例如，为了更好地拉伸腘绳肌，骨盆应处于前倾状态，否则拉伸的效果会降低。此外，体能教练员还应注意回避其他身体素质训练时的错误动作模式，避免出现结缔组织纤维化、关节过用和形成不良姿势，从而避免肌肉变短、变僵硬，进而影响柔韧性。例如，抗阻训练时关节活动范围过小是导致结缔组织纤维化的原因。良好的全活动范围的动作模式是保持或改善柔韧性的重要因素。

（二）专项性原则

不同运动项目运动员的柔韧性水平存在很大差异，目前还不清楚柔韧性是运动员职业运动必然的属性，还是参与运动而导致的结果。但有证据表明，专门的柔韧性与特定的运动项目和运动员担任的特定角色有关。根据这一逻辑，柔韧性训练需遵循专项性训练原则。

（三）结构性拉伸与局部拉伸相结合

通过整体柔韧性测试和单关节灵活度测试，发现运动员真正存在的柔韧性问题是训练的逻辑起点。结构性拉伸和局部拉伸是两个重要的概念。所有参与拉伸的肌群（单关节肌、多关节肌）都应该保持正常的功能运动，以确保在运动期间有足够的关节活动度。结构性拉伸与实际运动相似，因此具有较高的功能性。它对于参与全身功能性动作的肌群整体表现，尤其是对于跨多关节的伸展能力，有积极作用。结构性拉伸强调在正常的生理和功能活动范围内，拉伸对参与运动肌群损伤预防和运动表现提升都有积极作用。

局部拉伸是针对已确定为紧绷的肌肉群单独进行的拉伸，相较于结构性拉伸，其功能性不显著。针对单关节肌的局部拉伸应该有明确的目的性，否则很容易出现过度拉伸，造成关节肌肉、韧带松弛，导致关节不稳，甚至出现相对柔韧性的代偿现象。此外，比较单关节肌肉和多关节肌肉对拉伸的反应以及对运动表现的影响是需要进一步研究的领域。

三、柔韧性的训练设计

（一）静态拉伸练习

静态拉伸练习的选择主要依据拉伸的目的确定，如柔韧性训练要针对活动度不足的关节和伸展能力较差的肌群专门设计。在技术正确的前提下，练习应体现多样化原则，单一的拉伸方式使关节和肌肉难以保障在更多角度、更复杂的运动中有足够的运动幅度。体能教练员应掌握基本的静态拉伸练习及其作用的目标肌群，选择有针对性的拉伸练习（表7-7）。

表7-7　主要静态拉伸练习及目标肌群

部位	主要练习	目标肌群
颈部	颈部屈伸	胸锁乳突肌、枕骨下肌、夹肌
	颈部侧屈	胸锁乳突肌、斜方肌上束、斜角肌
	颈部旋转	胸锁乳突肌
肩部和胸部	直臂后伸	胸大肌
	坐位躯干后倾	三角肌、胸大肌
上臂后部	颈后拉伸	肱三头肌、背阔肌
上背部	手臂水平屈	三角肌后束、菱形肌、斜方肌中束
	手臂上推举	背阔肌
下背部	脊柱旋转	腹内外斜肌、梨状肌、竖脊肌
	屈腿体前屈	竖脊肌

部位	主要练习	目标肌群
髋部	弓箭步髋前移	髂腰肌、股直肌
	仰卧屈膝屈髋	臀大肌
	仰卧直膝屈髋	臀大肌、股后肌群
	蝶式拉伸	内收肌、缝匠肌
膝部	侧卧屈膝伸髋	股四头肌、髂腰肌
	坐位体前屈/单腿	股后肌群、竖脊肌、腓肠肌
	坐位分腿体前屈	股后肌群、竖脊肌、腓肠肌、内收肌、缝匠肌
小腿部	对墙小腿拉伸/屈膝	比目鱼肌
	对墙小腿拉伸/直膝	腓肠肌、比目鱼肌、跟腱
	台阶小腿拉伸	腓肠肌、比目鱼肌、跟腱

（二）整体性拉伸练习

整体性拉伸又称筋膜链拉伸，是针对人体主要的筋膜链进行拉伸的练习方式。由于肌肉筋膜包裹在肌肉外部与内部结构上，并与关节上的筋膜相连接，因此整体性拉伸在拉伸时应尽可能调动所有部位的筋膜组织。它是人体获得最佳柔韧性的必要条件。筋膜链拉伸动作的起点为头部或脚部。当从身体的中心拉伸筋膜链，且筋膜链两端朝相反方向拉伸时，筋膜链拉伸的幅度最大。

人体主要有4条筋膜链，分别为前表线、后表线、体侧线以及前深线。不同的筋膜链承载着不同的人体功能。为确保整体的柔韧性得到有效改善，柔韧性训练要涉及每条筋膜链。表7-8列举了不同筋膜链拉伸的主要练习及主要涉及肌筋膜群。

表7-8　不同筋膜链拉伸练习及主要涉及肌筋膜群

筋膜链	主要练习	主要涉及肌筋膜群
前表线	站姿背伸	头皮筋膜、胸锁乳突肌、胸骨肌、胸肋筋膜、腹直肌、股直肌、股四头肌、胫骨前肌、趾长伸肌、趾短伸肌
后表线	站姿前屈	帽状腱膜、颅顶筋膜、腰骶部筋膜、竖脊肌、腘绳肌、腓肠肌、跟腱、趾长屈肌、趾短屈肌、足底筋膜
体侧线	站姿侧屈	头夹肌、胸锁乳突肌、肋间外肌、肋间内肌、腹外斜肌、臀大肌、阔筋膜张肌、髂胫束、髋外展肌群、距腓前韧带、腓骨肌
前深线	宽距站姿背伸	胫骨后肌、趾长屈肌、腘肌筋膜、膝关节囊、大收肌、小收肌、盆底筋膜、闭孔内肌筋膜、骶骨筋膜、前纵韧带、短收肌、长收肌、腰大肌、髂肌、耻骨肌、头长肌、颈长肌等

（三）拉伸的持续时间和重复次数

研究发现，单次静态拉伸持续30 s、每周进行5天、持续6周可使腘绳肌柔韧性得到显著改善。更长时间的静态拉伸可能不会更有效，而15 s的静态拉伸持续时间已引起关节活动度的显著增加，但效果不如30 s持续时间。表7–9列举了美国三大体能认证机构的拉伸建议。

表7-9　美国三大体能认证机构对拉伸时间和重复次数的建议

体能教练员认证机构	重复次数	拉伸保持时间/s
美国国家体能协会（NSCA）	≥4	15～30
美国国家运动医学会（NASM）	1～4	20～30，老年人（≥65岁）60
美国运动医学会（ACSM）	≥4	15～60

（四）拉伸的强度

拉伸的强度能够影响拉伸时对结缔组织所施加的力，影响拉伸的最终效果。例如，过小的拉伸强度可能会产生结缔组织的弹性反应，而关节活动度几乎没有得到改善，但过大的拉伸强度可能会使结缔组织出现损伤，导致炎症反应。同样有研究认为，与进行不适强度拉伸的受试者相比，进行适度拉伸的受试者的主动和被动关节活动度均有最大限度的改善。因此，拉伸的强度要适中，一般以运动员略感不适为度。

如果运动员的疼痛耐受力很强，拉伸则更要注意避免肌肉拉伤，如果在拉伸中被拉伸部位出现疼痛、放射性症状或者知觉丧失的情况，应立即降低拉伸强度或停止拉伸。

（五）拉伸的频率

生物力学、神经学和生物分子机制决定了结缔组织的长期生理适应，因此拉伸的频率和每次拉伸的总持续时间与运动员的柔韧性的提高息息相关。一般建议拉伸练习的频率不低于每周2次。研究发现，每周拉伸2次、每次至少5 min能够显著改善柔韧性。

在实际训练中，为了维持或改善柔韧性，当单次拉伸练习的总持续时间较长时，每周的拉伸频率至少为2次；当单次拉伸练习的总持续时间较短时，可适当增加每周拉伸的频率。

（六）静态拉伸的注意事项

进行静态拉伸时要注意以下几个方面：

① 拉伸时，被拉伸部位要处于放松的体位；② 要格外注意灵活性较大的关节的拉伸；③ 在执行有脊柱参与的拉伸动作时，要避免脊柱的复合动作（如同时伸展和侧屈）；④ 拉伸中激活相关的稳定肌时，要稳定身体的其他部位，避免不必要的代偿运动。

○ 参考文献

[1] GRADY J F, SAXENA A. Effects of stretching the gastrocnemius muscle[J]. Journal of Foot & Ankle Surgery, 1991, 30(5): 465–469.

[2] HalbeRTSMA J P, VAN BOLHUIS A I, GÖEKEN L N H. Sport stretching: effect on passive muscle stiffness

of short hamstrings[J]. Archives of physical medicine and rehabilitation, 1996, 77(7): 688–692.

[3] KONRAD A, TILP M. INcreased range of motion after static stretching is not due to changes in muscle and tendon structures[J]. Clinical biomechanics, 2014, 29(6): 636–642.

[4] MYERS T W, HILLMAN S K. Anatomy trains[M]. Primal Pictures Limited, 2004.

[5] STARRETT K, CORDOZA G. Becoming a supple leopard: the ultimate guide to resolving pain, preventing injury, and optimizing athletic[J]. Journal of the Canadian chiropractic association, 2013, 58(3): 328.

[6] TOFT E, SINKJAER T, KÅLUND S, et al. Biomechanical properties of the human ankle in relation to passive stretch[J]. Journal of biomechanics, 1989, 22(11–12): 1129–1132.

[7] WALTER J, FIGONI S F, ANDRES F F, et al. Training intensity and duration in flexibility[J]. Clinical Kinesiology, 1996, 50(2): 40–45.

[8] WELDON S M, HILL R H. The efficacy of stretching for prevention of exercise-related injury: a systematic review of the literature[J]. Manual therapy, 2003, 8(3): 141–150.

[9] WYON M A, SMITH A, KOUTEDAKIS Y. A comparison of strength and stretch interventions on active and passive ranges of movement in dancers: a randomized controlled trial[J]. Journal of Strength & Conditioning Research, 2013, 27(11): 3053–3059.

第八章
核心区稳定性训练
原理与方法

○ 本章学习目标

- 了解核心区稳定性及其相关概念。
- 能解释核心区稳定性相关的生物学原理。
- 掌握核心区稳定性训练设计。

核心区稳定性训练原理
与方法

第一节　核心区稳定性训练基本原理

一、核心区稳定性释义

（一）稳定性

稳定性是指人体关节在运动中的稳定程度，即关节位置（单关节）及排列（多关节）的维持能力。良好的稳定性可提高力量产生的效率，减少肢体之间动量和力的传递损耗，减少代偿动作，提升技术动作的规范性。

关节稳定性是肌肉力量产生的先决条件。与机械运动不同，人体运动是肌肉以骨骼为力臂，以关节为支点，产生力量对抗阻力的结果，也是肌肉、骨骼、关节位置动态调整的结果。关节尤其是肩关节复合体、脊柱和髋关节复合体三大近端关节的稳定程度直接影响力量的大小和动作控制能力。

（二）核心区稳定性

核心区稳定性是指运动员在运动时，肩关节复合体、脊柱和髋关节复合体三大近端关节部位保持合理的位置、排列以及控制能力，并能够实现有效的力量产生、动量传递和最佳化的竞技动作。核心区稳定性是一个复杂的概念，既涉及解剖学的身体部位要素，又涵盖力量灵活性和动作控制等运动表现要素。

从解剖学角度讲，核心区是指以躯干为中心延伸至骨盆和肩胛区域，即由脊柱、胸骨、肋骨、锁骨、肩胛和骨盆以及起止点在以上骨骼的肌肉、韧带等组织构成的解剖区域。关于核心区还有另外两种描述：一是腰椎骨盆复合体（小核心），即腹腔部位，上起横膈膜，下至盆底肌；二是腹腔和髋关节复合体。关于核心区的三种描述不是相互矛盾的，它们为不同的从业者提供了不同的功能视角。由于躯干在完成全身性竞技动作中起到重要的枢纽作用，体能教练员更强调整体运动功能，更倾向于核心区的位置是整个躯干而不仅仅是腰椎-骨盆复合体。而对于康复师而言，他们更多地关注腰椎-骨盆复合体的稳定控制功能。

四肢远端结束动作是竞技体育运动的重要特征，如跑、跳动作的完成是下肢的脚掌脚趾结束动作，投掷动作则是上肢的手掌、手指结束动作。四肢远端结束动作必然受到力量的产生、动量的传递和动作结构的影响。近端肢体关节的合理的位置、排列是运动控制能力的基础，有效的力量产生、动量的传递和优化的运动表现是控制能力的结果。

核心区稳定性受到关节结构、肌肉力量、肌肉间协调和平衡能力以及动作模式等多种因素的共同作用，而非取决于单一肌肉。关节结构是保持稳定的基石，肌肉间的协调发力是维持稳定的动力，平衡能力差是产生不稳定性的诱因。动作模式是神经募集肌肉的重要方式，即神经募集肌纤维是通过动作模式实现的，并非直接募集单一肌肉。例如，人体不是直接支配屈肘肌群完成屈肘动作，而是通过屈肘动作实现对屈肘肌群的募集。

（三）核心区力量与核心区稳定性

核心区力量是指核心区肌肉维持姿态和对抗外界阻力的能力。核心区力量包括核心区动力性力量和核心区稳定性力量。这是两个不同的概念，核心区动力性力量突出并不代表稳定性强。核心区力量是躯干保持稳定的基础，躯干肌肉的激活和收缩产生力，使脊柱处在相对稳定和安全的位置。此外，核心区力量也是对抗外界阻力产生运动的力量源。

核心区稳定性不完全取决于核心区肌肉力量，还取决于适当的感觉输入，以提醒中枢神经系统注意身体与环境之间的相互作用，提供持续的反馈并对动作进行调整。因此，完整的核心区稳定性训练计划应当加入神经感知觉训练。此外，核心区稳定性还是核心区力量的一种体现，可以使肌肉在合理的动作模式下被激活，使上、下肢肌肉力量的传递更有效，并减少运动损伤。

需要注意的是，在竞技体能训练实践中，核心区稳定性训练往往强调一般动作模式的激活，而忽视专项对核心区力量的需求。高度激活的深层肌群只能产生较低的力量水平，并不能满足高强度竞技运动需求。因此，在核心区稳定性的基础上，加强核心区力量训练对运动员的竞技表现有着重要意义。

二、核心区稳定性的分类

稳定性按身体部位划分，可以分为下肢关节、核心区（躯干）部位和上肢关节三个部位的稳定性。例如，足球射门动作是在单腿支撑姿态下完成的，因此支撑腿的稳定性是完成动作的关键。由于躯干的解剖学和生理学特点，核心区稳定性较下肢和上肢更容易出现稳定性差而导致腰部功能失常和损伤的问题，因此受到体能教练员和康复师的重视。

（一）根据躯干的运动方式分类

根据躯干的运动链特点，核心区稳定性可以分为屈伸稳定性和旋转稳定性。

屈伸稳定性是指完成对称的上肢运动所表现出来的躯干在矢状面中的稳定程度。运动中很多专项动作对躯干屈伸稳定性提出要求，以便把力量均匀地从下肢传到上肢，反之亦然。例如，篮球中抢篮板球、排球的拦网等动作都是这种能量传递的例子。对称性跳跃动作及传球动作中很多涉及躯干的屈伸稳定性，躯干稳定则能够很好地进行上下肢之间力和动量的传递。

旋转稳定性是指上肢和下肢进行不对称活动时，躯干在矢状面和额状面的稳定程度。例如，短跑运动员在跑动过程中，骨盆反复旋转，因此，躯干保持旋转的稳定性是短跑运动员取得优异成绩较为关键的因素；标枪、铅球等单侧发力项目运动员最后的出手动作等都对躯干的旋转稳定性有着很高的要求。

（二）根据躯干的运动状态分类

根据躯干的运动状态可以把核心区稳定性分为静态核心区稳定性和动态核心区稳定性。

静态核心区稳定性是指在相对静止的状态下，躯干姿势的保持能力。例如，射击、射箭运动员在相对静止的状态下，保持躯干稳定以保障射击、射箭的准确性。

动态核心区稳定性是指在运动状态下，动量、力的传递和动作控制能力。例如，短跑途中跑阶段，躯干屈伸的保持和旋转的控制直接影响运动员的奔跑速度。

三、核心区稳定性的生理学基础

（一）核心区稳定性的三亚系模型

核心区稳定性由控制子系统、主动子系统、被动子系统三个子系统构成。控制子系统是指神经系统。神经系统接受来自主动子系统和被动子系统的反馈信息，判断用以维持脊柱稳定性的特异性需要，维持肌肉稳定。主动子系统是指肌肉系统。肌肉系统受神经系统的控制，通过深层和浅层肌群间协调活动来维持脊柱的稳定性。被动子系统是指骨骼、韧带组织。人体借助关节之间软组织的形态结构特征、物理特性被动地限制核心区域的活动范围，达到稳定核心区的作用。三个子系统协同作用影响核心区稳定性。阿库托塔（Akuthota）认为，核心区稳定性表面上依赖于骨骼肌的交替、协调地收缩和放松，但实际更依赖于敏感的神经感知系统感受环境的变化以提供持续的反馈，从而运动神经系统才能不断地调节身体的姿势。

按照位置及功能，核心区肌群主要分为深层稳定系统肌群、浅表层稳定系统肌群及动作系统肌群三部分（表8-1）。三个肌肉系统需要在神经系统的控制下，确保在适宜的时空状态下协调运动，维持静态和运动时的核心区稳定性。

表8-1 核心区主要肌群的划分

深层稳定系统肌群 稳定主导（脊柱、髋关节、盂肱关节）	浅表层稳定系统肌群 稳定与运动（脊柱、骨盆、肩胛）	动作系统肌群 运动主导
腹横肌	腹直肌、腹内、外斜肌	背阔肌
骨盆底肌	腹内、外斜肌	臀大肌

深层稳定系统肌群 稳定主导（脊柱、髋关节、盂肱关节）	浅表层稳定系统肌群 稳定与运动（脊柱、骨盆、肩胛）	动作系统肌群 运动主导
多裂肌	髂腰肌	腘绳肌
横膈膜	腰方肌	股直肌
骨盆大转子肌	臀中肌、内收肌	胸大肌
肩袖肌群	竖脊肌	三角肌
	菱形肌、前锯肌、斜方肌	

1. 深层稳定系统肌群

深层稳定系统肌群是由直接附着在椎骨上的肌肉和起于骨盆、止于髋关节的肌肉及肩关节近端的肌肉组成的肌群，包括腹横肌、多裂肌、骨盆底肌、横膈膜、骨盆大转子肌肉、肩袖肌群等，处于身体的深层。主要由Ⅰ型肌纤维组成，通过增加腹内压使腰背筋膜（腰的结缔组织）产生张力，增加椎体的刚度，改善节间神经肌肉控制，限制椎骨之间过度压缩、剪切、旋转，从而促进椎骨与椎骨之间的稳定性，并帮助人体形成本体感受和姿势控制。

2. 浅表层稳定系统肌群

浅表层稳定系统肌群是起止点在躯干骨（脊椎、骨盆、胸骨、肋骨、肩胛）上，或起点在骨盆、肩胛，止点在四肢近端的浅表层肌肉群，包括菱形肌、前锯肌、斜方肌、腰方肌、髂腰肌、腹内、外斜肌、腹直肌、臀中肌、内收肌等。其功能是在稳定脊柱的基础上，为骨盆、肩胛的动态稳定提供保障，使动量在上肢与下肢间进行传递，促进运动肌更好地发力。

3. 动作系统肌群

动作系统肌群是起点在胸骨、脊柱，止点在四肢，或起点在骨盆、肩胛，止点在四肢远端的表层肌肉群，包括胸大肌、背阔肌、髋部屈肌、大腿后肌群、股直肌等，它们含有较高比例的Ⅱ型肌纤维，其功能是在稳定脊柱的基础上，在骨盆、肩胛动态稳定分平台上，更加有效地发力（向心力的产生及离心的减速），以提升运动表现。

以上三个肌肉系统不是孤立的，它们相互之间是紧密协同关系。体能教练员应该从深层稳定系统到浅表层稳定系统再到动作系统，观察、分析肌肉的功能，为核心区稳定性训练提供新的视角。换言之，在训练浅表层肌群稳定系统和深层肌群稳定系统之前的训练动作系统，从结构和生物力学角度来看不具有现实意义，这就类似于在没有打好地基的情况下盖房屋。从功能表现来看，薄弱的核心区是引起无效动作和潜在损伤的根本原因。澳大利亚昆士兰理疗小组进行了一项研究，引起了科研人员对深层核心区肌群提高核心区稳定性的关注，特别是腹横肌和多裂肌。然而，麦吉尔（McGill）和其他生物力学专家强调更大的原动肌，如腹斜肌和腰方肌提供稳定性。现在普遍认同，只有所有深层和浅层核心区肌肉的协调收缩才能实现最佳脊柱稳定性。

（二）核心区肌群的生理学特征

三个肌肉系统的肌肉由于运动功能的分化，肌肉的生理特征也存在差异。深层稳定系统肌肉群以Ⅰ型肌纤维为主，以维持较低强度、较长时间的运动能力和保持稳定姿态，其激活阈值较低，先于浅表层稳定系统肌肉群被动员。由于主要从事静力性运动，因此，肌群受运动方向的影响较低（表8-2）。

表8-2　核心区肌群的生理学特征

生理学特征	深层稳定系统肌群	浅表层稳定系统肌群	动作系统肌群
大小和位置	小肌肉，位于深层，通常连接于脊椎之间	肌肉增大，位于中间层或中间至表层，直接连接到或接近旋转轴	大肌肉，位于表层，与旋转轴的距离更远或跨越多个关节节段
纤维组成	主要是Ⅰ型肌纤维，有氧供能能力强，抗疲劳	Ⅱ型肌纤维比例加大	主要是Ⅱ型肌纤维，无氧供能能力强，易疲劳
运动时间	长	中	短
本体感觉	本体感受器的密度较高	本体感受器的密度较低	本体感受器的密度较低
激活	在运动前预先激活，激活阈值较低	在深层肌激活后激活，激活阈值较高	较高的激活阈值，在表浅层肌激活后激活
方向性	无特定的方向性，肌肉激活不受方向的影响	方向性增强	特定方向性，肌肉的激活由运动方向决定
运动特征	静力性运动	动态的稳定与运动	爆发性运动

（三）核心区肌肉的功能

人们对核心区肌肉功能的科学认知，对于练习的选择有着重要的指导意义。就功能而言，肌肉不是非此（稳定）即彼（运动）的，往往具有双重功能。例如，表层的腹外斜肌既能产生运动又具有稳定功能，只是在不同的动作中，其功能表现有所侧重。在投掷的动作中，腹外斜肌参与躯干的加速旋转发力，其稳定功能并不显著。但在加速跑中，腹外斜肌具有明显的维持躯干抗旋转的稳定功能。

腹直肌不是为理想的长度变化而设计的，而是为了发挥弹簧的功能。腹直肌的收缩部分被横肌腱分隔，看起来像"6块肌肉"。腹直肌的横肌腱功能是当腹部收缩时，由腹内外斜肌形成的环向应力会将腹直肌分开。腹直肌的功能有利于增加腹壁的刚度。在运动或日常活动中，人们很少收缩腹肌使胸廓弯曲向骨盆，而是增加腹壁刚度，由臀部或肩部肌肉发力完成动作。当快速完成动作（投掷或变向）时，腹直肌可发挥弹性存储和恢复装置的功能。当提起重物或直接负重时，腹直肌刚度增加，可有效地将臀部产生的力量通过躯干传递出去。

（四）腰椎-骨盆-髋关节复合体与胸椎-肩胛-肩关节复合体

腰椎-骨盆-髋关节复合体是影响核心区稳定性的主要因素。脊柱腰椎空间位置决定了人体骨骼中轴线的位置，而中轴线的位置又与骨盆的位置密切相关。在解剖学上，骨盆与腰椎髋关节相连构成腰椎-骨盆-髋关节复合体。该区域为身体运动提供了必需的稳定性，在承担负重的同时保持运动所需的灵活性。韦斯贝（Wisbey）把核心区稳定性界定为脊柱、骨盆的最佳排列和控制，从而为有效的动量传递、力量整合提供基础保证，最终产生准确、安全的动力性活动。

胸椎-肩胛-肩关节复合体对于躯干的稳定性影响较低。胸椎与肩胛之间没有关节连接，因此，肩胛及上肢的运动很少影响到躯干的稳定性。增强胸椎-肩胛-肩关节复合体的训练目的主要是提升四肢动量传递效率，从而使上肢运动肌更好地发力。在肌动学上，肩关节的活动范围受限于肩胛胸壁关节的活动能力，同时受胸锁关节和肩锁关节共同作用的影响。

（五）呼吸模式

没有有效的呼吸模式就没有合理的运动模式。发展有效的呼吸模式也是核心区稳定性训练优先考虑的。不合理的呼吸模式将导致横膈膜缺乏协调性、耐力和力量，并难以发挥其姿势稳定肌的功能。横膈膜位于核心区"肌肉盒子"的顶部，盆底充当底部。横膈膜的收缩会增加腹内压，从而提高脊柱的稳定性。盆底肌可与腹横肌收缩形成共激活。膈肌呼吸技术是核心区强化计划的重要组成部分。

核心区稳定性不仅要注重神经系统和骨骼肌系统，还要有与技术动作相一致的合理的呼吸方式。克雷斯韦尔（Cress-well）发现，用力呼吸以及憋气的同时，众多呼吸肌的紧张性收缩有维持核心区稳定性的作用。例如，在特定技术动作过程中，运动员可以根据胸廓的扩大或缩小采取吸气或呼气模式。

四、核心区稳定性的训练意义

（一）有助于提高运动表现

核心区稳定性被认为是从跑步到投掷的所有类型的运动中，最大限度地产生力量和最小化关节负荷的枢纽。

强壮的核心区可以提高四肢的用力效率，使力量辐射到身体外围更远端的区域。核心区肌群的收缩可以增加腹内压，维持躯干刚度以增大力量传递效率。例如，大力士项目的单臂农夫行走动作，当髋部肌肉力量不足以完成特定动作时，核心区肌群可以起到辅助作用。具体来说，当髋部外展所需的巨大力矩超过了髋部的力量时，腰方肌可以辅助骨盆抬高，使摆动腿能够迈出一步。

核心区稳定性提供了肌肉发力的着力点，是近端稳定、远端灵活的基础。核心区肌肉收缩为运动提供了一个稳固起止点，从而增大了力的生成效率。例如，进行过顶掷球的运动员将从其下肢产生力，通过躯干传递到上肢，由近至远的运动次序使上肢能够在高速下实现最大的加速。

核心区稳定性可以有效地抵抗运动过程中产生的旋转力等，以维持正常的运动姿态。在竞技运动中，投掷、快速变向的动作需要躯干有效地抵抗旋转产生的扭矩，以保障肢体在合理的位置上发力或完成后续的动作。在此类动作中，腰腹部的大多数肌肉更多的是发挥稳定肌而非屈曲主动肌的作用。

对于核心区稳定性是否提升运动表现不同学者也有不同的结论。内泽（Nesser）在研究中指出，核心区稳定性与最大力量和运动表现仅仅中等相关。核心区力量的增加不会对最大力量和功率输出有显著贡献，也不应该是体能训练的重要关注点。此外，斯坦顿（Stanton）等人发现，瑞士球练习不能提高运动员的最大摄氧量和跑步经济性，这可能是因为练习动作形式的差异引起的。这意味着，核心区稳定性训练和促进运动表现提升，主要取决于运动员实际的训练需求，同时需要兼顾训练的特异性/专项性。

需要注意的是，核心区稳定性不足会降低四肢的发力效率，也是大重量深蹲或站立推举等练习的限制因素，这为体能教练员设计最大力量训练提供了新的训练思路。

（二）预防运动损伤

核心区稳定性差造成肌肉系统机能失调会使运动员远端肢体处于损伤的风险中。例如，棒球投手躯干机能失调，由腿部产生的力量不会有效地传递到上肢，投手将会试图使肩部产生更多扭矩来代偿。该动作模式下的多次重复可能导致肩部负荷过大，从而造成肩袖损伤。有研究发现，在网球发球过程中，如果躯干提供的旋转力减少20%，则需要手臂提高34%或者肩部提高80%的力量以补偿应有的发球速度。

此外，重复屈曲运动腰部，腰椎间盘容易受伤，而薄弱的核心区会放大损伤效应。对于频繁出现屈曲腰椎的运动项目，在加强运动员核心区稳定性的同时，形成良好的动作模式也是预防损伤的关键，如"提重物时，弯曲膝关节，保持背部挺直"的硬拉动作模式对腰部有保护作用。然而，捡起地面上较轻的物体时，高尔夫举（golfers lift）的直背屈髋动作模式则是最佳策略。

第二节　核心区稳定性训练设计

一、核心区稳定性测试与评估

目前，核心区稳定性仍缺乏统一标准的测试与评估方法，这使得很难确定运动员的核心区稳定性在运动损伤预防和运动表现中的作用。核心区包含的肌肉很多，并且躯干的动作多样，大大增加了核心区力量评价的难度。运动模式、动作技术与能量供应特征存在项目的差异，因此使用普适性的或者不符合运动专项稳定性特征的测试来反映运动员的核心区稳定性是不科学的。

　　与核心区稳定性相关的测试方法包括最大力量测试、力量耐力测试和稳定性测试三部分（表8-3）。最大力量测试包括8项等速肌力测试，反映躯干屈伸，双侧髋关节伸、外展和外旋的最大能力。力量耐力测试包括McGill躯干肌肉耐力测试、1 min仰卧起坐、索伦森竖脊肌测试、双腿下降测试等。值得注意的是，仰卧起坐仅仅从躯干屈的能力这一侧面反映核心区力量，而McGill躯干肌肉耐力测试和索伦森竖脊肌测试主要反映腰腹肌肉在两个平面上的力量耐力水平，在反映核心区稳定性方面也具有局限性。在稳定性测试中，核心区抗旋转测试主要反映躯干的旋转稳定性。八级腹桥测试反映躯干的抗屈曲和旋转的稳定性。人马机核心区肌群评估与训练系统可以对核心区肌群进行有效的测试、康复和训练，从而有针对性地对躯干肌肉进行整体上的力量训练和协调性训练。使用该设备的完全"3D"核心区肌群训练模式，人马机可以在水平面上360°无极自由旋转，在矢状面上最大倾斜角度为90°的定量评估和训练模式下，最多可通过360°的水平面自由设置32个方向对受试者进行评估训练。

表8-3　与核心区稳定性相关的测试方法

最大力量测试	力量耐力测试	稳定性测试
躯干屈、伸	McGill躯干肌肉耐力测试	核心区抗旋转测试
左、右髋外展	1 min仰卧起坐	八级腹桥测试
左、右髋伸	索伦森竖脊肌测试	人马机核心区肌群评估与训练系统
左、右髋外旋	双腿下降测试	—

二、核心区稳定性训练设计

（一）训练理念

　　核心区训练贯穿整个运动训练发展过程。从 20世纪 80年代前的孤立式训练模式到20世纪90年代后期和21世纪的整体训练模式，核心区训练理念得到不断发展。

1. 孤立式训练

　　孤立式训练的主要理论基础是人体运动链上一个或多个孤立的肌肉力量薄弱，导致运动模式的功能失调和不协调，会引起不良运动表现或"薄弱环节"损伤。仰卧起坐单独腹直肌和侧卧蚌式抬腿发展臀中肌对于运动表现的作用并不明显。在核心区运动过程中，运动员应该优先激活深层稳定系统肌群（优先激活腹横肌），而后发展浅表层稳定系统肌群这一训练理念，进一步使孤立式的深层肌群激活与训练成为训练的时尚，甚至有学者过度夸大了腹横肌在核心区肌群中的作用，并出现了很多针对腹横肌激活的方法。此外，核心区深层肌群的训练一般需要在非稳定界面上进行，被认为可以更好地刺激神经-肌肉系统，更能体现训练的功能性，以至于其常常被认为是运动员最需要的训练，但事实并非如此。深层肌群以及单一肌群的训练对于运动员而言，其功能性并不高，对于运动表现的提升作用更是微乎其微，除非这些肌群存在薄弱或失活的问题。

吸腹练习是一个误导稳定性训练的例子。首先，运动员无法单独激活处于较低收缩水平的肌肉，孤立地训练腹横肌或多裂肌等肌肉也是不可能的，因为它是在运动任务中通过腹内斜肌激活的。只有当核心区肌群在特定的运动模式下共同被充分激活时，核心区肌肉力量的全部潜力才会显现出来。因此，吸腹练习对核心区稳定性的作用并不大。相反，紧腹练习需要收缩所有的腹肌及背肌，可以增强稳定性。其次，关于腹横肌的研究表明，腹横肌薄弱会使一些背部疾病患者出现活动障碍，但活动障碍并不一定都是腹横肌出现问题所导致的，也可能是其他肌肉问题引发的障碍。因此，腹横肌的训练应首先应明确腹横肌是否存在薄弱或失活的问题，训练才有针对性。

2. 整体性训练

整体性训练是把人体运动链看作整体，通过多关节、结构性的练习提升运动链的整体功能。核心区肌群经常起到稳定而不是启动的作用。在大多数竞技运动中，良好的动作技术要求在臀部产生力量，并通过稳定的躯干传输力量。推、拉、提举、负重、扭转等整体性练习动作，都是髋部发力产生的运动，并且要求躯干拥有足够的刚度以保持稳定，一旦脊柱弯曲，将产生"能量泄漏"，下肢力量的传递就会受到影响。因此，在整体性练习中，核心区肌群能够更好地与专项运动相结合，发挥其稳定性、传递力和协同发力等功能。

在实际训练中，一些体能教练员将关注点过多地放在深层稳定系统肌群，并盲目地发展，忽略了整体性大肌肉群的作用，并导致整体与深层稳定系统肌群训练的分离，甚至出现深层稳定系统肌群训练比例大于整体性训练的现象。这种不合理的认识和做法是不可取的。训练实践证明，孤立式练习可以使外形更好看或改善肌肉力量，但相较于整体性练习，其对于运动表现的作用是有限的。

从功能视角出发，竞技体能训练应强调整体性核心区训练，把核心区看作一个整体，设计有效的结构性练习，提升核心区的整体效能。同时，体能教练员不能忽视孤立式训练的功效，应针对运动员的薄弱肌群，使其有针对性地进行训练，以促进运动员整体运动能力的提升。

3. 核心区训练与四肢训练

核心区肌肉系统与四肢肌肉系统的功能不同。核心区肌肉系统主要是稳定、传递动量和协同发力，肌肉经常以共收缩的方式增加核心区刚度，而不是对单一肌肉的强化。核心区稳定性是通过整个肌肉系统的"平衡"来实现的，针对单一肌肉的训练反而更容易出现肌肉不平衡现象，并导致出现不合理的运动模式。这也是我们经常会看到个别腹肌或背肌很强的运动员反而承受着下背痛困扰的原因。

四肢的主要功能是发力产生运动，主动肌的收缩能力是训练的重点，并尽可能避免共收缩/共激活而影响主动肌的发力效率。此外，四肢肌训练还应强调多关节练习，因为单一关节运动缺乏功能性且在竞技体育中几乎是不存在的。

（二）训练进阶

核心区稳定性训练进阶遵循渐进性原则，训练通常可以划分为：治疗、感知、纠正训练阶段，核心区稳定性与核心区力量训练阶段，功能性与运动表现训练阶段等3个阶段（表8-4）。

表8-4　核心区稳定性训练的进阶

训练阶段	训练内容	练习
治疗、感知、纠正训练阶段	腰椎、骨盆运动知觉训练	骨盆时钟，猫牛式
	深层肌群激活	吸腹练习、紧腹练习、腹式呼吸、盆底肌激活
	纠正性训练	胸椎灵活性、肩部灵活性、髋关节灵活性
核心区稳定性与核心区力量训练阶段	四肢运动的稳定性训练	死虫式练习、鸟狗式练习、举腿练习、雨刷练习
	全身运动的稳定性训练	腹桥、侧桥、背桥、绳索式箭步胸前静力推、拉
	核心区力量耐力训练	卷腹、背伸、俄罗斯转体
功能性与运动表现训练阶段	躯干负重的功能性训练	扛-背-抱负重练习、单臂农夫行走、沙袋弓箭步-推举-绕环、土耳其起立
	核心区最大力量训练	高强度变阻练习（铁链、弹力带变阻）
	核心区爆发力训练	爆发力练习（不同方向抛实心球、翻轮胎）

核心区稳定性训练计划始于知觉与纠正性训练，特别是对中立脊柱位置（腰椎屈曲和伸展之间的中间位置）的感知，该位置被认为是许多运动项目中力量和平衡发挥最佳运动表现的位置。知觉与纠正性训练阶段主要针对运动员伤病后的康复训练，以及针对动作模式差的运动员建立正确动作模式的训练阶段，为全身关节稳定性奠定基础。

稳定性训练阶段与肌肉耐力训练阶段通过四肢运动练习（不直接对腰椎刺激，如雨刷练习，使全部腹肌参与）过渡到全身性核心区静态稳定性练习（如腹桥练习，使更多的核心肌群参与稳定），最后进行躯干主动发力的动态练习（如俄罗斯转体，发展核心肌肉的主动收缩能力）。该阶段是运动员通过建立稳定的核心区和肌肉耐力，为最大力量、爆发力训练奠定基础的阶段。

最大力量和爆发力训练阶段主要通过躯干负重的功能性练习，如负重双臂或单臂农夫走，来提升核心区的功能性力量和接近与专项需求相似的动作模式；通过高强度变阻练习，如铁链练习、阻力弹力带等练习，发展核心区承担大负荷的能力；通过爆发力练习如抛实心球练习，强化核心的专项功能，发展专项爆发力。该阶段是为优秀运动员提升运动表现而设立的核心区稳定性专项训练的高级阶段。

需要注意的是，在核心区稳定训练之前，体能教练员应了解运动员的肌肉长度和灵活性以及是否存在肌肉失衡问题。适当的肌肉长度和柔韧性是关节功能正常化和运动高效化所必需的。肌肉失衡会导致动作模式的改变。例如，主要髋屈肌（髂腰肌）的紧绷和过度激活会导致主要髋伸肌（臀大肌）受到抑制而变得薄弱，这将影响整个运动链。这种特定的肌肉不平衡再向上传导，会导致腰部伸展幅度增加，使脊柱后部承力过大。

（三）练习选择

核心区稳定性训练的方法多样，可分为稳定界面练习和非稳定界面练习两大类。稳定界面练习需要创造稳定的条件，如单腿支撑类练习、农夫行走、变阻练习等。该类练习主要发展运动员的躯干深层、表层以及四肢运动肌的协调，促进竞技运动表现的提升。非稳定界面练习主要是在不稳定界面上完成动力性或静力性练习，常见的非稳定界面练习器材如瑞士球、半圆平衡球、摇板、泡沫垫、悬吊绳等。非稳定界面这一干扰因素，可以为运动员提供更多平衡的挑战和本体感觉刺激，进而诱发深层稳定系统肌群维持关节的稳定。研究表明，非稳定界面的训练对于下肢、下背部受伤的运动员重返赛场有帮助，可作为核心区肌肉激活的辅助方式，也可以安排在自由重量和爆发力训练前的肌肉激活练习中，但不建议在不稳定的界面上进行高强度的抗阻训练。

（四）负荷强度

核心区稳定性训练一般通过难度反映训练的强度。知觉与纠正性训练阶段的负荷强度一般较低，因为涉及的深层肌肉的激活阈值较低。而且，随着强度加大，有可能出现表层肌肉的代偿现象，难以实现对特定肌肉的发展。关节稳定性训练阶段与肌肉力量耐力训练阶段，尤其是在非稳定界面训练手段中，核心区稳定性训练负荷强度的变化形式见表8-5。

表8-5　核心区稳定性训练负荷强度的变化形式

负荷强度变换方法	示例
负重由自身到外加阻力	平衡盘上蹲起到杠铃蹲起
阻力由固定到变阻，由已知到未知	踝关节套阻力带，俯卧单腿推拉瑞士球
力臂由短到长	悬吊练习的悬吊点由近到远
支撑面由大到小	双腿（臂）支撑到单腿（臂）支撑
支撑面由稳定到非稳定	支撑于地上到平衡板、平衡垫或瑞士球上
解剖面由单一到多元	由屈伸到扭转屈伸
收缩形式由等长到等张	由静力性到动力性
运动幅度和范围由小到大	在平衡板上蹲起由半蹲到深蹲
关节由单关节到多关节	跪撑到直体撑
信息反馈机制由多到少	闭眼或不给予语言提示

稳定性训练应遵循渐增难度的训练原则，按照由稳定到非稳定、由静态到动态、由徒手到负重的难度递增顺序，充分体现了先内后外、先小后大、先稳定后运动的训练原则。

（五）负荷量

核心区稳定性训练通过负荷量的刺激来完成肌肉协调用力和关节稳定控制。负荷量应根据运动员的实际能力和训练目的来确定。在感知和纠正性训练阶段，练习主要依靠动作维持的持续时间和重复的次数提升知觉能力和重建动作模式。在全身和关节稳定性与肌肉力量耐力训练阶段，静态练习一般控制在10 s以上，动态练习一般每组重复次数在6次以上。练习组数一般为2~3组。建议当运动员动态练习一组轻松做完20次或静态练习轻松维持60 s时增加练习难度。运动员在多次反复地对肌肉紧张度进行控制以及对多块肌肉不同紧张度进行调节的过程中，逐渐体会并形成神经对肌肉的准确支配能力，以提高核心区稳定性以及稳定与不稳定之间快速的变换能力。核心区最大力量和核心区爆发力训练的负荷量由负荷强度和运动员对负荷的承受能力决定。

（六）动作要求

动态练习时一般要求动作速度相对较慢，静态练习时要求肢体保持合理的姿态（中立位），以减少肌肉间的代偿。另外，练习时应注意与呼吸配合，非结构性练习尽量避免憋气。高强度结构性练习应通过憋气增加核心区稳定性。

⭕ 参考文献

[1] MCGILL S. Low back disorders: evidence-based prevention and rehabilitation[M]. Illinoia: Human Kinetics, 2015.

[2] STANTON R, REABURN P R, HUMPHRIES B. The effect of short-term Swiss ball training on core stability and running economy[J]. Journal of Strength & Conditioning Research, 2004, 18 (3): 522–528.

第九章
准备活动与恢复再生

◯ 本章学习目标

- 了解准备活动、恢复再生相关概念。
- 能解释准备活动、恢复再生相关基本原理。
- 掌握准备活动和恢复再生的设计。

准备活动与恢复再生

第一节 准备活动

一、准备活动的定义

准备活动也称热身，是一种使运动员在生理和心理上为即将开始的训练或比赛做好准备以及优化后续运动表现的专门运动形式。准备活动是训练课或比赛不可或缺的重要部分。充分的准备活动可以促进运动表现的提升，预防或减少运动损伤。

准备活动提升运动表现的积极效果为：①主动肌和拮抗肌更加快速地收缩和放松；②改善肌肉的力量生成率和反应时；③提高肌肉力量和爆发力；④降低肌肉的黏滞性并提高关节的灵活性；⑤改善机体氧运输能力；⑥增加肌肉的血流量；⑦提高代谢反应；⑧增强比赛的心理准备；等等。此外，肌肉温度的升高和关节灵活性的提升对预防肌肉拉伤也有着积极的作用。

根据准备活动的功能，准备活动可分为一般性准备活动和专门性准备活动。一般性准备活动常见的练习形式包括有氧运动（慢跑、蹬自行车）、拉伸（静态拉伸、动态拉伸）。需要注意的是，虽然拉伸是准备活动不可或缺的重要构成部分，但准备活动和柔韧性训练在训练目标上却有着明显的区别。柔韧性训练的目标是通过不同形式的拉伸练习改善关节活动度，而准备活动是为接下来的训练和比赛在生理和心理上做好准备，以提升运动表现。

专门性准备活动的练习形式包括与专项运动相似的一系列诱导性练习以及专项技术练习。研究表明，准备活动的内容结构和专项性是影响运动表现效果的重要因素。根据准备活动的目的，准备活动分为比赛准备活动与训练准备活动两种。

比赛准备活动以提升运动员的竞技表现为首要目标。比赛准备活动专注于运动员生理和心理的准备，使运动员在为比赛做好充分准备的同时又不引起疲劳。比赛准备活动一般是固定的、熟练的练习，因为运动员往往更注重熟悉感和连贯性。比赛准备活动一般包含影响运动表现的生理要素、技术要素、战术要素和心理要素四大要素，其中技术和战术要素占主导地位。

训练准备活动既是训练环节中不可或缺的一部分，又是运动员整个运动生涯计划的一部分。训练准备活动的详细程度应该与主训练环节一样，并且其目标要反映在运动员的长期发展计划中。在理想情况下，它应当与随后的训练环节巧妙地结合在一起，以实现准备活动和主训练环节之间的无缝过渡。

二、准备活动的生理机制

（一）提升体温

准备活动的英文为"warm up"，其字面意思是增加体温的活动。体温的升高伴随着肌肉代谢、肌纤维传导速率、肌肉收缩性能等一系列的生理变化。体温的升高对有氧耐力、无氧耐力、速度、力量、爆发力、柔韧性和协调性都有明显的改善作用。这些改善也许很难单独地表现出来，但是它们综合在一起就使得人体的运动能力相对准备活动前有所提升。

多数研究都支持将运动表现的改善归因于准备活动所引起的体温升高。研究发现，功率输出与肌肉温度之间具有很强的正相关性。根据收缩类型和速度，肌肉温度每升高1℃可使随后的运动表现提高2%～5%，肌肉温度升高的幅度与运动速度的表现正相关。此外，肌肉温度的变化与运动的强度直接相关。在中等强度运动开始时，肌肉温度从基线（35℃～37℃）迅速升高，然后在10～20 min后达到相对平衡。

1.增强肌肉代谢

20世纪70年代初研究发现，肌糖原在较高环境温度下能够加速降解。肌肉温度升高可以提高磷酸肌酐（PCr）的利用率和使肌肉糖原分解增加，引起ATP周转速度的提升，进而提高运动功率。具体来说，肌肉温度的升高可以在大运动量的前2 min内增加无氧ATP的周转率。鉴于肌肉温度的升高可以在短时间内（约2 min）增加肌糖原的利用率，像短跑和其他高强度的运动都可能因此受益。

2.增强肌纤维效能

关于哪种肌纤维类型受体温变化的影响更大，一直存在争议。在低转速的骑行运动中（≤60 r/min），肌肉温度提高后，Ⅰ型肌纤维的PCr利用率高于Ⅱ型肌纤维。然而，在高转速（160～180 r/min）的骑行运动中，肌肉温度升高会使Ⅱ型肌纤维的PCr和ATP利用率更高，最大功率输出也更大。因此，Ⅰ型和Ⅱ型肌纤维的效能都有可能会受到肌肉温度升高的影响。当运动任务的收缩频率较高时，Ⅱ型肌纤维更有可能从肌肉温度升高中受益；而当运动任务的收缩频率较低时，Ⅰ型肌纤维更有可能从肌肉温度升高中受益。

3.增加肌纤维收缩速率

肌肉温度的升高可以促进力量-速度以及功率-速度的关系，从而引起更高的功率输出。肌肉温度升高3℃可以引起肌纤维收缩速率和输出功率的显著增加。在进行中等强度的跑步热身后，主动和被动参与热身的肌肉的肌纤维收缩速率也会增加（手部约5%，腿部约8.5%）。同样，不同类型的主动热身方式（如跑步或蹲起），都能提升肌纤维的收缩速率。

（二）代谢机制

积极的热身可以刺激无氧代谢和有氧代谢机制的改变。研究表明，相比于中等强度（<乳

酸阈值）运动，6 min的大强度运动（＞乳酸阈值，＜临界功率）可以增加随后高强度运动的摄氧量动力学指标。此外，升高的摄氧量和相关的有氧代谢可能在后续运动的初始阶段能够节省无氧储备，从而保留能量供后续使用。

高强度的热身运动导致随后运动表现下降的主要原因可能是过渡阶段太短，以至于随后的训练开始时血液中的乳酸浓度＞3 mmol/L。有研究显示，当过渡阶段≥9 min时，高强度热身运动延长了运动开始后的力竭时间（15%～30%）。这表明当热身负荷强度和过渡阶段持续时间的组合最优时，似乎可以实现既保留热身运动对摄氧量动力学指标的有利影响，又为肌肉内稳态（如肌肉磷酸肌酸和H^+浓度）恢复提供足够的时间。但是过渡阶段的持续时间也不宜过长，时间过长会使准备活动所引起的代谢机制的变化恢复至基线。因此，准备活动中过渡期的持续时间是影响准备活动效果的重要因素之一。

（三）神经机制

在预负荷刺激即主动热身之后，疲劳和肌肉增效在骨骼肌内共存。肌肉随后能够产生的力量最终取决于这些因素之间的净平衡。尽管疲劳会影响肌肉运动表现，但在主动热身中加入肌肉"后激活"练习可能会提高随后的肌肉运动表现。激活后增强效应是指进行最大或接近最大神经-肌肉运动训练之后，肌肉表现显著增强的一种现象。激活后增强效应能够提升等长肌力从零达到峰值的加速度，从而使速度-力量曲线向上和向右移动。完成诱导激活后增强效应的预负荷可以提高跳跃、短跑等短时间、爆发性运动的运动表现。传统上一般用大阻力练习（＞85%的1RM）诱导激活后增强效应反应，如卧推、背蹲和奥林匹克举重。预负荷运动能否成功产生激活后增强效应，取决于疲劳和增效之间是否平衡。这种平衡受多种因素的影响，包括训练经验、过渡阶段持续时间和预负荷的强度。

（四）做好心理准备

热身阶段是运动员为即将到来的训练和比赛任务进行心理准备的时机，它使运动员有时间集中精力完成接下来的任务。众所周知，许多运动员在比赛前都会有完成某种比赛形式的心理准备。其典型的策略包括视觉化、说提示词、注意力集中和心理唤醒。这些策略旨在帮助运动员集中注意力，建立自信心。各项目运动员（如水球、足球或网球等），在使用心理演练技术后，其任务执行情况都有改善。精英运动员在训练和比赛中往往比业余和新手运动员更经常地使用心理准备策略，在比赛前使用心理表现策略也被认为是精英运动员的一个显著特征。

三、准备活动的模式

（一）传统准备活动

传统准备活动的目的是为后续运动做好准备，主要由一般性准备活动（有氧运动、拉伸）和专门性准备活动构成。准备活动的不同阶段有着各自明确的目的，有氧运动主要是为了实现体温升高和克服内脏器官的生理惰性，拉伸主要是为了改善关节灵活性。专门性准备活动强调比赛或后续训练的动作技术及负荷强度的准备与适应（表9-1）。

表9-1 传统准备活动的构成特点

类别	有氧运动	拉伸	专门性准备活动
目标	提高心率、肌肉血流量、肌肉温度，降低肌肉黏滞度	提升体温，改善关节灵活性，激活核心区肌群，改善本体感受	提升体温、心率，专门动作适应，为后续练习做好专门准备
练习	跑步、跳绳、滑、蹬自行车及变形	静态、动态、弹振式	诱导性、专项练习
强度	低强度（心率120~160 bpm）	低强度	渐增强度，甚至到最大

在传统准备活动中，慢跑是有氧运动的首选。作为全身性运动，慢跑是较为理想的提升体温的运动形式，5~10 min慢跑相比于蹬自行车能够更快地提升体温。周期性有氧运动对于周期性运动项目而言是适宜的选择，但对非周期性运动项目而言，其在动作模式或技能发展方面的作用甚微。这也是很多体能教练员对跑步热身多有诟病的主要原因之一。

动态拉伸和弹振式拉伸是拉伸活动的首选。相较于静态拉伸而言，动态拉伸的全身性运动更有利于提升体温和改善多关节运动的灵活性，并且对激活核心区肌群和提升本体感受功能有所增益。弹振式拉伸可以在动态拉伸的基础上进一步提升专项运动所需的动态关节灵活性。需要注意的是，在对柔韧性有较高要求的项目中（体操、艺术体操），可以选择通过静态拉伸的方式使肢体达到良好的活动度。虽然静态拉伸对于快速用力动作具有即刻的负面效应，但随着接下来的动态拉伸练习，这些负面效应会逐渐被抵消。

诱导性练习、专项练习是专门性准备活动的首选。这些练习为后续的训练和比赛提供技能上的保障，同时根据训练的需要，练习的强度逐渐增加甚至增加到最大强度，以便运动员能够完全适应接下来训练或比赛的负荷强度。

（二）动作准备

倡导动作模式、神经-肌肉控制的美国体能机构EXOS提出"动作准备"的概念来指代准备活动。动作准备强调肌肉激活程度和合理的动作模式，以对后续运动做好动作上的准备，并在很大程度上降低了损伤风险。动作准备包含臀部激活（迷你带练习）、动态拉伸、动作技能整合及神经激活4个环节（表9-2）。

表9-2　动作准备的构成特点

类别	臀部激活	动态拉伸	动作技能整合	神经激活
目标	促使臀部肌肉较为充分的动员	体温升高，基本动作模式下的关节灵活性、核心区肌群被激活	在整体动力链的参与下，强化正确的动作模式	提高神经系统的专注度、参与度和兴奋性
练习	针对臀肌的迷你带练习	动态拉伸练习	专门的跑、跳练习	快速及反应练习
强度	低强度	低强度	渐增强度	高强度

动作准备的4个环节各具针对性，构成了一套完整程序，为后续的运动提供了动作模式上的准备。动作整合通过专门的全身性跑、跳练习可以使运动员获得跑、跳动作模式的强化。神经激活则为了提升神经-肌肉系统的兴奋程度，为快速反应做好准备。需要注意的是，动作准备的4个环节仅仅为运动员提供了一般性准备（体温升高、关节灵活性提升、动作模式上的准备、神经兴奋性的提升），由于缺乏训练和比赛的专门准备练习，难以实现由准备活动到比赛的有效过渡。

（三）RAMP系统

RAMP系统由准备活动中三个具有明确关注点的不同阶段构成，这三个阶段分别是提升（raise，R）、激活和灵活（activate and mobilize，AM）、增强（potentiate，P）。RAMP系统不仅考虑准备活动的生理、心理效应，而且强调关注动作质量和技术发展，还考虑运动员长期发展，与传统准备活动的目的和理念有着明显的不同（表9-3）。

表9-3　RAMP系统的构成特点

阶段	提升	激活和灵活	增强
目标	既着重生理效应（体温、心率、血流量），又着重动作模式与技术发展	改善关节灵活性、激活肌群、改善动作模式和本体感受功能	突出强度与训练、比赛接近或一致，突出运动表现，与专门准备活动相似
练习	多动作模式或专项技能的有氧热身	动态拉伸、弹振式拉伸、灵活性练习	中高强度专门/专项练习
强度	低强度	低强度	渐增强度，甚至到最大

RAMP系统的关键在于系统化的结构体系，这为运动员和体能教练员提供了一种系统、开放、动态的准备活动模式，同时优化短期、中期以及运动员整个运动生涯发展的长期目标，并根据不同的目标来选择设计相应的练习，从而帮助优化训练效果和训练效率。可将运动员长期发展模型理念融入现有的准备活动的结构体系中，并将准备活动本身看作是绝大多数训练环节的一部分。因此，简单地调整RAMP的结构，就能开发出具有针对性的动作/技能发展的准备活动。

1. 提升阶段

提升阶段强调优化关键的生理参数，即血流循环量、肌肉温度、核心区温度、肌肉弹性和神经激活与传导的质量，与传统准备活动的有氧运动阶段相似。该阶段以多种动作模式或基本技能的低强度练习为主，不同于传统准备活动中的周期性有氧练习（跑、骑、游、划）。周期性有氧热身虽然能够较快地提高体温，但除此之外，提升阶段几乎不会对动作模式和技术发展产生更多成效。在空间允许的情况下，提升阶段引入不同的动作模式或专项基本技术，既可以提供所需的生理效应，又有助于运动员的动作模式、技能发展以及激活与调动阶段的有机衔接，更有助于达成运动员长期技能发展的目标，并能使运动员在心理上为接下来的训练和比赛做好准备。

需要注意的是，有氧热身的不足不能无限地放大，对于周期性运动项目而言，传统的有氧热身也是可取的。另外，关键动作模式或与技能发展相结合的有氧练习，如下蹲、弓步或专项技能（运球跑）等练习，既是运动员竞技比赛使用的，又是运动员长期发展所必需的。

2. 激活和灵活阶段

激活和灵活阶段强调全身运动的关节灵活性以及肌肉的激活，与传统准备活动中的拉伸环节相似。该阶段通过主要动作模式（如下蹲、弓箭步）练习可以为后续训练以及技能发展做好准备。该阶段训练以动态拉伸、弹振式拉伸以及灵活性练习为主。这些动态练习可以保持在提升阶段升高的体温，同时能够通过主要动作模式把多个关节整合起来，实现专项化的多平面运动及所需的基础灵活性的协同发展，从而有助于提升运动表现。该阶段的动态拉伸练习能够在体现主要动作模式的同时把动作控制、稳定性以及灵活性有机结合起来。

如果采用静态拉伸作为热身练习，不可回避的一个挑战是其本质上是静态练习，所改善的静态关节活动度不一定能够应用于动态的运动之中。再者，在运动员进行静态拉伸的过程中，提升阶段所带来的许多益处可能会消失。此外，静态拉伸往往只专注于单一肌肉或肌群，并且要求伸展保持30 s，不仅训练效率较低，而且需要耗费大量的时间来拉伸所有的肌群。更重要的是，静态拉伸的专项性较低，并对运动表现存在即刻的消极作用。需要注意的是，准备活动的短期目标之一是以一种高效的方式为提升后续运动表现做准备，其目标并不包含增强柔韧性。因为静态拉伸在准备活动中存在诸多缺点，所以应该首选更加省时高效的练习（动态拉伸、弹振式拉伸）。除非有个别关节或肌肉无法通过以上练习达到最佳的活动度，一般不建议采用静态拉伸和PNF拉伸。

3. 增强阶段

增强阶段突出负荷强度与接下来训练和比赛中负荷强度的一致性，逐渐把强度提升到比赛强度，增强运动表现。这一点与传统热身的专门准备阶段相似。对速度、爆发力、反应力量要求越高的项目，增强阶段就越重要。在训练、比赛实践中，经常出现热身不充分的问题，导致运动员出现"慢热"的现象，这与增强阶段的设计有着重要的关系。比赛准备活动应涵盖一系列逐步进阶的专项练习，使运动员在心理和生理上为最佳运动表现做好充分的准备。针对训练课的准备活动，应把重点放在随后训练课的主要内容上，既形成短期目标的一致性，又要考量运动员的长期发展规划。在不增加总体训练时间的情况下，增强阶段可以实现体能关键要素（如速度、灵敏）的提升。

增强阶段是决定准备活动时长的关键，因为该阶段可以成为训练课的组成部分，通过渐进性的练习与随后的训练更好地衔接。

四、准备活动的设计

结合传统热身、动作准备和RAMP系统设计理念，准备活动应涉及肌筋膜梳理、有氧运动、关节灵活性、局部肌肉激活、动态拉伸、动作技能整合、神经激活、专项热身8个环节。体能教练员应根据准备活动的具体目标选择不同环节，设计更适宜的计划。

（一）肌筋膜梳理

肌筋膜梳理是准备活动的第一步，它能帮助运动员降低肌肉紧张度，增加肌肉的延展性。如果运动员存在肌肉紧张、僵硬等现象，应首先使用泡沫轴、按摩棒进行肌筋膜梳理，为热身活动奠定基础并有助于运动损伤的预防。泡沫轴是准备活动中最常用的肌筋膜梳理工具。虽然泡沫轴并不是最佳的肌筋膜梳理的方式，但是相对于按摩师或者物理治疗师，泡沫轴是最实用的选择。泡沫轴的出现，使得准备活动中的筋膜放松变得更加简便易行。同时，通过泡沫轴的滚动，运动员可以明显感受到对肌肉施加的力度，通过改变姿势来调整对肌肉施加的压力，可以更好地调整肌肉放松的力度。

泡沫轴在准备活动中的安排如下。

① 滚动位置：找到痛点、扳机点，并在这些区域上来回滚动。

② 滚动时间：3~5 min，在恢复训练课或者大强度训练课之后可以延长滚动时间。

③ 单个肌群按摩的次数：10次左右，或者滚动到疼痛消散，或者滚动到疼痛消失为止。

在泡沫轴滚动结束以后，建议针对腘绳肌、阔筋膜张肌等重点肌群或易伤肌群进行针对性的静力拉伸。静力拉伸是在竞技体育的准备活动中使用时间最长的一种拉伸方式。静力拉伸一直被认为是改善肌肉柔韧性和关节灵活性的良好方法。虽然有些研究表明，静力拉伸会对爆发性运动表现产生抑制作用，但是这些研究在实践中的应用仍有待进一步商榷。首先，在实际训练中，静力拉伸的时间一般为15~20 s，而研究中所使用的拉伸时间却远远大于这一持续时间。另外，有研究显示，尽管一些爆发性运动表现在静力拉伸结束即刻受到抑制，但是这种抑制会在几分钟以后缓解甚至消失。并且，如果在静力拉伸结束以后再进行一些动态拉伸和技能整合等活动，静态拉伸对爆发力的抑制会很快被抵消。

综合而言，静力拉伸也许不是准备活动中的最佳拉伸方式，但并不代表在准备活动中一定不能使用静力拉伸。在足球、篮球、橄榄球等顶级联赛的赛前准备活动中，人们仍然可以看到许多运动员在使用静态拉伸。将静态拉伸作为准备活动中主要拉伸方式也许并不恰当，但是针对腘绳肌等重点肌群或易伤肌群进行一定的静态拉伸已经被许多体能教练员所采用。

（二）有氧运动

有氧运动是传统准备活动的构成要素之一。针对周期性运动的训练内容，运动员可以采用周期性有氧运动进行热身。

（三）关节灵活性

在准备活动中进行关节灵活性训练是为了让运动员在接下来的训练或比赛中的动作更加流畅。若运动中某一个关节灵活性缺失或不足，与此关节相邻的关节会代偿此关节所缺失的灵活性。因此，准备活动中的灵活性训练可以帮助运动员降低关节代偿，降低出现运动损伤的风险。对于关节灵活性要求较高的运动项目，可以适当增加关节灵活性练习以保障运动员在运动中发挥充分的灵活性。例如，在跨栏运动中，行进间跨栏架的灵活性练习，既可以提升体温，又可以动态地改善灵活性，是比较理想的热身练习。

在运动训练实践中，较容易出现灵活性不足的关节主要有踝关节、髋关节、胸椎关节和肩关节等。因此，准备活动中的灵活性练习主要针对以上几个关节展开。

关节灵活性在准备活动中的安排（表9-4）如下。

① 主要针对部位：踝关节、髋关节、胸椎关节、肩关节，每堂训练课可以选择1~2个练习或针对重点关节着重进行，为后面的训练提供充分的灵活性。

② 总时间：2~5 min。总时间取决于准备活动的目的，在一些专门性训练课或恢复性训练课中，总时间可以延长。

③ 单个关节次数：6~8次，1~2组。

表9-4 准备活动中的关节灵活性练习

动作名称	练习目的
仰卧滑肩	肩胛上、下回旋及肩关节的灵活性
直臂环绕、肩铰链	肩胛前伸、回缩及肩关节的灵活性
猫牛式伸展	胸椎的屈伸灵活性
跪撑胸椎旋转	胸椎关节的旋转灵活性
髋关节内旋外旋灵活性	髋关节外旋、内旋、外展灵活性
行进间跨栏架灵活性	髋关节的屈伸、内旋、外旋、外展灵活性
俯卧撑姿势单腿直膝/屈膝踝屈伸	踝关节屈伸的灵活性，改善下肢屈伸的动作模式
脚掌垫高过顶深蹲	踝关节灵活性，改善深蹲的动作模式
单膝跪姿膝关节触墙	踝关节灵活性，改善屈髋肌群的柔韧性

（四）局部肌肉激活

局部肌肉激活是指通过某些专门的动作，持续性刺激特定的肌肉，使其被充分激活的练习形式。特定的肌肉主要是指一些深层稳定肌（如臀中肌、腹横肌、肩袖、肩带）或出现募集顺序问题的肌肉（如臀大肌）。局部肌肉激活练习不仅可以刺激不易感知或者不易募集的肌肉，还可以增强机体对某一肌肉群的控制能力。

在运动实践中，如果肌肉不能有效地被激活，机体将会通过肌肉代偿的方式确保技术动作的完成。长期的肌肉代偿易引发功能障碍或慢性运动伤病，如协同肌主导或臀部失忆症。协同肌主导是指当控制关节活动的一侧肌肉（屈髋肌）变得紧绷，会改变关节的运动，进而使其拮抗肌（臀大肌）变得松弛无力，逐渐失去原有功能，并出现作为协同肌（股后肌群、竖脊肌）需产生更多的力去代偿的现象。股后肌群主导伸髋动作，最终会造成股后肌群拉伤、梨状肌综合征、骨盆位置偏移，甚至影响到肩部。

肌肉激活的练习一般包括针对肩部、腰腹和髋部的预康复练习，这些练习可以有效地激活特定肌肉组织，以确保完成特定动作。尤其是在完成某些较大动作幅度的动作（如涉及髋关节、肩关节）时，关节所涉及的肌肉应当被充分激活。

局部肌肉激活在准备活动中的安排如下。

① 动作模式的选择：肌肉激活的动作较多，一堂训练课不可能全部使用，体能教练员可以通过以下步骤来确定肌肉激活的动作模式。首先，体能教练员应分析出运动员的动作缺陷或肌肉激活模式，并选择出可以解决这些缺陷或应对这些挑战的练习。其次，分析出运动员在接下来的训练或比赛中需要执行的关键动作模式。最后，分析出运动员长期发展所需的关键动作模式。体能教练员通常会安排4~5个动作（表9-5）。

表9-5　准备活动中的肌肉激活练习

激活肌群	动作名称
肩带肌群	Y、T、W、I站姿，俯卧瑞士球
臀肌	臀桥、侧桥、髋外展
	蚌式开合
	跪撑髋伸展、髋外展
	迷你带-深蹲
	迷你带运动姿势单腿后蹬
核心区肌群	平板支撑及变形（单手伸）
	侧桥及变形（侧桥分腿）
	跪撑、单臂伸与单臂单腿对侧伸
	死虫式练习、吸腹练习、紧腹练习

② 总激活时间：通常需要3~5 min来完成。

③ 重复次数与组数：每个动作重复8~12次，做1组。

④ 一些练习起初采用原地练习，掌握后可以在移动中完成练习。

（五）动态拉伸

动态拉伸属于功能性拉伸，它通过一系列一般及专项拉伸动作使身体为后面的运动做好准备。由于动态拉伸练习将重点放在运动专项所需的动作（全身性动作或结构性动作）上，而非单独某块肌肉，也被认为是灵活性练习。动态拉伸可以提高关节活动范围并且最大限度地模仿专项运动的轨迹，以激活运动过程主要收缩的肌肉。比如，抱膝提踵复刻了途中跑阶段中的支撑动作。在本质上，运动员可以将动态拉伸理解为是专项所需的关节动态活动度练习。

动态拉伸在准备活动中的安排如下。

① 动作选择：根据训练课的主要内容确定练习的数量，一般不低于5个动作（表9-6）。动态拉伸应尽可能遵循所模仿动作技能的特征，从而加强动作技能的学习和迁移，消除引入错误技术的可能性。

② 动作的重复次数与组数：每个动作6～10次，1～2组。

③ 练习的持续时间：一般在10～15 min。

④ 动作要求：动态拉伸的动作不宜太快，应该缓慢地伸展，并在最大伸展幅度处停留1～2 s。

⑤ 练习形式：动态拉伸可在原地进行，也可以在行进间进行，在每次重复时都应该渐进地增加动作范围和动作速度。

⑥ 组合形式：动态拉伸可单独或组合进行。组合两种或更多种拉伸会给训练带来多样性，并能够更好地模仿更复杂的技能，但是并不是动作越复杂越好。

表9-6 准备活动中的动态拉伸练习

练习	练习目的
抱膝提踵	拉伸臀大肌，强化支撑稳定、平衡能力
斜抱腿	拉伸髋外展肌群，强化支撑稳定、平衡能力
脚跟抵臀、手臂前伸	拉伸伸膝伸髋肌群，强化支撑稳定、平衡能力
向后弓箭步+旋转	拉伸胸部与肩部肌群，增强平衡能力以及胸椎的屈伸、旋转灵活性
后交叉弓箭步	增强臀外侧、小腿肌肉及脚踝灵活性
反向腘绳肌拉伸（燕式平衡）	拉伸腿后侧肌群，强化支撑稳定、平衡能力
毛毛虫爬行	拉伸大腿后侧肌群、腹部肌群，激活核心区肌群
侧弓步	强化股内收肌群、臀肌平衡能力
腘绳肌行走	拉伸小腿三头肌、腘绳肌
最伟大拉伸	综合拉伸全身大肌肉群
相扑式深蹲	腘绳肌，提升胸椎、髋、踝关节灵活性
前后、左右四肢走	拉伸肩部、胸、腰、臀、大腿后侧肌群
俯卧躯干旋转	拉伸股四头肌、屈髋肌群、腹内外侧肌、胸大肌
仰卧躯干旋转	拉伸腘绳肌、臀大肌、胸腰筋膜、胸大肌

（六）动作技能整合

动作技能整合是基于专项运动中动作模式的练习，强调在身体整体动力链的参与下建立以神经支配为基础的各运动系统之间的联系，使得身体各环节有序地进行运动，从而强化正确的动作模式，增加动作的经济性，减少不必要的能量损耗。在准备活动过程中，采用基本动作模式的训练，依靠痕迹效应可以更好地为之后进行的主体训练做准备。此外，将动作技能整合练习纳入热身阶段可以使运动员在整个运动生涯中对各种动作模式进行大量的练习，既可以促进即刻动作模式的增强，也可以促进运动员中长期运动能力的增强。

动作技能整合阶段训练动作的选择与运动项目以及训练的目标和内容有关。虽然名称为动作技能整合，但是实际上对动作技能进行拆分，其目的是对专项运动中某些重点的环节进行强化。例如，对于短跑运动员起跑中下肢的快速蹬伸，体能教练员可以采用后蹬跑进行强化训练。

动作技能整合在准备活动中的安排如下。

① 练习的选择：体能教练员根据实际情况选择一次练习的数量，一般10个左右。体能教练员可以根据以下几个方面选择动作技能整合阶段的训练内容。第一，所从事运动项目的主要动作模式有哪些？第二，专项动作模式的核心要素有哪些？第三，运动员在哪些动作模式的要点上存在缺陷？第四，本节课的训练内容包含哪些动作模式要素？第五，本阶段在动作模式上的主要内容和训练目标是什么？

② 重复次数组数：一组6～10次，重复1～2组。

③ 练习总时间：一般持续5 min左右。

④ 练习的强度：从低强度练习开始（垫步跳），逐渐过渡到高强度练习（跨步跳），并体现专项性。在每次重复时都应该渐进地增加动作范围和动作速度。

⑤ 练习形式：可在原地进行，但由于大多数是跑、跳的基本模式，所以常常采用行进间进行。其基本练习包括：ABC垫步、高抬腿垫步、小步跑、高抬腿、踢臀跑、车轮跑、后蹬跑、交叉步跑、跨步跳、直腿跑/跳等。

（七）神经激活

神经激活是通过一些短时间内高频次的快速复合动作以提高神经系统的兴奋性和协调性的练习。神经激活练习可以很好地提高神经系统的专注度与参与度，使大脑反应速度加快，从而提高中枢神经系统的兴奋性和协调性，使躯体在神经系统的支配下，有序、准确、协调地完成动作。

进行神经激活时，一般都以基本运动姿势为起始动作，进行快速移动练习和反应性练习，力求在短时间内完成尽可能多的动作重复次数，或者是依据口令做出相应的动作反应。

神经激活在准备活动中的安排如下。

① 练习的选择：一般选择2～3个动作。神经激活阶段训练内容的设计要充分考虑运动项目的特征，以及本阶段或者本堂课的训练目的（表9-7）。另外，针对神经激活部分的练习并没有标准化的范式，只要是能使运动员的神经兴奋性得到提高的练习就是行之有效的练习，建议采用更加符合专项特征的练习，以便获得更大程度的训练迁移。

表9-7　准备活动中的神经激活练习

练习	练习目的
原地小碎步（纵向/横向）	脚步的高频运动，提升快速反应和放松能力
转髋练习	快速转髋的能力，提升快速变向的反应能力
连续单腿跳（纵向/横向）	神经肌肉协调，单腿连续快速跳动的反应能力
脚尖快速点地练习	单腿的快速伸缩，提升神经–肌肉控制及反应能力
俯卧双手快速交替练习	手臂的快速伸缩，提升神经–肌肉控制及反应能力

② 重复的次数与组数：动作时间6 s左右为1组，重复2～4组。

③ 神经激活练习持续时间不宜太长，一般建议控制在3 min以内。

④ 如果动作任务需要精细肌肉控制或伴随重要的决策因素，那么建议采用较低强度的神经激活练习以获得最佳的动作表现。针对大肌肉主导的动作技能，或者动作技能的复杂性较低的运动，则建议采用强度相对较高的练习来提升激活的水平，从而促使动作表现更加成功。

（八）专项热身

专项热身是准备活动的最后环节，也是整个准备活动的重中之重，决定着准备活动质量的高低。该环节重点强调运动表现，而影响运动表现的两个核心因素是动作模式和运动的强度。选择合理的练习以保证正确的动作模式和明确渐进的强度是该环节的关键。

五、准备活动的注意事项

（一）准备活动内容的选择

体能教练员设计准备活动的原则：① 明确准备活动的目的（训练的准备活动还是比赛的准备活动，追求短期效益还是长期效益）；② 关注准备活动后续的基本内容（如不同的专项技能、力量、速度、耐力等）；③ 具备专项性（不同专项的动作模式、灵活性以及技术发展的项目差异）；④ 考虑环境条件等差异（如气温高低）。

并不是每次准备活动都要包含上面谈到的八个环节，在实际操作过程中，体能教练员应根据实际情况来设计准备活动的内容，有些步骤可以合并或者省略。例如，如果运动员不存在明显的关节灵活性缺陷，则可以将关节灵活性练习合并到动态拉伸之中。肌肉激活练习并不是每次都要对所有肌群进行激活，只针对重点肌群或存在明显激活不足的肌群进行激活练习即可。

（二）准备活动的负荷

准备活动的强度设计应当严格遵循循序渐进，由低强度的有氧运动逐渐增加到后续练习及比赛所需的强度。体温升高是有效准备活动的基本要求，并且准备活动是为后面的专项训练和比赛而做的准备，而专项的训练和比赛一般都具有较高的强度，因此，准备活动应该具有一定负荷强度和负荷量。通过准备活动，运动员不仅仅在动作上为训练和比赛做好准备，还在心肺耐力、专注度等方面做好准备。准备活动的负荷需根据个人或运动队的情况进行调整，强度太低达不到热身的效果，也不能强度过高使运动员提早出现疲劳。有经验的体能教练员可通过观察运动员的出汗量、面色、状态来判断，也可以用心率进行监控。

（三）准备活动的持续时间

准备活动的持续时间要依据运动员的运动能力和天气等因素而定。准备活动的时间太短，无法充分调动运动员身体各个器官的性能；准备活动的时间太长，运动员的身体能力会被提前大量地消耗，再进行后面的专项运动训练时就容易出现体力不支，无法完成运动训练的任务。准备活动通常需持续10～20 min，至少使运动员出汗。大部分训练课存在准备活动时间偏短的情况。将准备活动融入主课之中或者在特定比赛的情况下的准备活动，持续时间可以更长。

准备活动结束与正式训练开始之间的休息时间不应超过15 min。如果超过15 min，准备活动所带来的积极效应就会开始消失。实验证明，准备活动后间隔45 min，其痕迹效应会完全消失。

（四）准备活动应体现专项性

专项训练前的准备活动应该突出项目的基本特征，如篮球准备活动中应含有持球练习与团队配合练习。准备活动还应突出训练的目的性。速度训练课的准备活动应该注重动作技能整合和神经激活的练习，力量训练课的准备活动则可能更加突出基本动作模式和动作准备，而耐力训练课的准备活动则应该更加突出心肺的适应。

（五）准备活动应体现周期性

准备活动的设计应该体现出一定的周期性差异。在一般准备期可以多做一些基础练习，体现长期发展目标。而在比赛期，则应该更多为体现训练内容的专项性和比赛需求特征的短期目标而设计。

（六）准备活动的实施

准备活动的实施过程需要运动员积极配合和参与才能达到理想的热身效果。运动员对准备活动练习的功能的熟悉程度是运动员保持训练积极性的基础。另外，运动员的训练情绪也是体能教练员关注的要点。体能教练员与运动员良好的沟通以及采用积极的语言和正向的激励是运动员保持乐观情绪的重要策略。

第二节　恢复再生

一、恢复再生基本概念

（一）恢复

恢复是指通过适当的身体活动和适宜的补给，帮助运动员在生理和心理上解决大负荷训练和比赛所导致的生理疲劳与心理疲劳。恢复主要包括营养的恢复、能量的储备、恢复到正常的生理机能，减轻肌肉酸痛，以及与疲劳相关的心理症状的消失。

恢复是涉及生理和心理多方面的复杂的变化过程。一旦个体的生物-心理-社会平衡状态被内部因素或外部因素打破，导致生理和心理应激与消耗，机体就会产生疲劳。疲劳可以通过恢复来消除，也就是通过在生理和心理水平上重新建立机体的动态平衡状态。

恢复一般包括生理恢复和心理恢复，生理恢复的常用方法包括拉伸、热水浴、营养补充、睡眠和积极性休息等。精神疲劳可以采取心理学恢复策略，如自我认知调节和心理放松技术。

（二）再生

再生是一个医学术语，是指组织和脏器由于某种原因出现损伤，带来组织和细胞的缺损，在组织缺损后由其邻近的健康细胞通过分裂增生完成修复的过程。再生有生理性再生和病理性再生两种类型。生理性再生是指在正常生理过程中，有些组织和细胞不断地被消耗、老化和消失，同时不断地由同种细胞分裂和增殖加以补充。再生后的细胞与组织能够完全保持原有组织的结构与功能。病理性再生指在病理状态下，细胞或组织因损伤导致缺损后所发生的再生过程；如果损伤轻微，可由同种细胞分裂增殖，并保持原有的结构和功能，这类再生称为完全性病理性再生。如果损伤严重，损伤仅能靠另一种组织来加以填补，而失去原有的结构和功能时，则称之为不完全性病理性再生。

在运动训练学中，再生的概念是基于生物学再生原理基础（既有生理性再生，又包括病理性再生的完全病理性再生），通过一些练习方法可以促进机体的组织修复和功能增强，主要是作用于筋膜、肌腱、韧带等结缔组织和器官，对运动中受损的筋膜和肌纤维进行梳理和修复，从而维持运动系统各器官应有的结构功能。不完全病理性再生（非正常的组织结构磨损，如肌肉、韧带拉伤，骨折或断裂等）是运动损伤后的治疗和恢复，不包含在再生训练里面。再生训练的目的就是通过内部微结构的调节和梳理，在不损坏机体结构形状的前提下，对受损部位进行修复和增强，使其继续发挥应有的功能。

（三）恢复与再生的关系

从结构决定功能的角度来看，恢复侧重组织器官功能减退或紊乱的调整，实现功能的恢复；再生侧重组织器官结构性的修复，以实现功能的恢复。组织器官的再生程度，影响恢复效果。因此，再生概念的提出使人们的关注点从恢复的结果转移到恢复的过程中。

二、再生训练的基本原理与方法

（一）再生训练

再生训练是通过有计划的训练，帮助运动员从沉重、疲劳的训练中恢复过来。在体能训练实践中，再生训练主要针对的是肌肉、筋膜等软组织，已经成为训练课的重要组成部分，在训练后对肌筋膜进行梳理、放松，促进神经肌肉系统疲劳的消除，提高循环系统的代谢速率，并结合小负荷的有氧练习、牵伸练习以及水疗，来恢复能量系统和神经-免疫系统的工作能力和效率，让机体的内环境尽快恢复稳态。

再生训练的主要方法是采用肌筋膜梳理，即借助泡沫轴、按摩棒和筋膜球等小器械对肌筋膜进行按压、滚动，主要针对肌肉疲劳、疼痛感进行放松治疗，其作用部位主要是筋膜、肌腱和韧带等软组织。通过肌筋膜梳理，不仅可以有效地降低组织纤维的粘连及主动和被动关节的僵硬度，放松紧张肌群，改善关节活动度，缓解疲劳；还可以降低神经肌肉的兴奋性，减轻疼痛。

1. 泡沫轴和按摩棒的放松原理

泡沫轴滚压是借助自身重量的压力与泡沫轴对放松部位的支撑力来对长时间、大强度运动后长度缩短的肌群进行挤压、滚动。长时间、大强度运动训练会导致人体的交感神经过度兴奋，造成肌肉张力升高，运动后肌肉长度缩短，而通过泡沫轴挤压力可以放松深层的紧张神经，从而达到放松整条肌群的目的。按摩棒放松的原理与泡沫轴相同，利用自我抑制原理放松紧张肌肉。与泡沫轴放松方式相比，按摩棒更注重对某一肌肉进行放松，且便于携带，但产生的压力不及泡沫轴。

当练习者利用自身体重或力量使泡沫轴、按摩棒在肌肉上产生一定压力时，肌肉张力会增加，从而激活存在于肌腱位置的张力变化感受器（高尔基腱器），进而抑制肌肉纤维内的肌肉长度变化感受器（肌梭），最终降低该组肌肉的肌张力，放松肌肉，恢复肌肉功能性长度，提高肌肉功能，加快血液循环，降低筋膜组织粘连。

泡沫轴和按摩棒放松是肌筋膜梳理练习中的常用手段。在实践操作过程中，很多练习者在前几周出现的疼痛感比较强烈，但是经过一段时间的适应练习后，疼痛感会逐渐降低。

2. 肌筋膜球的放松原理

肌筋膜球的质地较硬，但有一定的弹性。在训练实践中，体能教练员也可以用网球、垒球来替代。肌筋膜球按压的主要作用是刺激扳机点，通过对扳机点周围的肌筋膜施加一定的压力，减轻扳机点的疼痛感，消除扳机点周围组织的酸痛感。

扳机点（酸痛点、触发点）是高度敏感的、可通过触诊发现的被扭曲的肌肉组织结节。酸痛点的体积大小与肌肉质量和肌肉结节程度有关。由于扳机点对压力十分敏感，通常用挤压的方式来定位肌肉中的扳机点。

关于扳机点形成的生理机制，目前有几个学术界普遍接受的理论假设：运动终板学说、能量耗竭学说、神经根压迫学说。这几种理论假说虽无法清楚解释扳机点形成的原因，但与其相关的间接实验结果均显示，在扳机点形成过程中，肌组织中乙酰胆碱浓度升高，肌组织中Ca^{2+}代谢紊乱，肌组织应力增加，局部肌肉出现过度兴奋状态。由于扳机点部位主要分布于人体各肌筋膜链上，很多物理治疗师通常采用肌筋膜理论进行身体姿态评估和动作模式分析，用痛点理论进行有针对性的软组织放松。

肌筋膜球放松的目的也是消除肌肉中打结的现象并恢复肌肉原有的长度、弹性和收缩功能。但不同的是，泡沫轴或按摩棒以肢体某部分整体肌群放松为主，扳机点根据肌筋膜理论，通过放松目标肌群相邻的肌肉或筋膜达到放松效果，能够针对特定肌群或部位进行松解。

（二）冷疗

冷疗是将比人体体温低的，诸如冷水、冰、蒸发冷冻剂等物理因子作用于患部而进行治疗的一种物理疗法，目前已经成为竞技体育领域常用的恢复手段，常见的形式有冷水浸泡、全身冷冻疗法。这些方法能够降低疲劳感，减轻训练后延迟性肌肉酸痛的症状，延缓训练后肌肉力量与功率的下降，减轻运动性炎性反应，修复肌纤维微细损伤。

冷水浸泡通常以下肢浸泡为主，也包括全身浸泡和上肢浸泡，具体方法为将人体的上、下肢或者全身浸泡在装有冷水的水缸或者其他容器中，根据个体对低温的本体感受能力，水温一般为10℃～15℃或0℃～10℃，浸泡时间为10～15 min，其中下肢浸泡的部位为膝关节以下或者腰部以下，上肢浸泡包括前臂或者肩以下的整个手臂，全身浸泡的身体区域是包括肩以下的所有部位。全身冷冻疗法是指采用压缩制冷技术，让受治者短时间（2～3 min）暴露在温度为–130℃至–110℃的治疗室里（表9-8）。

表9-8　冷疗的基本要素

方法	形式	水温 / ℃	时间 / min
冷水浸泡	全身浸泡在水中	10℃～15℃或0℃～10℃	10～15
	下肢浸泡在水中		
	上肢浸泡在水中		
全身冷冻疗法	全身暴露在低温舱中	–130℃～–110℃	2～3

1. 冷水浸泡

（1）冷水浸泡对身体的影响

冷水浸泡可以使人体内产生一系列有益的生理过程，如刺激皮肤加速血流，消除肿胀，提高心输出量，提高血液向体内各组织运载营养物质的能力，从而达到提高代谢废物排出的效果。当全身或身体某部位浸泡在冷水中时，水压同样会对身体浸泡的部位产生影响，身体外部水压的增加也会加快血液的流速。另外，身体浸泡在水中时，所受重力影响减小，肌肉的神经传导速率随之降低，人体的疲劳感会下降。

（2）冷水浸泡对肌肉的影响

人体在大负荷的训练或比赛之后产生延迟性肌肉酸痛，肌纤维出现微细损伤，产生炎性反应，产生大量的炎性因子，进而肌肉内血管渗透性增加，导致肌肉肿胀产生疼痛感。随着肿胀的加剧，人体的疼痛感会加剧。冷水浸泡不但能够减少急性肌肉炎症发生，缩短炎症的持续时间或降低肌肉血管的通透性，还会对神经系统产生影响，降低神经信号传导的速率，抑制疼痛感的传导。当人体的下肢浸泡在冷水中时，浸泡部位组织外部温度下降，能够延缓神经传导速率，在水温和水压的作用下，共同起到止痛的作用。

（3）冷水浸泡对代谢的影响

人体在大负荷的训练或比赛后，肌细胞膜的通透性增加，肌酸激酶会从受损的肌肉细胞内向细胞外的空间溢出进入血液中，肌酸激酶从细胞外溢出后首先进入淋巴管，这是血液中的血清肌酸激酶活性升高的主要原因之一，所以肌酸激酶被认为是反映肌纤维受损与修复的指标。冷水浸泡能够降低血管的通透性与细胞内的渗透压，进而降低血清肌酸激酶和乳酸脱氢酶的浓度，激活抗炎因子，可用于防治运动性肌肉损伤。

2. 全身冷冻疗法

（1）对血液系统的影响

剧烈运动时很多因素能引起溶血的发生，一般有机械性破坏、非机械性溶血及其他因素等，使运动员出现运动性低血红蛋白甚至贫血，严重的还会影响运动员的专项运动表现和身体健康。全身冷冻疗法能显著减少运动性溶血的发生，维持红细胞水平。

（2）对内分泌系统的影响

运动应激会动员下丘脑-垂体-肾上腺轴，大负荷运动造成丘脑-垂体-肾上腺轴分泌功能异常，血浆皮质醇异常升高，甚至出现过度训练的症状。短期（5天）的全身冷冻疗法能够降低优秀运动员训练后次日的血清皮质醇水平。

（3）对抗氧化能力的影响

全身冷冻疗法可以提高机体的抗氧化能力，刺激机体释放抗氧化物质，是一种效果确定的辅助抗氧化疗法。全身冷冻疗后血浆超氧化物歧化酶、谷胱甘肽过氧化物酶、过氧化氢酶的活性升高。这些都是人体内重要的抗氧化物质，可以消除机体内的过氧化氢及脂质过氧化物，阻断活性氧自由基对机体的进一步损伤，是生物体内重要的活性氧自由基清除剂。

（4）对消除疲劳和预防损伤的作用

长时间、大强度运动或离心运动会造成肌细胞的微小损伤，在运动训练中极为常见。近年来，全身冷冻疗法被用于运动性肌肉损伤的治疗和康复中。已经有研究显示，全身冷冻疗法可降低血清肌酸激酶和乳酸脱氢酶的浓度，激活抗炎因子。

三、恢复再生训练的一般设计

为了防止超负荷训练造成的不利影响，更好地促进机体恢复，再生训练的安排至关重要。再生训练安排在每天训练结束后及大负荷训练后次日训练课之前，目的分别是梳理与放松、软组织唤醒与激活。

通常，训练后的再生训练是先进行泡沫轴及扳机点放松，然后是拉伸放松，其主要功能是梳理和放松训练带来的软组织疲劳与酸痛，促进血液、淋巴回流和肌肉组织修复。训练前的软组织唤醒、激活顺序是先进行泡沫轴滚压、肌筋膜球按压，然后做静态拉伸，其主要功能是刺激运动员肌肉激活和唤醒软组织。进行运动前软组织唤醒与激活以及运动后梳理与放松，通常都是从下肢开始逐步过渡到上肢。

恢复再生训练的一般程序是先进行肌筋膜梳理，然后针对出现的扳机点进行专门按压。使用泡沫轴和按摩棒、肌筋膜球进行再生训练时主要针对的肌肉和部位见表9-9。

表9-9　再生训练工具与松解练习

器材	下肢	躯干	上肢
泡沫轴	股内收肌、腓肠肌、腘绳肌、髂胫束、股四头肌、臀大肌、臀中肌	腰骶部、上背部、背阔肌、胸大肌、斜方肌	前臂内侧、前臂外侧、三角肌、肩部
按摩棒	腓肠肌、股内收肌、腘绳肌、髂胫束、股四头肌	腰骶部、上背部、背阔肌、斜方肌	前臂内侧、前臂外侧
肌筋膜球	足底、腓肠肌、腘绳肌、屈髋肌群、臀大肌	胸大肌、胸小肌	前臂内侧、前臂外侧、三角肌、肩部

（一）肌筋膜梳理

① 将需要进行放松的肌肉置于泡沫轴之上，利用自身体重反复在泡沫轴上缓缓进行滚动，每个部位进行1～2 min。

② 按压在目标肌肉上，不要滚压到关节。

③ 滚动过程中腹部肌肉适当收紧（肚脐拉向脊柱），以确保在动作过程中核心区的稳定。

④ 动作的过程中保持正常呼吸，不要憋气。

⑤ 滚动过程中如果有疼痛的感觉，应在疼痛点上停留 20～30 s，或根据个人需要调整时间，以酸痛感有减轻为准。

⑥ 可在每次训练的热身及整理部分安排此练习，通过比较两侧酸痛感差异，重点放松酸痛较重的一侧。

（二）扳机点消除

① 将肌筋膜球置于在泡沫轴滚压过程中出现的扳机点处，持续按压30～90 s，直到酸痛感消除。

② 可以进一步加大扳机点消除的力度，即按住肌筋膜球不动，远端的关节进行屈伸、环转动作，重复10次，以进一步增强效果。

③ 在处理过程中，保持正常呼吸频率，不要憋气，在感到明显酸痛时，可以深呼吸来进行调节。

（三）泡沫轴的使用方法

使用泡沫轴进行练习一般是从下肢开始，依次向上移动。

首先是滚压小腿肌群。运动员坐姿开始，将泡沫轴放在一侧小腿的正下方，与小腿垂直，双手撑地使身体离开地面，依靠双臂的力量推动身体前后移动，以适宜的力度施加在泡沫轴上。可以双腿交替进行，在小腿三头肌特别酸痛的情况下，也可以双腿同时压在泡沫轴上按摩。

接着依次滚压大腿后侧、前侧、外侧、内侧肌群。股后肌群的滚压方法同小腿三头肌，不同的只是把泡沫轴放在大腿下面。滚压大腿前群时，要求运动员俯卧，面朝地面，泡沫轴垂直身体纵轴，进行按压放松。对大腿外侧肌筋膜滚压时要求泡沫轴与大腿垂直，按摩一条腿时，另一条腿作为支撑腿来支撑身体，便于在泡沫轴上做前后方向的滚动。当对大腿内侧肌肉进行滚压时，要求泡沫轴平行身体方向，屈膝90°，大腿内侧垂直压在泡沫轴上，进行左右方向的滚动。

最后是背部的滚压。泡沫轴与脊柱垂直，人躺上去并保持上体略微抬起的状态（完全放松时会损害到腰部），从腰至肩胛下缘进行来回滚动。背阔肌筋膜的放松，要求泡沫轴还是横放在腋窝处，练习者要侧躺在泡沫轴上，然后沿背阔肌的走向进行前后的滚压。

（四）按摩棒的使用方法

按摩棒是一种表面有凸起的管状按摩器材，有促进淋巴回流和代谢废物的排出、加速新陈代谢、放松肌筋膜的作用。使用按摩棒也是按解剖学的顺序由下至上操作。使用时，双手握住其两端，对目标肌群进行擀压，可用于小腿肌群（后群、外侧、内侧）、大腿肌群（后群、外侧、内侧）的放松。

（五）肌筋膜球的使用方法

使用肌筋膜球进行练习一般先从足底开始，单脚踩住肌筋膜球，用能够耐受的稍重的力对整个足底肌筋膜进行来回的按压式滚动，当触及痛点时，说明该点可能出现筋膜的粘连或结节，很有可能是扳机点或存在潜在的扳机点，所以此时要适当地增加用力幅度，对痛点及其周围的筋膜软组织进行细致的操按，还可以按住不动，做五个脚趾分开、回拢的动作，以进一步消除扳机点（图9-1）。

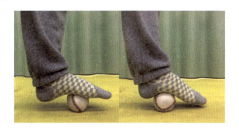

图9-1　肌筋膜球消除足底肌筋膜扳机点

接下来按照人体解剖学的顺序，自下而上地对下肢进行肌筋膜梳理。其原理和方法与处理足底肌筋膜基本一致，顺序一般为小腿三头肌、屈髋肌群、大腿后群、臀部肌肉、斜方肌、肩关节后、胸肌的扳机点等，只是在按摩不同部位时，身体姿势有所差异，但原则上是尽量将身体重心放在按摩的一侧。躯体两侧部位交替进行。

⚪ 参考文献

[1] 国家体育总局训练局国家队体能训练中心.身体功能训练动作手册[M].北京:人民体育出版社, 2014.

[2] 尹军,袁守龙.身体运动功能训练[M].北京:高等教育出版社,2017.

[3] BANFFI G, KRAJEWSKA M, MELEGATI G, et al. Effects of whole-body cryotherapy on haematological values in athletes[J]. British Journal of Sports Medicine, 2008, 42(10): 858 -858.

[4] BANFI G, LOMBARDI G, COLOMBINI A, et al. Whole-body cryotherapy in athletes[J]. Sports medicine, 2010, 40(6): 509 -517.

[5] BROATCH J R, PETERSEN A, BISHOP D J. The influence of post-exercise cold-water immersion on adaptive responses to exercise: a review of the literature[J]. Sports Medicine, 2018, 48(6): 1369 -1387.

[6] HALSON S L. Monitoring training load to understand fatigue in athletes[J]. Sports medicine, 2014,

44(2): 139 -147.

[7] HIGGINS T R, GREENE D A, BAKER M K. Effects of cold water immersion and contrast water therapy for recovery from team sport: a systematic review and meta-analysis[J]. The Journal of Strength & Conditioning Research, 2017, 31(5): 1443 -1460.

[8] IHSAN M, WATSON G, ABBISS C R. What are the physiological mechanisms for post-exercise cold water immersion in the recovery from prolonged endurance and intermittent exercise?[J]. Sports Medicine, 2016, 46(8): 1095 -1109.

[9] LEEDER J, GISSANE C, VAN SOMEREN K, et al. Cold water immersion and recovery from strenuous exercise: a meta-analysis[J]. British journal of sports medicine, 2012, 46(4): 233 -240.

第十章
体能测试与评估

○ 本章学习目标

- 了解体能测试的概念及分类。
- 掌握体能测试的质量评价及注意的问题。
- 掌握基本体能测试方法。

体能测试与评估

第一节 体能测试与评估概述

一、体能测试与评估的释义

体能测试是通过特定的测试方法，获取运动员身体能力真实可靠信息的测试方式。体能评估是通过对真实可靠的数据信息进行分析处理，明确运动员体能优势与不足的评估方式。体能测试与评估是各自独立的环节，又相互影响和制约。体能测试可以为体能评估提供准确的信息和数据。体能评估是体能测试结果的应用，是体能现状的反映，是衔接体能测试和体能训练的必要环节。

科学的体能测试与评估，可以帮助体能教练员发现运动员的体能短板并预测发展优势，确定或调整训练负荷，确定体能练习的可行性和有效性。

"无测评，不训练。"体能测试与评估是体能训练的逻辑起点，是体能教练员制订体能训练计划的依据，是体能训练的重要组成部分，是推动体能训练科学化水平提高的前提和保障。

二、体能测试的分类

（一）按照体能测试与专项的关系分类

按照体能测试与专项的关系，体能测试可以分为形态机能测试、基础体能测试和专项体能测试三种。

1. 形态机能测试

形态机能测试是对运动员基本信息和体质健康指标进行的测试，也是对后续测试结果进行评估的统计信息支撑。例如，NBA通过测试球员的臂展和站立摸高来评估球员的防守覆盖面积。形态机能测试主要包括身高、体重、围度、长度、充实度等形态学指标，体脂率、骨密度等身体成分指标，以及心率、最大摄氧量、乳酸阈等生理生化指标。

2. 基础体能测试

基础体能测试是对运动员身体素质以及潜在的受伤风险信息进行测试。测试内容主要包括力量（含爆发力）、速度、耐力、灵敏、柔韧性、协调性等基本素质以及动作模式（FMS）等。基础体能测试的结果是体能训练客观确立的出发点。评估结果还可以作为评价体能训练效果和补齐身体素质短板的参考标准。

3. 专项体能测试

专项体能测试是指与专项运动相关的体能要素的测试，反映运动员专项运动表现水平。为了客观地评估专项-任务的体能要素，最重要的是测试使用恰当的、模拟真实比赛情景下的测试方法。模拟比赛情景的难度是可想而知的，在这种情况下，专项体能测试受到极大的挑战。

与一般体能测试相比，采用在真实比赛情境中模拟基本运动模式的专项体能测试很快被广泛接纳，以更好地评估与某项运动的成功表现相关的体能。测试内容包括结合专项动作模式和能量代谢特点，选择适宜的测试方法。例如，在花样滑冰双人滑项目中，运动员首先要具备极高的平衡能力来完成冰上非稳定界面的基本滑行动作。除平衡能力外，男运动员由于专项中的抛跳和托举动作需要进行侧抛实心球和单手火箭推来测试旋转爆发力和上肢力量，女运动员在比赛中要做出多次旋转和落地动作，需要测试旋转稳定性和落地稳定性。此外，双人滑男运动员在完成动作的同时，女运动员也在不断变换动作，所以男运动员要同时进行上肢非稳定状态下的测试。因此，进行专项体能测试应紧密结合专项特征并选择最适宜的测试进行评估。

（二）按照测试方法变量的多少分类

体能测试方法中变量的多少与所反映属性的复杂程度相关。根据测试方法变量的多少，体能测试分为单一变量测试法和多元变量测试法（衍生指标测试）。

1. 单一变量测试法

单一变量测试法是指测试中仅有一个变量的测试，如身高、体重、1RM最大力量测试等，测试结果直接反映变量的大、小、多、少。单一变量测试结果反映单一指标有着较强的针对性。

2. 多元变量测试法

多元变量测试法是指测试中包含两个或两个以上的变量结合而成的测试。多元变量测试以单一变量测试为基础，需对多个变量的测试结果进行综合分析，可以发现更深层次的问题。例如，下肢动态力量指数测试包含反向纵跳达到的峰值力与最大等长力量两个变量，因此，测试结果反映的不是最大力量而是最大力量的利用率，为运动员力量训练更侧重于最大力量还是反应力量提供了参考依据。多元变量测试包括动态力量指数、爆发力赤字、身体质量指数（BMI）、相对力量、相对爆发力、相对功率、反应力量指数、跑步经济性、最大摄氧量速度等指标。

（三）根据测试场地划分

1. 实验室测试

实验室测试能够很好地控制无关变量（又称控制变量，与所研究的条件和行为无关，但在实验中又是影响反应变量或实验结果的因素），有着较高的测试信度。在实验室中，大多数运动形式与实际场地运动有一定差异，从而降低了测试的效度。因此，实验室测试需考虑测试动作与实际动作的相符程度。例如，30 s无氧功率测试对于500 m速度滑冰运动员来说，其动作模式类似，能量代谢时间相近，测试效度相对较高。

2. 场地测试

场地测试是指在运动场上进行的测试，测试流程简单，操作简便，能很好地满足不同专项的测试需求。其不足之处是容易受到无关变量（如湿度、温度、风速等）影响，也可能因测试人员操作技术不专业而造成测试信度降低。因此，场地测试时应尽可能排除人为干扰，尽可能引入设备来提高信度。例如，进行5-0-5灵敏测试，在计时点处放置光电计时装置取代人工计时，这样能极大程度提高测试信度，提升测试质量。如果能很好地控制无关变量，场地测试在提高测试信度的同时，也具有更高的效度。体能教练员应清楚实验室测试与场地测试的优缺点（表10-1），根据测试的目的选择合适的测试方法。

表10-1　实验室测试与场地测试的优缺点

分类	优点	缺点	示例
实验室测试	测试精准，信度较高，效度可能偏低	受限于仪器设备、技术操作和场地因素等，实际应用时存在难度，效度较低	最大摄氧量测试
场地测试	测量较为便捷，与专项特征结合紧密，效度较高	测量过程中常存在误差，信度较低	Yo-Yo IR2间歇测试

三、体能测试质量评价

（一）信度

信度即可靠性，是指采用同一方法对同一事物进行测量时，测量结果是否稳定一致，即测量工具能否精准地测量所测的变量。如果一名运动员的运动能力没有明显改变，用同样的方法测量两次，理论上测量结果是相同的或极其相近的。这说明测试是非常可靠的。测试必须具有可靠性，产生多变结果的测试没有任何意义。探讨测试可靠性有几种途径，最好的途径是对同样的运动员组用同样的方法测试两次，分析两次测试结果的相关性。两次测试结果存在较大差异性表明测试出了问题。导致差异的因素包括：① 受试者内部的差异性；② 测试者内部的可靠性；③ 测试方法本身没有办法提供一致性的结果。

受试者内部差异性表明受试者缺乏一致性的运动能力。测试者内部可靠性，也可看作客观性或测试者内部的一致性，是测试者评分是否一致的程度。一个明确的评分系统和经过培训的测试者能提高测试者内部的可靠性，是确保体能测试可靠性的关键。例如，采用秒表进行短跑测试时，如果测试者没有经过培训，可能会出现系统性误差。另外，当采用秒表手动计时时，测得的时间通常比电子计时短。因为测试者听到发令枪响时，按表会出现反应时间的延迟，而当运动员到达终点线时，反而不会出现反应时间的延迟。

不同的测试者对不同项目的运动员进行测试，测试者内部的可靠性显得尤为重要。当一个小组的测试者非常严格，而另一组相对宽松时，就会出现相对不公平的得分。为了提高测试的信度，一个测试者应该在训练的开始和结束时均测量同一组受试者。例如，进行1RM深蹲测试时，下蹲过程中股骨是否平行于地面，不同测试者可能会有不同的判定，最终导致1RM测试结果的差异。

测试者内部差异的来源包括仪器校准的差异、运动员的准备和测试过程管理的差异。由于运动员的性格、心态、行为和性别等因素的差异，不同的测试者对运动员激励的程度不同。一个常见的情景是一部分运动员由教练员测试，而另一部分由助手测试，从而增加了测试者之间的差异性。

另外，有时候测试本身可能无法提供一致性的结果。当测试需要较高的技术要求（如高翻测试），而运动员的技术还没定型时，测试结果通常会产生差异性。

（二）效度

效度即有效性，是指测试工具或手段能够有效测出所需测量事物属性的程度，也就是测试目标与测试结果间的一致程度，是评价测试质量最为重要的标准之一。对于身材特性如身高和体重的测量，有效性容易建立。例如，在弹簧秤上的重量与校对过的天平上的重量非常接近，表明弹簧秤称重有较好的效度。基础运动能力的效度有的很难建立。例如，足球运动员的重复冲刺能力（RSA）被定义为短时间冲刺（<10 s）穿插短暂恢复（<1 min）的能力，被认为是团队运动项目（足球、篮球）的关键体能组成部分。卡林（Carling）等在研究中指出，职业球员在足球比赛中进行的高强度动作（如速度>5.5 m/s至少持续1 s），其恢复时间≥61 s的占比为67%。因此，布赫海特（Buchheit）等人质疑RSA的有效性，因为在足球比赛中没有像RSA的冲刺特征。

影响测试效度的因素主要是测试方法能否真正反映测试目标。因此，在确定测试目标后，测试方法的选择显得尤为重要。例如，NBA选秀中速度的测试方法采用3/4场地冲刺跑显然比60 m跑具有更高的效度。

此外，如果测试内容涉及变量比较时，可能在反映主要能力时出现效度降低的问题。例如，羽毛球、网球等挥拍类运动项目的"发球速度"测试，球速在反映专项速度上的效度是有问题的。因为，球速受到技术、旋转和落点等因素影响，而挥臂速度或球拍摆动速度才是真正的专项体能。因此，进行专项体能测评必须剔除技术对测试过程的影响。

（三）信效度的关系

一个效度高的测量，也必须是信度好的。但是信度好的测试不一定效度高，因为测试所测量的结果未必是测试本身所需要的。例如，60 m冲刺和1500 m的跑都是可靠性较高的场地测试，但是，对于心肺功能的测试而言，1500 m跑是有效的场地测试。此外，一种测试对于一个群体效度高（如大学网球选手），但可能对于另一群体（如高中的网球选手）仅为效度中等，因为两个群体的身体或心智成熟度以及技术水平不同，这些都会影响测试的结果。

虽然，体能教练员会依据质量评价选择体能测试方法，同时参照已有仪器设备并结合测试目的、运动专项确定测试内容，但事实上，每项测试很难同时达到很高的信度和效度。因此，体能教练员需要在效度高的测试中尽可能提高信度，在信度高的测试中尽可能提高效度。如最大摄氧量和Yo-Yo IR2均为测试有氧工作能力的有效方法，在选择时应结合实际情况具体分析。

四、体能测试注意的问题

（一）健康和安全

在体能测试中，受试者的健康和测试的安全性不容忽视。测试前应充分了解运动员的既往伤病史以及测试的潜在安全风险，测试中必须安排专门的保护人员，来应对测试过程中的各种突发状况等。

（二）挑选、培训测试者

在进行体能测试前，体能教练员需要挑选有经验的测试者，必要时应对测试者进行统一培训。掌握正确的测试方法和要求有利于测试结果的统一。另外，对于测试应有针对突发事件的应急预案。

（三）准备测试记录表格

测试前测试者必须完成记录表格的制订工作，这将有利于测试的顺利开展。记录表格不规范将对测试结果产生不良影响。表格应涵盖所有受试者的重要信息，包括姓名、年龄、身高、体重、性别和测试结果等。

（四）多次测试

在一些体能测试中，有些测试项目需要进行多次重复测试，测试间歇要保证运动员充分恢复，以避免前次测试对后续测试结果的消极影响。

（五）受试者测试前的准备

在体能测试中，测试者要让受试者对整个测试过程进行充分了解，如测试目的及内容、测试的顺序、测试的技巧及测试可能存在的风险。另外，为了充分做好测试准备并发现测试中的问题，测试者可以进行预测试，使受试者能够掌握测试细节，更清楚地了解测试全过程，也有利于测试者进一步优化测试流程。

（六）测试顺序

体能测试的顺序不仅需要考虑在哪一时段安排测试，还应保证后期测试时间的一致性。为了使测试更加高效，体能教练员应该以最少恢复时间为前提来设计测试顺序，但必须遵循能量代谢系统的间歇原则。例如，运动员在进行最大限度动员磷酸原系统供能的测试后，要休息3～5 min才能完全恢复；当进行无氧糖酵解供能系统的最大限度测试后，至少需要1 h间歇才能完全恢复。因此，技术要求较高的测试应该优先于易疲劳且较难恢复的测试。通常无氧能力测试与有氧能力测试不安排在同一天进行。

一般来说，安排测试顺序最基本的原则是前一个测试不能影响接下来测试的运动表现。体能测试基本遵循以下顺序进行。

① 非疲劳性测试（如身高、体重、柔韧性、身体成分、核心区稳定性、Y-平衡、FMS、垂直纵跳等）。

② 灵敏测试（如T形跑测试、5-0-5灵敏测试等）。

③ 最大力量与爆发力测试（如1RM深蹲、1RM高翻等）。

④ 冲刺速度测试（如30 m冲刺、60 m冲刺等）。

⑤ 局部肌肉耐力测试（如俯卧撑至力竭测试等）。

⑥ 疲劳性的无氧能力测试（如10×20 m折返跑等）。

⑦ 有氧能力测试（如3000 m跑或Yo-Yo间歇跑测试等）。

第二节　体能测试方法与评估

一、体能测试的整体思路

体能测试的整体思路首先是选择测试内容与测试方法，根据生物力学中运动模式的专项性和能量代谢系统的专项特征选择测试动作，并结合运动经历和训练年限、性别、年龄、测试环境等因素，必要时还应广泛征求团队教练员、运动员的意见。其次，明确合理的测试顺序，同时要综合考虑运动员的健康状况、测试内容安全隐患、测试者的培训等条件。最后，在正式测试前要完成测试场地布置，如有必要还可以通过预测试的形式继续完善测试流程，让运动员熟悉测试内容及目的也是非常有必要的。

二、体能测试内容的选择

（一）运动专项特征

1. 运动模式的专项性

专项运动中的动作模式也是体能教练员不容忽视的重要影响因素，一般来说，测试动作与运动专项中的关键动作模式越相似，测试内容越有意义。例如，无氧功率测试中有功率自行车和跑台两种测试方法，对于自行车和短跑运动员来说，其测试效度是不同的。哈马尔（Hamar）等人研究表明，在30 s力竭测试中，短跑运动员进行跑台测试的最大功率显著高于功率自行车测试，自行车运动员在进行功率自行车测试时的最大功率显著高于跑台测试，同时没有训练经历的受试者在两种测试时的最大功率无显著差异。这说明在无氧功率测试中，与运动专项的动作模式类似的体能测试更有利于运动员发挥出最佳水平。

2. 能量代谢系统的专项性

一个有效的体能测试要能够真实模拟运动专项的能量代谢需求，这样才能对运动能力进行针对性评估。例如，测试最大摄氧量的诱导方案时长一般为12～15 min，而对于越野滑雪项目运动员，由于其极强的耐力素质要求，最大摄氧量测试方案需要延长至40 min甚至更长时间。因此，在实际操作中，体能教练员需分析专项能量代谢的特点，灵活使用体能测试方法。

（二）运动经历、训练年限

测试内容的选择应充分考虑运动员的竞技水平、训练状态和训练年限，因为相同的测试内容对不同的运动员可能会呈现截然不同的结果。

（三）环境因素

环境因素是影响测试内容选择的重要因素，如高温下测试3000 m跑存在安全风险。高温或低温环境会影响耐力表现、降低有氧耐力测试的效度。帕金（Parkin）等人研究表明，在不同温度下进行的功率自行车至力竭的测试中，40℃时力竭时间较常温下会显著缩短，而4℃时会显著延长力竭时间。这主要是由于人体在热应激条件下机体代谢紊乱加速了疲劳进程，而寒冷条件下糖原分解速率降低进而延缓了疲劳进程。

三、体能测试具体方法

体能测试具体方法很多，下面主要针对多元变量测试方法（动态力量指数、反应力量指数等）进行介绍，目的是使体能教练员掌握如何运用体能测试结果计算多种指标以及如何挖掘体能测试结果等更深层次的问题。

（一）人体形态机能测试

1. 身体成分测试

身体成分测试能够反映人体各节段的肌肉、水分、脂肪含量和骨骼密度，是评估身体健康状况及运动员训练和饮食状态的重要指标。在身体成分中，肌肉与脂肪的比例是教练员和运动员关注的重点。一定范围内，肌肉越多、脂肪越少可能会带来机能节省化和更出色的运动表现，但也要考虑性别、专项等因素。相较于男性，女性体成分中脂肪的占比更高。对于水下项目（如游泳、水球等），运动员需要一定比例的脂肪起到保暖、防伤的作用。

目前身体成分的测试方法主要有水下称重法、空气置换法、生物电阻抗法、双能量X线测量法、计算机断层摄影法以及磁共振成像法。各种方法的优缺点见表10-2。

表10-2 身体成分测试方法的优缺点

测试方式	优点	缺点
水下称重法	测量身体成分的标准方法，测量准确	测量所需设备成本高且专业性强，测量时间长，受试者可能会对完全浸入水中产生恐惧和不安
空气置换法	测量准确，安全性高，快速、舒适和无创，适合各类人群	仪器昂贵，操作复杂
生物电阻抗法	测量速度快，操作简单，无创、安全、便捷、成本低	测量准确性受多种因素影响
双能量X线测量法	测量准确、辐射较少，测试速度较快，能够进行局部测量	扫描床对受试者体型有限制，测试设备庞大、不易携带且昂贵
计算机断层摄影法	测量准确	有一定辐射，只被允许在医疗和研究中使用
磁共振成像法	测量准确，安全性高	测试时间较长，设备昂贵

目前在身体成分测试中较为常用的方法是生物电阻抗法和双能量X线测量法。

（1）生物电阻抗法

生物电阻抗法（bioelectrical impedance analysis，BIA）由于其具有无创、安全、便携、成本低等优点，已成为最常用的体成分测试方法，其原理是将人体视为一个导电的圆柱体，导体的总体积可以用长度、电阻和单频电流来进行估算。研究表明，生物电阻抗法测量身体成分主要基于二室模型，即将身体分为脂肪和去脂体重两部分，脂肪和去脂体重需要通过生物电阻抗法测定人体内的液体指标来进行计算，包括细胞外水分、细胞内水分、身体总水分等。

（2）双能量X线测量法

双能量X线测量法（dual-energy X-ray absorptiometry，DEXA）目前被认为是临床研究中身体成分测试中信度较高的测试方法，可以测试体脂率、全身或局部骨密度、脂肪含量和去脂体重。它的原理是X线在通过人体时会呈指数衰减，X线所产生的两种能量通过仪器的低能X线管后，用衰减差测量骨矿物质和软组织含量。

双能量X线测量法的优点是测量准确、信度较高、辐射较少并可以获取身体各节段数据。但在测试时需要测试人员接受系统培训学习操作流程，否则也会产生较大误差。由于双能量X线测量法的原理是通过扫描人体，计算衰减差代入数据库公式计算身体成分，测试前测试人员必须要求受试者肢体按规定固定位置且过程中不能移动，否则会因为身体相互遮挡造成扫描精准度降低，导致身体密度测量发生变化产生测量误差。同时双能量X线测量法还存在其他局限性，如扫描床对受试者体型有限制（身高193 cm以下、体重136 kg以下），仪器庞大不易携带、贵重等。双能量X线测量法虽然在测量数据上具有较高的信度，但仍应在测试中规范操作流程提高效度，否则同样会产生较大的测量误差，影响测试结果。

2. 身体质量指数测试

身体质量指数（body mass index，BMI）简称体质指数，是世界卫生组织推荐的衡量人体胖瘦程度以及是否健康的一个标准，计算公式为：BMI=体重（kg）÷身高（m）^{2}。体质指数评价的国际标准：18.5及以下体重偏低，18.5~25健康体重（20~22为最健康），25~30超重，30~39严重超重，40及40以上极度超重。体质指数评价的中国标准：18.5~23.9正常，≥24超重。其中24~27.9偏胖；≥28肥胖。

对于运动员而言，BMI的指导意义因项目不同而不同。例如，对最大力量需求较高的运动项目，运动员的肌肉含量高，体重偏重，BMI无法客观反映运动员的肥胖程度。而对于力量训练较少的运动项目，BMI结合腰臀比可以反映运动员的肥胖程度。此外，不同专项运动员身体各节段充盈度和围度比例有不同的要求，如游泳运动员大腿围度、小腿围度和踝关节围度之间的适宜比例是决定水下打腿效率的重要因素。

3. 心率变异性测试

体能测试与评估中常用的心率指标包括静息心率、最大心率、运动平均心率、运动后心率恢复等。体能教练员常用最大心率和最大心率百分比确定负荷强度（心率能很好地反映心血管系统的负荷强度，而很难反映力量训练的强度），运动后心率恢复水平反映运动恢复能力，静息心率反映训练恢复好坏。

心率变异性是指逐次心跳间期波动的现象，其机制是交感神经与副交感神经协调作用控制窦房结的结果，其具体表现为每个心动周期长短的不规则变化。通俗来说，假设一名运动员的心率为60 bmp，这并不代表心脏每秒钟跳一次，也有可能是两次连续心跳之间间隔1.2 s，另外两次连续心跳的间隔为0.8 s。在体能测试中，一般采用心率表或心电图结合软件对心率变异性数据进行采集和分析。

训练冲量法是基于训练期间平均心率占心率储备百分比来量化训练负荷的指标。此方法是目前国内外文献研究中采用较多的方法，不受训练手段和内容的限制，但需要训练全程佩戴心率表和胸带。

训练冲量法中将每个人的心率分为五个等级，从50%最大心率开始，每增加10%为一个区间，等级划分如下：

水平1：50%~60%（不包括60%）最大心率。

水平2：60%～70%（不包括70%）最大心率。

水平3：70%～80%（不包括80%）最大心率。

水平4：80%～90%（不包括90%）最大心率。

水平5：90%～100%最大心率。

训练冲量=心率等级×训练时间（min）。通常将训练冲量划分为：＜70为轻松的训练，70～140为适宜的训练，＞140为大负荷量训练。

例如，某运动员的最大心率为195 bmp，以平均心率160 bmp运动20 min。运动员此次运动的心率区间160/195=82%，对应等级Level 4，因此，训练冲量=4×20=80，即此次运动为负荷适宜且偏低的训练。

训练冲量通过训练平均心率与最大心率的比值确定训练负荷强度，能够反映运动过程中心率的总体情况，是分析特定练习的训练负荷较为理想的方法。

（二）耐力测试

耐力测试主要包括有氧工作能力、最大摄氧量速度、跑步经济性和运动表现场地测试。反映有氧工作能力常用指标包括最大摄氧量、乳酸阈等。测试方案应尽可能选取专项动作，如游泳项目采用游泳动作进行有氧工作能力测试，这为训练效果评估及训练负荷制订提供了参考。最大摄氧量速度和跑步经济性是有氧耐力的衍生测试，其通过最大摄氧量和对应速度的两变量分析，可为运动员有氧能力训练提供更深层的揭示和指导。运动表现场地测试包括Yo-Yo测试、12 min跑、3000 m跑等，这些测试主要是测试持续跑动能力，对于具体耐力训练的指导意义有限。

1.最大摄氧量测试

最大摄氧量反映了机体吸入氧、运输氧和利用氧的能力，是评定人体有氧工作能力的重要指标。最大摄氧量受遗传的因素影响较大，并因年龄、性别和训练等因素的不同而有所差异。最大摄氧量测试包括直接测定法、间接测试法。

（1）直接测定法

直接测定法是让受试者利用自行车测功仪或跑台进行递增负荷方案运动，使用气体分析仪能够直接测定摄氧量，并获得最大摄氧量、最大摄氧量平台、通气无氧阈等多项参数，进而综合评定有氧工作能力。直接测定法具有准确、可靠的优点，是体能测试中的重要方法。但要想准确地测定最大摄氧量还需满足以下判定标准：

① 继续运动后，摄氧量的差小于5%或150 mL/min或2 mL/kg·min。

② 受试者不能保持原有的运动速度，达到了力竭。

③ 继续运动时摄氧量出现下降。

由此可见，在进行最大摄氧量测试时，选用合适的递增负荷方案诱导受试者达到判定标准是至关重要的。下面以最常用的Bruce方案为例进行说明（表10-3）。

表10-3 Bruce方案的递增负荷设置

分级	速度（km·h⁻¹）	坡度/%	时间/min
1	2.7	10	3
2	4.0	12	3
3	5.4	14	3
4	6.7	15	3
5	8.0	18	3
6	8.8	20	3
7	9.6	22	3

在实际操作中发现，对于部分耐力素质不出色的受试者来说，无法顺利完成测试方案。因此，改良Bruce方案提出，即在1级负荷前增加一至两个预备阶段（表10-4），以帮助受试者完成测试。因此，进行最大摄氧量测试应合理调节测试方案中变量设置（速度、坡度、时间等），以使受试者能够安全地完成测试且顺利诱导最大摄氧量数据出现。

表10-4 改良Bruce方案的递增负荷设置

分级	速度（km·h⁻¹）	坡度/%	时间/min
预备1	2.7	0	3
预备2	2.7	5	3
1	2.7	10	3
2	4.0	12	3
3	5.4	14	3
4	6.7	15	3
5	8.0	18	3
6	8.8	20	3
7	9.6	22	3

（2）间接测试法

间接测试法是通过跑动距离、心率等方式推算最大摄氧量的方法。直接测定法具有较高的信度，但有时受限于仪器设备难以开展，因此方法简便、易于测量的间接测试法在控制误差的基础上更容易被接受。间接测试常用方法包括：① 基于时间的测试方法，如Cooper测试法和6 min跑测试法；② 基于距离的测试方法，如1600 m跑、2400 m跑、3200 m跑。

① 基于时间的测试方法——Cooper测试法。Cooper测试法是通过计算全力12 min跑的运动距离推算最大摄氧量的方法，它是基于时间的现场测试中与最大摄氧量关联性最强的测试。

$$最大摄氧量\left[ml/(kg·min^{-1})\right] = \frac{12\ min跑的运动距离（m）-505}{45}$$

② 基于时间的测试方法——6 min跑测试法。6 min跑测试法通过计算全力6 min跑的运动

距离推算最大摄氧量。

$$最大摄氧量 [ml/（kg \cdot min^{-1}）] = 最大摄氧量速度（km/h）\times 3.5$$

$$最大摄氧量速度（km/h）= \frac{6 min跑的运动距离（km）}{0.1（h）}$$

例如，6 min全力跑动距离为1800 m，那么：

$$最大摄氧量速度 = \frac{1.8（km）}{0.1（h）} = 18（km/h）$$

$$最大摄氧量 = 18 \times 3.5$$
$$= 63 [ml/（kg \cdot min^{-1}）]$$

③ 基于距离的测试方法——1600 m跑测试法。1600 m跑测试法是以跑1600 m所需的时间，估算最大摄氧量 $[ml/（kg \cdot min^{-1}）]$。

男运动员最大摄氧量 = $-9.06 \times$ 时间（min）$+ 0.38 \times [时间（min）]^2 + 98.49$

女运动员最大摄氧量 = $-6.04 \times$ 时间（min）$+ 0.22 \times [时间（min）]^2 + 82.2$

例如，一名女运动员完成1.6 km跑测试用时9 min，估计其最大摄氧量为：

最大摄氧量 = -6.04×9分 $+ 0.22 \times （9 min）^2 + 82.2 = -54.36 + 0.22 \times 81 + 82.2 \approx 45.7 [ml/（kg \cdot min^{-1}）]$

2. 乳酸阈测试

乳酸阈是指血乳酸出现急剧增加的拐点，该点所对应的负荷强度为乳酸阈强度，它反映了机体代谢过程从有氧代谢为主过渡到无氧代谢为主。乳酸阈值越高，有氧工作能力越强，在同样的渐增负荷运动中，无氧代谢功能动员越晚。与最大摄氧量相比，乳酸阈更能反映运动员的有氧工作能力。

进行血乳酸测试除血乳酸指标外，还应该着重关注两个指标——乳酸清除速率和乳酸清除率，二者可以说明机体承受大负荷运动后的恢复能力，从另一角度评价运动员的有氧工作能力。

$$V_T = \frac{BLA_{max} - BLA_T}{T - t}$$

其中，V_T为运动后T分钟时的乳酸清除率，BLA_{max}为血乳酸峰值，BLA_T为T分钟时的血乳酸值，t为出现乳酸峰值的时间点。

$$BLA_{T\%} = \frac{BLA_{max} - BLA_T}{BLA_{max} - BLA_{rest}} \times 100\%$$

其中，$BLA_{T\%}$为运动后T分钟的乳酸清除率，BLA_{max}为血乳酸峰值，BLA_T为T分钟时的血乳酸值，BLA_{rest}为运动前安静状态下的血乳酸值。

3. 最大摄氧量速度测试

最大摄氧量速度（velocity associated with VO_2 max，vVO_2 max）也被称为最大有氧速度，它不仅反映可使用的氧气量，而且代表运用氧气的效率，有效地整合了最大摄氧量和运动经济性两个指标，能更有效地反映运动员的有氧运动能力。最大摄氧量速度作为标准化负荷强度高低的依据，一般在实验室条件下完成。由于递增负荷跑台运动实验是检测vVO_2 max的最方便的方法，所以vVO_2 max通常被定义为在递增负荷跑台运动实验中达到最大摄氧量水平时的实际跑速。

其具体测定方法如下。

① 在实验室进行坡度恒定、速度递增的跑台测试，确定达到最大摄氧量时的最低速度，坡度一般设为1%～2%以模仿户外风阻。通常起始速度设为10～12 km/h，一般建议运动员以10 km/h的速度开始；速度每2 min增加1 km/h，直到运动员无法保持特定速度，保持至少2 min的最大速度，即与最大摄氧量相关联的速度，实际应用过程中需要根据受试者群体的情况进行调整或更改。

② 在一个标准的400 m田径场，允许有风的情况下，进行至少20 min的充分热身，受试者进行5 min或者6 min全力跑，采用GPS技术记录下所跑的距离（m）。将记录的距离除以以秒为单位的时间，就可以得出最大有氧速度。通常每隔6～8周重新测试一次，以确定新的水平。

从简便易行考虑，运动队通常采用1500～2000 m计时跑。测试时，一定要保证运动员尽最大努力，这样才能保证测试的准确性。采用最大摄氧量速度（m/s）=距离（m）/时间（s）计算。例如，某运动员跑1200 m的时间为5 min，则其最大摄氧量速度=1200 m/300 s=4 m/s。根据最大摄氧量速度，设定负荷强度。

4. 跑步经济性测试

跑步经济性是指在次极限负荷的特定速度下跑步，摄氧量达到稳定状态时每单位体重的摄氧量，是评价有氧耐力的参数。在规定的跑步速度下，摄氧量较低说明跑步经济性相对较高，摄氧量较高说明跑步经济性相对较低。运动员之间在跑步经济性方面的显著差异会对有氧耐力成绩产生重要影响。

跑步经济性可以通过测定几种跑步速度或测定功率自行车负荷下的单位时间/距离的能量消耗来评估的。通常，跑步经济性的测试在室温22℃、相对湿度40%～55%的标准实验室跑台上进行，利用气体代谢仪采集运动员相关通气指标。测试方案需要考虑到初始速度、每级递增速度、每级速度的持续时长、坡度等。建议测试的总时长控制在15～30 min，标准热身后，进行3～4级的递增速度测试（10～20 km/h），测试强度控制在85%最大摄氧量强度以下；坡度设为1%，以模仿户外跑的风阻；级间间歇采血监控负荷状态，取每级最后1 min稳定状态的平均摄氧量来计算跑步经济性。

5. Yo-Yo测试

运动员在距离为20 m的两个标志物之间，以不断增加的跑速进行折返跑。不断增加的跑速由外部信号来控制，运动员应在测试中完成尽可能多的折返跑（图10-1）。运动员第一次未在规定时间内到达终点或犯规时，将被警告一次，第二次未在规定时间内到达终点或犯规时，就会被中止测试。

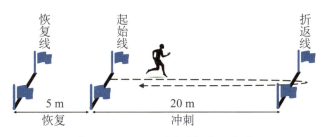

恢复线　起始线　折返线

5 m　　　　　20 m
恢复　　　　　冲刺

图10-1　Yo-Yo测试的场地示意图

Yo-Yo测试包括Yo-Yo耐力测试、Yo-Yo间歇耐力测试、Yo-Yo间歇恢复测试三种测试方案。Yo-Yo耐力测试，每两次折返跑之间没有间歇，可以评价长时间跑动的能力。Yo-Yo间歇耐力测试，每两次折返间的间歇时间为5 s，可以评价在长时间间歇运动后反复进行大强度运动的能力。Yo-Yo间歇恢复测试，每两次折返间的间歇时间为10 s，可以评价每次大强度运动后的恢复能力。

每种测试方案都包括水平1和水平2两个水平。水平2测试每次折返跑的间歇时间比水平1更短，强度更高。水平1主要适用于运动水平低的普通人群、青少年运动员或女子运动员；水平2主要适用于高水平运动员或者职业运动员。

（三）力量测试

力量测试包括最大力量测试、力量耐力测试和爆发力测试。最大力量测试常用方法包括1RM测试（深蹲、卧推）和等长大腿中位拉，也可以通过仪器测定速度或等距力量来转化测算1RM。爆发力测试包括高翻、抓举等抗阻测试和纵跳等超等长测试。力量耐力测试方法包括持续完成力量测试动作的次数，如1 min仰卧起坐、引体向上和俯卧撑等测试。

以上基础力量测试可以作为练习进阶的依据，但并不能完全反映最大力量和爆发力特征，因此需要进行力量和爆发力的衍生指标测试，以更好地挖掘运动员的信息。

1. 反应力量指数

反应力量指数是衡量肌肉离心收缩至向心收缩的快速转换能力。公式如下：

反应力量指数 = 纵跳高度（m）÷触地缓冲时间（s）

在实验室条件下，反应力量指数通常通过渐增高度的跳深练习进行测试（普遍采用10 cm的高度增量），将每个高度的反应力量指数绘制成反应力量指数曲线（图10-2），以此来获得运动员的反应力量指数值。

该测试采用双足跳深，要求受试者落地后立即起跳，尽量减少屈膝屈髋的角度，每个高度完成3次跳深，每次跳深之间间隔30 s，每个高度之间间隔1.5 min。此外，每次跳深测试的结果（跳起高度和触地缓冲时间）都及时反馈给受试者，以便运动员可以自己衡量跳起高度和触地缓冲时间的最佳组合，以产生最大的反应力量，优化下次测试的结果。由于反应力量指数衡量的是离心至向心的转换能力，触地缓冲时间都应加以控制。在当前研究中，每次跳深的触地缓冲时间应小于250 ms。

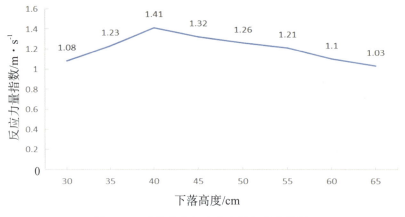

图10-2　下落高度与反应力量指数趋势图

在理想情况下，随着下落高度的增加，反应力量指数值先增后减。但由于反应力量指数的敏感性，纵跳高度或触地缓冲时间稍有变动可能都会引起反应力量指数较大的变化，该曲线不是标准的抛物线形状。

当前研究还为训练场地中反应力量指数的获取提供了方法，即当没有渐增高度的跳箱可以使用时，体能教练员通过测力垫也可以获得反应力量指数值。该方法要求运动员完成10次原地双脚连续跳，落地后立刻尽全力起跳。测试完成后，取其中反应力量指数最高的5次跳跃，计算反应力量指数的平均值即为该运动员的反应力量指数。

2. 下肢刚度

下肢刚度的测量通常是在跳跃动作中进行的。其计算方式是以垂直地面反作用力峰值除以腿部位移量，其中腿部位移量指的是髋部大转子与着地位置的距离在运动过程中的变化情况。其公式是$K_{leg} = F_{max} / \Delta L$。其中，$K_{leg}$ 是下肢刚度，F_{max} 指地面反作用力的最大值（N），ΔL 是跳跃过程中腿部压缩的距离（m）。

双脚连续跳是评估刚度最简单的运动任务，并被认为是肌肉骨骼刚度测量的有力代表。在实验室条件下，通常使用测力台来确定地面反作用力，因为测力台是跳跃测试的金标准。但在许多情况下，使用测力台进行测试是不现实的。因此，体能教练员要考虑可供选择的刚度评估方案。达洛（Dalleau）等人的研究表明，使用测力垫测量下肢刚度也是有效和可靠的方法，且增加了实用性。该方法要求，运动员以2.5 Hz（使用节拍器帮助运动员维持所需的频率）的频率进行原地双脚连续跳10 s，随后将腾空时间和触地缓冲时间代入以下公式进行计算：

$$K_{\text{leg}} = \frac{M \cdot \pi \left(T_f + T_c \right)}{T_c^2 \left(\dfrac{T_f + T_c}{\pi} - \dfrac{T_c}{4} \right)} \times 100\%$$

其中，K_{leg}为下肢刚度（N/m），M为身体质量，T_c为触地缓冲时间，T_f为腾空时间。

3. 动态力量指数

动态力量指数是反映运动员反应力量与最大力量关系的指标，是检测训练引起力量变化的有效手段，能够指导更具体的训练干预。动态力量指数弹道式练习的峰值力与等长最大力量进行比较。公式如下：

$$动态力量指数 = \frac{弹道式练习峰值力}{等长最大力量}$$

动态力量指数测试需要综合弹道式练习峰值力和等长最大力量两种测试方法。它可以揭示在进一步进行弹道式训练之前，是否需要拥有足够的最大力量水平。此外，动态力量指数值的大小并不代表好坏，只是揭示运动员对个人最大力量的利用特点，为后续力量训练侧重最大力量还是反应力量提供依据，动态力量指数及对应的训练策略见表10-5。

表10-5　动态力量指数及对应的训练策略

上肢动态力量指数	训练策略
< 0.75	侧重反应力量训练
≥ 0.75	侧重最大力量训练
下肢动态力量指数	训练策略
< 0.60	侧重反应力量训练
0.60 ~ 0.80	二者兼有
> 0.80	侧重最大力量训练

动态力量指数测试常用的测试方法包括下肢的动态力量指数和上肢的动态力量指数。下肢的动态力量指数采用反向纵跳来反映弹道式练习的最大力量，采用等长大腿中位拉反映等长最大力量。上肢的动态力量指数采用卧推抛反映弹道式练习的最大力量，卧推等长最大力量测试反映等长最大力量。

4. 弹性指数

反向纵跳是用来反映运动员下肢反应力量的常用测评。反向纵跳反映下肢伸肌肌群从离心收缩快速转化为向心收缩的能力，静蹲跳反映下肢伸肌肌群在预先拉长且处于等长状态下突然收缩的能力。弹性指数是通过反向纵跳和静蹲跳两种测试数据的比较，反映离心能力利用水平的指标。公式如下：

$$弹性指数 = \frac{反向纵跳 - 静蹲跳值}{反向纵跳} \times 100\%$$

当弹性指数>11%时，说明运动员神经募集能力强；弹性指数<6.5%，说明运动员神经募集能力差。

此外，离心利用率也是反映运动员向心和离心力量利用水平的指标。离心利用率是指反向纵跳与静蹲跳的比值，被认为是评价反应力量的有效指标，也是评价拉长-缩短周期效率的重要指标。

$$离心利用率 = \frac{反向纵跳}{静蹲跳}$$

离心利用率约为1.1。速度与反应力量项目的运动员，其离心利用率大于1.1。而耐力项目运动员或缺乏训练经历的人，其离心利用率小于1.1。

5.爆发力赤字

爆发力赤字与动态力量指数相似，主要反映运动员最大力量利用水平的指标。公式如下：

$$爆发力赤字 = \frac{最大力量 - 实际最大力值}{最大力量} \times 100\%$$

如图10-3所示，在特定动作中发挥最大力量往往需要至少0.5 s的时间，但在爆发力训练中发力时间通常远远小于0.5 s，此时运动员很难发挥出最大力量。两者在发力过程中的差值比率即爆发力赤字。该测试需要测得最大力量和实际练习达到的最大力值，通过两者的分析，能够反映最大力量的利用程度。

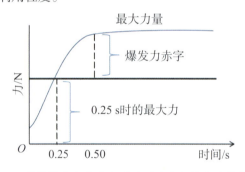

图10-3 最佳爆发力赤字在跳跃测试中与最大力量的关系

当爆发力赤字<50%时，说明运动员最大力量的利用程度较高、最大力量可能是爆发力训练的限制因素，建议在训练中加入最大力量练习。

当爆发力赤字>50%时，说明运动员在0.5 s内不能很好地发挥最大力量，建议进行弹道式和超等长练习。

6. 无氧功率

温盖特测试（Wingate test）主要以蹬自行车的方式测试最大无氧功率（磷酸原系统供能能力）、平均无氧功率（磷酸原系统供能和无氧酵解能力）、无氧功率衰减率。

先测定受试者的身高、体重、肺活量等基础数据，然后让受试者以0.075 kg/净千克体重为负重，以最快速度全力蹬车30 s，同时记录蹬踏圈数和心率。

最大无氧功率=第一个5 s蹬车的圈数×前车轮周长×阻力×6.11

平均无氧功率=30 s的总功率÷6

无氧功率衰减率（%）=（最高无氧功率－最低无氧功率）/最高无氧功率×100%

需要注意的是，温盖特测试强度极大，容易造成受试者肌肉损伤。因此，要求受试者要充分休息，保持身体健康和情绪良好。

（五）速度测试

速度测试的目的是揭示运动员启动能力、加速能力、最大速度能力、速度保持能力、反复冲刺能力和减速能力。常用方法包括30 m、60 m、100 m重复跑测试。例如，篮球速度测试采用3/4篮球场地冲刺跑（21 m），而足球则需要进行60 m冲刺跑测试。

1. 120 yd速度测试

120 yd速度测试是针对100 m跑运动员专门的测试方法。

目的：通过120 yd冲刺跑，获取运动员的加速、最大速度和速度耐力三大重要信息。

操作程序：测试者分别在40 yd、80 yd、120 yd三个点上计时。运动员采用蹲踞式起跑姿势，听到发令枪响后全力跑完120 yd的距离。

测试要求：运动员全力加速；在运动员不疲劳、神经兴奋性高的状态下测试；充分的准备活动；除了时间参数外，步数、步频和单腿蹬地时间也是重要的评价参数。

数据分析：通过测试得到的数据包括40 yd的成绩、80 yd的成绩、40～80 yd的成绩、80～120 yd的成绩和40 yd距离间的成绩差。0～40 yd的成绩反映加速能力，40～80 yd的成绩反映最大速度能力，80 yd成绩和40 yd的成绩可以反映速度耐力。如果0～40 yd的成绩与40～80 yd的成绩差超过0.7 s，反映运动员的加速能力有待提高；如果80～120 yd的成绩与40～80 yd的成绩超过0.2 s，则反映运动员的速度耐力有待提高。

2. 反复冲刺能力测试

40 yd10次重复跑测试适用于需要反复短距离冲刺跑项目的运动员，测试其高速下的重复冲刺跑能力，即速度耐力。

目的：通过10次短距离的冲刺跑的差异，反映运动员的速度耐力水平。

操作程序：运动员在起点采用站立式起跑，听到枪响后全力跑完40 yd的距离。间歇应该根据专项的不同来确定。例如，橄榄球运动每回合的间隔为25～30 s，而曲棍球每回合的间隔为5～15 s，因此，体能教练员应该根据不同专项相应的间隔确定间歇。橄榄球运动员间歇为25 s，曲棍球为15 s，篮球为20 s。反复进行10次全力跑。

测试要求：准备活动充分，运动员全力跑，间歇适当。

数据分析：记录下10次全力跑的时间。如果10次测试中最好成绩与最差成绩的差不超过0.3 s，反映运动员具有良好的速度耐力；如果差值超过0.3 s，则反映运动员的速度耐力水平不高，应当进行相应的速度耐力训练。

3. 减速赤字测试

减速赤字是反映运动员水平减速能力的重要测试方法。减速赤字是在5-0-5灵敏测试（图10-4）的基础上进行的，测试前需要在15 m处放置测试踏垫或Optojump（一款便携式的体能测评设备）记录制动转体时的蹬地时间，或者在15 m水平位置使用高速摄像机记录该处的蹬地时间。正式测试时，运动员在起始线后的0.5 m处以两点支撑式起跑。运动员快速加速至10 m处后快速减

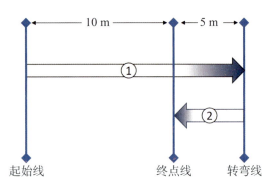

图10-4　5-0-5灵敏测试示意图

速，在15 m转弯线处根据转体方向使用左脚或右脚接触踏垫完成制动、转体变向后，尽可能快地再次向终点处加速。减速赤字的计算公式如下：

$$减速赤字 = T_{5-0-5前进} - T_{15\,m}$$

$T_{5-0-5前进}$指的是运动员在完成5-0-5灵敏测试时，从起始线处到变向转身处的时间与制动步50%蹬地时间之和。$T_{15\,m}$是指15 m直线冲刺的最佳成绩。

由于在5-0-5灵敏测试中，运动员需要完成180°转体变向。在转体变向的制动步中，50%的蹬地时间受到转体的影响，而另外50%的蹬地时间则与运动员的技术、速度和力量等因素有关。因此，减速赤字中$T_{5-0-5前进}$仅包括50%制动步的蹬地时间，消除了转体对减速测试结果的影响。

（五）灵敏测试

灵敏测试的目的是揭示运动员感知决策和变向的能力。灵敏测试方法应该反映运动员感知决策能力，但是该类测试难度比较高，开发、研制涵盖感知决策能力的"反应灵敏测试"方法是未来研发方向。值得注意的是：程序化灵敏测试方法不能全面准确地反映灵敏能力，它仅仅反映改变方向的速度能力。传统的灵敏测试大都属于程序化灵敏测试，如T形测试、5-0-5灵敏测试、伊利诺斯灵敏测试、六边形跳、"十"字象限跳等。对于具有一定跑动距离的项目（如足球、篮球等），体能教练员应根据跑动特点，选择跑动灵敏测试；而对于没有跑动的运动项目（如跆拳道、拳击等），常采用非跑动的移动测试。

程序化灵敏测试操作方便，控制变量少，具有较高的信度，但是测试目标与比赛实际需求存在差异，效度偏低。反应灵敏测试则操作复杂，控制变量多，信度会受到影响，但由于与比赛需求接近，具有较高的效度。大量研究证明，高水平运动员比低水平运动员在反应灵敏测试中表现得好，而高水平运动员的改变方向速度能力表现并不比低水平运动员好。

1. 5-0-5灵敏测试

变向赤字是基于5-0-5灵敏测试改良的测试方法而提出的一个新概念。尼姆菲尔斯（Nimphius）等人将变向赤字定义为排除直线冲刺后的变向能力，其目的是深入挖掘运动

员的改变方向的速度能力。5-0-5灵敏测试包含了10 m冲刺和5 m变向冲刺两个部分（图10-4），分别反映运动员的直线加速能力和变向能力。变向赤字是5-0-5灵敏测试时间与10 m冲刺时间的差值，即变向赤字=$T_{5-0-5灵敏测试}$ - $T_{10 m冲刺}$。

在10 m冲刺速度一样的情况下，如果差值较大，则反映变向能力不佳；如果差值小则反映变向能力比较强。

2. 反应灵敏测试和程序化灵敏测试

反应灵敏测试和程序化灵敏测试场地是一个"Y"形，如图10-5所示。测试分为反应灵敏测试和程序化灵敏测试两项内容。反应灵敏测试：受试者通过红外信号时开始计时，硬件模块点亮了30 cm高的视锥A或B，亮灯是随机的，受试者必须迅速对亮灯作出相应的反应，完成运球或触球测试。程序化灵敏测试：受试者被告知哪个灯会亮，在路线是预知的情况下，完成运球或触球测试。

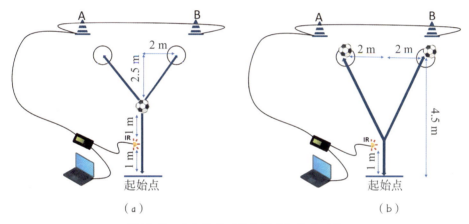

图10-5　反应灵敏测试和程序化灵敏测试

通过对比反应灵敏测试和程序化灵敏测试的结果，可以进一步分析运动员反应能力和变向能力的优劣，还可以比较有球和无球的表现，反映体能和技能相关变量的差异。虽然传统的程序化灵敏性测试可能无法衡量真实的灵敏，但仍然在测试中发挥作用。

（六）功能性动作筛查

功能性动作筛查（Functional Movement Screen，FMS)是由格雷·库克（Gray Cook）等设计的一种评价功能动作质量的评价方法，通过对人体运动的7个基本动作（过顶深蹲、跨栏步、直线弓箭步、肩关节灵活性、主动直膝抬腿、躯干稳定性俯卧撑、旋转稳定性）对人体的动作模式及影响动作模式的灵活性和稳定性进行评价的方法体系。

FMS的目的就是获得运动所必需的一些基本身体运动能力成分，如动作的范围、平衡性、身体控制能力与稳定性等，对于发掘运动员的潜力和预防伤病风险非常重要。研究证明，如果FMS得分低于14分，受伤的潜在风险就大大增加。体能教练员不能仅仅把目光放在运动员的运动表现上，必须同时关注运动员的功能活动水平。

1. 过顶深蹲

测试目的				
肩关节、胸椎、髋关节、踝关节的灵活性，膝关节、核心区的稳定性，肢体双侧对称性				

动作提示	测试要点
（1）直立，双脚与肩同宽，脚尖向前； （2）双手握住测试棒举过头顶，然后下落，屈肘90°将测试棒置于头顶； （3）缓慢下蹲到最大幅度，保持躯干直立，尽力保持脚后跟着地； （4）下蹲到最大幅度时停顿1 s，回到起始姿势	（1）如有需要，受试者有3次测试机会； （2）如未能达到3分，则将测试板（厚度5 cm）垫在脚跟下，再重复上述指令； （3）从正面和侧面观察受试者； （4）脚跟抬起进行测试时，包括双脚位置在内的所有要求必须保持与正常测试一致

评分标准及图示

测试动作	得分	评分标准	图示
深蹲	3	● 测试棒与双足垂直； ● 躯干与胫骨平行或接近垂直； ● 股骨低于水平线； ● 膝与脚成一条直线； ● 膝盖不超过足的第2或第3脚趾	
	2	● 脚跟抬起； ● 其他要求同上	
	1	在脚跟抬起的情况下： ● 胫骨和上躯干不平行； ● 股骨不在水平面以下； ● 膝与脚不能成一条直线； ● 横杆不在双脚正上方	
	0	● 测试过程中受试者感觉身体任何部位出现疼痛； ● 需进行排除性测试	

站立体前屈/手触脚趾排除性测试

测试说明	测试要点
观察疼痛反应，如受试者感到疼痛则记录为阳性（＋），同时将整个测试评分记为0分； 观察灵活性，如受试者的手指能够触到脚趾记录为Y，如手指无法触到脚趾记为N	尽可能高地伸展手臂，掌心向前，然后向前弯曲身体，让指尖触碰脚趾

2. 跨栏步

测试目的
髋关节、踝关节的灵活性，膝关节、核心区的稳定性，肢体两侧的对称性

动作提示	测试要点
（1）双手持测试棒横于肩上，双脚并拢，脚尖接触到测试板； （2）身体挺直，跨栏腿抬起跨过弹力绳，脚跟触地，身体重心在支撑腿（后腿）； （3）支撑腿保持直立，收回跨栏腿，回到起始姿势	（1）测量受试者胫骨粗隆的高度，调整弹力绳的高度与胫骨粗隆的高度一致，确保弹力绳平齐； （2）要求受试者在开始测试时身体挺直站立； （3）为执跨栏腿评分，左、右腿均测试； （4）如有必要，左、右腿的测试最多各有 3 次； （5）观察测试棒是否保持水平，这反映躯干稳定性； （6）从正面和侧面观察； （7）确保支撑腿的脚尖在测试过程中与栏架接触

评分标准及图示

测试动作	得分	评分标准	图示
跨栏步	3	● 髋、膝、踝在矢状面上保持平齐； ● 腰部没有明显晃动； ● 测试棒和栏架保持平行	
	2	● 髋、膝、踝在矢状面上不能保持平齐； ● 腰部明显晃动； ● 测试棒和栏架未保持平行	
	1	● 脚碰到弹力绳； ● 身体失去平衡	
	0	测试过程中，测试相关部位出现疼痛	

3. 直线弓箭步

测试目的
髋、踝关节的灵活性，膝的稳定性以及髋部不对称的姿势下核心区的稳定性，背阔肌、股直肌的柔韧性

动作提示	测试要点
（1）后脚脚尖与零刻度对齐，前脚脚跟根据胫骨长度踩在相应刻度上，两脚成直线，脚尖向前； （2）测试棒置于身后，前侧脚对侧的手臂贴在后颈上，同侧的手臂贴在腰后，测试棒与头部、背部和臀部贴紧； （3）身体重心下降成弓箭步姿势，后膝接触测试板； （4）站起，恢复到起始姿势	（1）评分中的左、右侧依前腿的左、右而定； （2）两脚间的距离为胫骨粗隆的高度； （3）动作过程中横杆始终保持垂直，并与头部、背部、臀部接触； （4）前脚脚跟保持平放在板上，在恢复到起始姿势时，后脚脚跟与板接触。观察是否失去平衡； （5）与受试者保持较近的距离，以防受试者完全失去平衡； （6）左、右两侧的动作均测试； （7）如有必要，左、右侧最多各测试3次

评分标准及图示

测试动作	得分	评分标准	图示
直线弓箭步	3	● 测试棒始终与身体接触； ● 测试棒保持与地面垂直； ● 躯干没有晃动； ● 测试棒与双脚保持在同一矢状面； ● 后膝触碰前脚脚跟后方的板	
	2	● 测试棒未能始终与身体接触； ● 测试棒未能保持垂直； ● 躯干有明显晃动； ● 测试棒和双脚未能保持在同一矢状面； ● 后膝未触碰前脚脚跟	
	1	● 身体失去平衡； ● 无法完成该动作	
	0	● 测试过程中，测试的相关部位出现疼痛； ● 需进行踝关节背屈排除性测试	

4. 踝关节背屈排除性测试

测试目的

发现疼痛，确保踝关节的灵活性不是限制动作模式完成的因素。当踝关节处于疼痛、功能障碍、功能受限状态时，下肢的动作控制就会受到不良影响

动作提示	测试要点
（1）将左脚外侧紧贴在 FMS 测试平板边上； （2）将右脚放在左脚前面，脚跟抵住左脚脚尖，同时紧贴FMS测试平板，可以使用测试棒来保持平衡； （3）保持脚跟触脚尖的姿势，身体下蹲，屈曲后膝，确保脚跟不抬离地面，尽可能多地向脚尖前方屈膝； （4）达到最大幅度，测量并询问受试者哪里有牵拉感（前侧、后侧或是没有牵拉感）； （5）慢慢回到起始位置	（1）观察后脚脚踝的灵活性； （2）调整 FMS测试平板的位置，使得红色起点线和受试者前脚内踝对齐； （3）双脚需要始终保持脚跟与脚尖接触； （4）借助于长杆保持平衡，使踝关节活动范围不会因为平衡问题受到影响； （5）屈膝时略向侧方屈曲，避免撞到前腿； （6）两侧均要进行测试； （7）至少测试3 次，以保证测试结果的一致性； （8）如果出现疼痛，应咨询专业医疗人士

评分标准及图示

	评估标准	评估结果	图示
绿灯	● 膝关节超过前腿的内踝； ● 脚跟保持与地面接触	● 踝关节有足够的灵活性	
黄灯	● 膝关节位于前腿内踝的宽度内； ● 脚跟保持与地面接触	● 踝关节存在潜在的灵活性受限问题； ● 踝关节排除测试未通过； ● 需要解决踝关节灵活性问题	
红灯	● 受试者的膝关节没有到前腿的内踝位置； ● 脚跟保持与地面接触	● 踝关节存在潜在的灵活性受限问题； ● 踝关节排除测试未通过； ● 需要解决踝关节灵活性问题	

5. 肩关节灵活性

测试目的		
综合评价肩关节内旋、后伸及内收的灵活性；外旋、外展、前屈的灵活性；肩关节的双侧对称性		

动作提示	测试要点
（1）站立，双脚并拢，两臂自然下垂，双手握拳，四指包住拇指； （2）右拳举过头顶，沿背部尽力向后下方够，同时左拳沿背部尽力向上够； （3）双拳一次到位后不得再移动； （4）缓慢回到起始姿势	（1）评分中的左、右侧依据上方的手臂而定； （2）测量腕横纹至中指指尖之间的距离作为手长； （3）确保双拳一次到位后不得再移动； （4）对比双臂的测试结果以及双臂触够到最远端时所处的位置； （5）如有必要，左、右侧最多各测试 3 次； （6）如有疼痛应进行附加测试

评分标准及图示

测试动作	得分	评分标准	图示
肩部灵活性	3	● 双拳间距不超过一个手长	
	2	● 双拳间距不超过一个半手长	
	1	● 双拳间距超过一个半手长	
	0	● 测试过程中，测试的相关部位出现疼痛； ● 需进行附加测试	

肩部撞击排除性测试

测试说明	测试要点
附加测试不计入评分，用于观察肩部疼痛症状。如果受试者感觉到疼痛，则在评分单上记录为阳性（＋），并将整个肩部灵活性测试的评分计为 0 分	（1）双脚并拢站直，双臂自然下垂； （2）右手手掌放在左肩前部； （3）保持手掌位置不动，将右肘尽可能向上抬起，观察受试者是否存在疼痛； （4）然后换对侧进行测试

6. 主动直膝抬腿

测试目的	
髋关节屈曲的主动灵活性，运动中核心区稳定性，对侧髋关节的灵活性/腿髂腰肌柔韧性，腘绳肌、小腿三头肌的柔韧性	
动作提示	**测试要点**
（1）仰卧，双手置于身体两侧，掌心向上，双腿并拢伸直，腘窝处压在测试板上，踝背屈； （2）一侧/测试腿直腿主动缓慢上抬到最远端； （3）缓慢回到起始姿势	（1）评分中的左、右侧依据抬起腿而定； （2）确保不动腿保持中立位； （3）左、右侧均须测试； （4）以外踝垂线所处的位置评分； （5）测试者站在上抬腿的一侧； （6）如有必要，左、右侧最多各测试3次

评分标准及图示

测试动作	得分	评分标准	图示
主动直膝抬腿	3	● 踝的垂线落在大腿中点和髂前上棘之间； ● 非活动腿保持中立位	
	2	● 踝的垂线落在大腿中点和膝关节中心点之间； ● 非活动腿保持中立位	
	1	● 踝的垂线落在膝关节中心点以下； ● 非活动腿保持中立位	
	0	● 测试过程中，身体任何部位出现疼痛	

7. 躯干稳定性俯卧撑

测试目的
上肢对称性闭合链运动时，躯干在矢状面的稳定性，上肢及躯干的发力顺序

动作提示	测试要点
（1）俯卧，双腿伸直、并拢，踝背屈，双臂与肩同宽伸过头顶，双臂、躯干、膝盖均触地； （2）屈臂，将拇指下移到与额头（男性）或下颌（女性）平齐； （3）伸膝，同时手臂用力撑起整个身体； （4）缓慢回到起始姿势	（1）须将身体整体撑起，确保胸部和腹部同时离地； （2）确保每次完成动作时手部姿势不变，准备撑起时双手没有向下移动； （3）如有需要，有 3 次测试机会； （4）如有疼痛应进行排除性测试

评分标准及图示

测试动作	得分	评分标准	图示
躯干稳定俯卧撑	3	• 男性完成拇指与额头平齐的1次动作； • 女性完成拇指与下颌平齐的1次动作； • 将身体整体撑起，脊柱未弯曲	
	2	• 男性完成拇指与下颌平齐的1次动作； • 女性完成拇指与锁骨平齐的1次动作； • 将身体整体撑起，脊柱未弯曲	
	1	• 男性无法完成拇指与下颌平齐的1次动作； • 女性无法完成拇指与锁骨平齐的1次动作； • 不能在全过程中保持腰部自然伸直	
	0	• 测试过程中出现疼痛； • 需进行附加测试	

背伸排除性测试

测试说明	测试要点
观察受试者疼痛反应，如受试者感到疼痛则记录为阳性（＋），同时将整个躯干稳定俯卧撑测试评分记为 0 分，并执行更为全面的评估或推荐前往医疗机构	（1）俯卧，腹部贴地，双手置于肩下； （2）双臂用力慢慢撑起，尽力使胸部远离地面，主动收缩肩胛防止肩膀向前移动，臀髋部紧贴垫子； （3）慢慢回到起始位置； 询问受试者是否有疼痛感

8. 旋转稳定性

测试目的
上下肢联合运动时，躯干在三个平面上的稳定性；反映良好的神经协调和能量传递效率

动作提示	测试要点
（1）四肢跪撑，双腿横跨测试板且贴于两侧，双手置于肩正下方，髋关节屈曲90°与躯干相垂直，足背屈； （2）身体侧移，流畅并有控制地同时抬起同侧的手臂和腿，不要触地，将手向后触够同侧腿的外踝； （3）再向前伸展手臂和同侧腿，膝关节和肘关节充分伸直； （4）缓慢回到起始姿势	（1）左右两侧均须测试； （2）若无法完成同侧肢体动作，则尝试完成异侧模式，以便观察是否达到2分标准； （3）测试评分中的左、右依活动上肢的左、右而定； （4）同侧膝关节和肘关节在板上方则评为3分，异侧膝关节和肘关节在板上方则评为2分； （5）确保开始时躯干平直，髋、肩与躯干成90°角； （6）保持手臂和下肢的移动与测试板平行

评分标准及图示

测试动作	得分	评分标准	图示
躯干旋转稳定性	3	● 手膝同时离开地面； ● 保持手臂和腿成一条直线，与测试板平行的情况下，完成该动作； ● 手指触碰外踝； ● 膝关节和肘关节达到完全伸展	
	2	● 手、膝没有同时离开地面； ● 不能保持手臂和腿成一条直线，并与测试板平行； ● 手指触碰外踝； ● 膝关节和肘关节达到完全伸展	
	1	● 失去平衡； ● 手没有碰到外踝； ● 膝关节和肘关节不能完全伸展； ● 不能回到起始姿势	
	0	● 测试过程中，身体任何部位出现疼痛； ● 需进行附加测试	

背屈排除性测试

测试说明	测试要点
背屈测试用来检查脊柱的弯曲程度。如受试者感到疼痛则记录为阳性（＋），同时将躯干旋转稳定性测试评分记为0分，并执行更为全面的评估或推荐前往医疗机构	（1）四肢跪撑，将髋部向脚跟移动； （2）胸部缓慢下沉尽量贴近大腿，双手尽可能向身体前方伸展； （3）询问受试者是否感觉到疼痛

功能性动作筛查评分表

姓名：_____ 性别：_____ 年龄：_____ 身高：_____ 体重：_____

手/腿的优势侧：_____ 运动项目：_____ 项目位置_____

测试日期：_____ 上次测试得分：_____ 胫骨高度：_____cm 手长：_____cm

测试项目		原始评分	最终评分	评述
过顶深蹲				
站立体前屈/手触脚趾测试	疼痛			
	灵活性			
跨栏架步	左：			
	右：			
直线弓箭步	左：			
	右：			
踝关节背屈测试	疼痛	左：		
		右：		
	灵活性	左：		
		右：		
肩部灵活性	左：			
	右：			
肩部撞击测试	左：			
	右：			
主动直膝抬腿	左：			
	右：			
躯干稳定俯卧撑				
背伸测试				
躯干旋转稳定性	左：			
	右：			
背屈测试				
总评分				

注意：FMS记分时，7个测试动作分别给一个分值。对于非对称性测试的左、右侧肢体测试分值不一样时，不是取平均数，而是按最低分计算。如有疼痛测试评分记为0分，没有特痛则无须评述。

○ 参考文献

[1] BRUCE L, FARROW D, YOUNG W. Reactive agility–the forgotten aspect of testing and training agility in team sports[J]. Sports Coach, 2004, 27 (3) : 34–35.

[2] HE Q, WANG J, ENGELSON E S, et al. Detection of segmental internal fat by bioelectrical impedance analysis in a biological phantom[J]. Nutrition, 2003, 19 (6) : 541–544.

[3] LEHNERT M, PSOTTA R, JANURA M, et al. Anaerobic performance: assessment and training[M]. Olomouc: Palacký University Olomouc, 2012.

[4] NIMPHIUS S, CALLAGHAN S J, SPITERI T, et al. Change of direction deficit: A more isolated measure of change of direction performance than total 505 time[J]. Journal of Strength & Conditioning Research, 2016, 30 (11) : 3024–3032.

[5] PARKIN J, CAREY M, ZHAO S, et al. Effect of ambient temperature on human skeletal muscle metabolism during fatiguing submaximal exercise[J]. Journal of applied physiology, 1999, 86 (3) : 902–908.

[6] ZEMKOVÁ E, HAMAr D. "All-out" tethered running as an alternative to Wingate anaerobic test[J]. Kinesiology, 2004, 36 (2) : 165–172.